健身之路

刘战魁 著

中医古籍出版社

图书在版编目（CIP）数据

健身之路/刘战魁著．－北京：中医古籍出版社，2012.7
ISBN 978－7－5152－0198－6

Ⅰ.①健…　Ⅱ.①刘…　Ⅲ.①健身运动－基本知识　Ⅳ.①G883

中国版本图书馆 CIP 数据核字（2012）第 084707 号

健身之路

刘战魁　著

责任编辑　刘　婷
封面设计　韩博玥
出版发行　中医古籍出版社
社　　址　北京东直门内南小街 16 号（100700）
印　　刷　三河市华东印刷有限公司
开　　本　710mm×1000mm　1/16
印　　张　23.875
字　　数　322 千字
版　　次　2012 年 7 月第 1 版　2012 年 7 月第 1 次印刷
印　　数　0001～3000 册
书　　号　ISBN　978－7－5152－0198－6
定　　价　36.80 元

序

力拓智慧传承教育文化之路

大任于肩：有志者当仁不让

现今国人大多把中华传统文化——儒、释、道、医、易、史等等称之为国学，但是“国学”为何？怕是很少有人说出一二，于是便成为了“中国传统文化知识”的代名词。

中华文化为什么能够历传数万年而不绝？就是因为先圣对于宇宙自然与人自身生命的践证和总结——这些超越古今的智慧文化的本质内涵，经得起任何时代、任何民族的实践验证。智慧传承教育文化是中华传统文化的精髓，因此她绝不是历史、哲学等范畴所能涵盖的，而是真真正正的树国魂、开万世的立命之学、智慧之学。

可是如今一些搞传统文化研究的人们始终跳不出经史、学术的圈子，这样就使得智慧教育文化离我们现实的生活越来越远了。孔子两千多年前就说过：道是“百姓日用而不知”的。只是没有人真正去践证道——践证无所不在的兼容遍透于日常生活中的智慧真理，所以这个“日用”被千百年来的知识分子们给一笔抹杀了，而将其束之于学术、礼教、仕学的殿堂，对老百姓的身心和谐、行住坐卧的生活内容没有起到实质的作用。这样的“传统”谁愿意接受？谁还愿意践证而“知之”？中华传统文化的方方面面都面临这样的问题，就是后人未见证其智慧真义，而使其在实际应用中发挥不了作用，最后来个“传统无用论”就把责任推给祖先了。

举个最形象的例子，现在不少学医者都认为西医是先进、是高端的，而中医过时了。可是有哪个从医者真正践证到扁鹊、华佗“望而知之”的境界？如张仲景直断二十年后发作之病的“上工治未病”之学，于时下西医诊断中可能找到？中医与其他中华传统文化一样，都强调人与宇宙自然共生共存的整体关系、人的身心整体生命运化的和谐性，这些古医家哪个不是生命科学的实修者呢?！而现在很多中医者都流于下下工了，没有把祖宗的瑰宝继承下来。老百姓就看实际疗效，你没这个本事，就使得人们越来越质疑中医，很多从医者自己也对传统医学越来越没信心。归根结底，无用的不是“传统”，而是阉割传统教育文化的后学们！

文化、科技的发展，应该是以人为本的。可是现代人制造的各种环境的污染、思想的污染却在不断地侵蚀并伤害着人们的身心，破坏自然的生态环境，影响社会关系的和谐发展与生活秩序，人们在不知不觉间，在无知无明的状态下，亲手把自己和子孙后代往坟墓里送。面对这样的现实，我的老师——刘战魁先生的一席话，让笔者深有感触。

先生说：人类文明的发展，必须能够为我们达成身心整体的健康服务，为开发人的根本智慧服务，为繁荣社会、和谐自然服务。如今西方式的科学技术越来越发达，但是在某些方面却给人类自身的生命活动和生存环境造成了越来越大的危害。为什么会造成危害？因为现在的西方科学工作者，基本上不了解人的生命活动与天地间这个自然环境是处在一个整体之中的，不懂得人的生命活动有个总运化法则，不懂得宇宙间存在一个总自然运化规律，不懂得人类社会同样存在发展规律，不懂得是道孕生演化了这一切。因此，他们无法知道在人的生命运化法则与自然规律、社会发展规律及道之间存在同一性与统一体的关系。正是在这样的情况下，社会上才出现了盲目按照商业模式来发展社会文化与科学技术的现象。而发展人类文明所需要的智慧教育文化则藏在东方，数万年传承未绝的智慧之根在中国！

东方的智慧经典《道德经》、《南华经》、《金刚经》、《薄伽梵歌》……都是永不熄灭的智慧明灯。“智慧教育文化”并不是崭新的内容，因为她是五千年世代相传的智慧命脉；同时她又要以全新的面貌出现，要立足于今天的社会现实而赋予其新的内涵，真正为现代人完善身心、和谐生活起到实际作用。并不是我们老祖宗几千年前的文明文化不管用了，而是后人缺乏亲身实证，所以因读不懂其智慧内涵而导致无法运用，这就等于是站在了巨人的身旁而无视其存在一样。我们就是要站在巨人的肩膀上，用生命实证做基础，将智慧教育文化传承下去、发扬开来，这是每个炎黄子孙义不容辞的责任和义务，更是智慧见证者、生命科学实践者、社会教育工作者责无旁贷的使命。

平实又意味深长的话语，却有着振聋发聩的力量，让人感觉到的是先生“匹夫有责”的魄力与担当。

诚然，从唐装汉服的流行，到成年加冠礼、民间国学热的兴起，国人对于振兴传统文化的呼声不能说不强烈，热情不能说不高涨。在躁动空虚的普遍社会心理的影响下，人们向传统文化寻根是有其必然性的，但同时也不可避免地存在厚古薄今或停留于虚浮表象的盲目性，使之仅仅成为一种社会文化现象，而没有从根本上走向自我身心净化的实证之路、智慧教育传承之路。

现今社会流行着“崇古”和“非古”两种对立的极端风气，其中的本质问题，正是人们缺乏对于传统经典智慧内涵的生命实证。崇古者高喊“取其精华”，却没有践证到其智慧性，没有展现出其社会实用性，如此肤浅的认知很容易被人推翻，相互对立地在理论圈中打笔头仗，这样能拿出什么“精华”来为现实生活服务？非古者则高喊“落后”、“糟粕”，可是实践是检验真理的唯一标准，对于这些传统经典的智慧之理学明白了没有？脚踏实地地实践了没有？绝大多数人对传统经典读都读不懂，更别说去认识其“智慧教育”的涵义了。我们必须真正学有所知、行有所得才有资格说“取其精华，去其糟粕”，否则能够知道“取”什么、“去”什么吗？能够知道怎样“取”、怎样“用”吗？

我们不得不面对今天人类正处在智慧教育断层时代的现实，智慧教育文化传承的开拓之路也必然充满艰辛，甚至要面对众多的不理解和非议。但是“知难而退”绝不是借口，“当仁不让”才是智者的风范。我们需要更多像先生一样能够以身心活动的实证为依据、以智慧传承为己任并敢于奉献和担当的人，需要几代人坚持不懈的共同努力。这不正是《金刚经》中所言“荷担如来”的真实涵义吗？“如此乾坤须整顿，应有异人间起，君与我安知非是！”

教育误区：对古智慧经典现代译本的反思

一位老教育家曾经万分感叹地说：“我们小时候启蒙教育学的是‘人之初，性本善’，而现在小孩子们学的却是‘小猫叫，小狗跳’。”于是，我们不得不重新思考“教育”的本质是什么，目的又是什么？

“师者，所以传道授业解惑也。”传道，是人立命修心的最根本的内容，也就是说要先学做人，然后才能学习各种知识和技能。人于孩提时进行正性端身的启蒙教育，如同在新垦的土地种下智慧的种子，否则长大后就会像没有根基只能在水面蔓延的浮萍了。因此，现在间接或直接喝洋墨水成长起来的青年一代，最大的困惑就是如何摆脱内心的空虚和浮躁，而少年一代则越来越沉迷于骄奢放纵的生活状态。这种表面无限风光的“浮萍现象”，最终不得不在自我困惑的疑问中回到对生命之根、教育之根、成长之根、做人之根、文明之根、科学之根的反思中，但反思的结果往往使自己更加迷茫。

正是基于这样的原因，人们开始把目光重新投向经过千百年实践验证的中华传统文化中，以期寻找到人的自我本性之根、智慧之根、生命之根。但是，在如今物质利益高于社会责任与义务的利欲横行之风的影响下，“重译经典”可谓粗制滥造，泛滥成灾。我们要知道，《道德经》、《南华经》、《金刚经》等经典，都是古智者圣人智慧实证的结晶，是智慧传承教育文化的重要内容，其言外之意必须以生命活动的实证来契合，绝不是文字工作者的案头文学，更不是懂一点文言文就能够翻译的，否则那些皓首穷经仍感叹力不从心的古人们就未免太过冤枉了。

在先生的指导下，笔者翻阅了众多智慧经典的古今译解版本，其中不乏为后人推崇的名师大家。我们最先关注的是受众最多、对青少年影响最广的现代普及本，面对这些快餐文化生产出来的速成品，别说智慧内涵的阐释，就是连“治学严谨”四个字也已荡然无存了。

比方说在《道德经》的诸多普及译本中，对于“虚其心，实其腹……常使民无知无欲”是这样来翻译的：“减少百姓的思虑而填饱他们的肚皮……永远使百姓没有知识、没有欲望。”对于《金刚经》中“随说是经”是这样翻译的：“所到的地方随便讲讲这本经”。想想看，现代的青年人读到这样被歪曲了智慧真实义的译本，还会愿意进入传统智慧文化的修习中吗？那些早就把古智慧经典当成落后思想的知识分子们，更会将其视为宣扬愚昧的证明而厌弃嘲笑。

商家打着“经典”的幌子来谋利，而众多读者没有分辨的能力，也就只能跟着这样的商业文化导向转，像这样妄想以浮躁的心性来摆脱浮躁，怎么可能不失望而返呢？

对于智慧经典的译解，如果失去其智慧性的根本内涵，就不可能展现其对后人生命活动实践的指导意义，不能起到帮助人们启智明慧的的作用，不能符合智慧文化之教育性、传承性、社会性和实用性的要求。其实早在千年前，在文人墨客的手上，就已将其桎梏于门派纷争和学术理论中了，以至流弊于今，并且愈演愈烈。从春秋战国时期皆以人为本、以天道之自然为根、以社会现实为基的百家争鸣，到秦汉以后分门别教、互相批驳，再到后世重理轻行的舍本逐末，于是就出现了时人对明末儒家“圣人满街走，贤人多如狗”的讽言。印度的释伽牟尼也早在两千多年前就留下了“正法时期、象法时期、末法时期”的预言。

为什么智慧教育文化不能像一般的文化知识和科学技术一样越来越向前发展，反而渐趋没落稀罕呢？因为，见证智慧的过程是通过内向性运用意识的活动来完成的，是于提高人的身心健康水平的同时来跃升其智慧境界的生命活动实证的过程；而人们却越来越依赖于外求性的论证方式和逻辑推理，执著于从事物的形式、现象来认知和证明。直到今天，专门做古经典研究的哲学、文学、宗教界人士也仍然盲目地钻进理论学术中，进行艰深繁难的推论。

这样也就不难理解，为什么对《道德经》自古以来就颇多争议，有主张其为消极倒退论的，有主张其为权谋论的……针锋相对，众说纷纭；为什么像《金刚经》这样的超越宗教性的智慧经典，被拘禁在宗教领域，甚至成为玄学、神学的代名词。即便是古代名家也往往因缺少实证功夫、见地不透而妄自穿凿，失其智慧整体性之根本；食古不化而死在前人笔下者也甚多。

比方说对于《道德经》的解读，如王弼、董思靖、憨山等名家也不免将“王公”、“侯王”——人所呈现自觉自由的圣人之智慧境界，曲解为对封建统治者的教导。这样就违背了以人为本的智慧教育意义，与我们每个平常人本所具有的自然质朴之性、所需践证的觉悟智慧无关了。

没有真知灼见就不能够明了智慧经典的真义，反而自以为是地曲解，然后轻易地就为经典扣上“糟粕”的帽子。作为教育工作者，作为想发扬传统智慧文化的社会各界人士，这样来进行智慧教育文化的研究和传播必然会适得其反。

我们对于古智慧经典的学习和解读，一定要结合现实，为现代人的智慧教育服务，不能盲目地厚古薄今、食古不化；同时，即便是普及性的简析版本，也绝对不能流于庸俗粗浅，尤其是青少年教育读本，表达要深入浅出，但于智慧真实义不能有丝毫违背，否则读者必然在误导中反受其害。

“执古之道以御今之有”，能够站在智慧整体观的高度，并做到解析的深入浅出，展现出其教育实用性，归根结底还是需要真正的智慧见证者才能为之。因此不可凭一己之私愿来妄解经典。师道尊严，希望我们的教育工作者、文化传播者们慎之又慎。

师传实录：脚踏实地的践证“手把手”的智慧传承

笔者的朋友圈中也有不少喜好经史者，甚至几十年专研的也不乏其人，往往出言引经据典，似有所得。但是大家却都面临着同样的困惑，就是除了通过博闻强记、理论上似懂非懂的理解，将其用在文学写作或与人论辩上，对于这些传统经典的学习，在我们现实生活中为什么没有为自己起到启智明慧、修身养性的作用？为什么社会关系依然是疑虑而淡漠的，没有起到促进和谐交往的作用？难道真的有所谓的“历史局限”，传统就意味着“过时”吗？

现如今市面上所谓“养生智慧”、“处世智慧”、“经商智慧”等等以“智慧”为标牌的流行文化，对普通老百姓来说，为什么看着是那么回事，而到现实应用中却无法下手了呢？

就这样极具普遍性的问题，笔者曾经请教过先生。先生认为：不是古智慧经典过时了，而是千百年来见证到其智慧真实义的人太稀罕了。智慧教育文化是无古今、无国界的，其内涵具有智慧性、教育性、传承性、科学性、社会性和实用性。智慧教育实用的作用之所以在人们日常生活中没有被体现出来，甚至形成了如今智慧文化传承的断代现象，最根本的原因就是——缺乏智慧功夫的实证！

传统的智慧教育文化讲究“修身养性”，这是我们每个人呈现身心整体生命活动的根本。身因“修”而正，性因“养”而和，这是处处不离生命实证功夫的。老子讲“虚心弱志、专气致柔、涤除玄览”，释家讲“四果罗汉、智慧五眼”，无不重于理行并进的践行实证。儒家文化在中国千百年来对社会教育影响巨大，历朝历代无以计数的知识分子皆以“儒生”身份为荣，可其中有几人真正注重“止、定、静、安、虑、得”身心修证的功夫内涵？又有几人真正践证到“喜怒哀乐之未发谓之中，发而皆中节谓之和”的智慧修养境界？

就像《南华经》中的故事一样：庄子说鲁国儒者太少了，鲁哀公则认为举国上下的人皆着儒服，怎么能说少呢？庄子答说：“儒者戴圆帽，即知天时；穿方鞋，即知地理；佩彩带玉玦，即达人事而至断。明其道者未必如此穿着，这样装扮的人未必真知其道。如果您不相信，可以下令‘未达真儒修养境界的人，擅着儒装则处死罪’。”果然，令下五天，鲁国就只剩下一位有真才实学的人敢着儒服。

少真知、欠实证的“口头禅”之风非释家独弊，儒道后学皆从其害。“天命之谓性，率性之谓道，修道之谓教”，智慧教育文化的学习者与为人师者，皆当以此为纲纪。三家之言根本皆不离“道”之生命实证！一旦沦为知识、学术的“记问之学”，就必然失其智慧性，无法指导我们成就身心整体的健康与生活应对的自觉自由之智，那么教育的社会性和实用性作用又从哪里来呢？智慧传承又怎么可能不断绝？先圣言此“不足以为人师”，嘱后世为人师者切莫“毁”人不倦啊！

如此想来，先生在如今重西学而轻国学的普遍观念下，仍然致力于智慧教育文化的传承，并潜心深研传统中医，以继往圣之绝学为己任；在如今趋利浮躁的社会风气下，仍然能够真正俯下身来，用自己的生命实践，一步一个脚印地为后来人踏出一条更为平坦广阔的健康与智慧的践证之路，实在令人肃然起敬。

对于我们平常人来说，大多研读经典却不能解其真实义，想实证智慧却无法下手；书读了不少却不会实际应用，健康没有达成，烦恼没有减少，社会关系没有和谐，自然生存环境日渐破坏。面对这样的问题，先生认为：智慧教育的目的就在于获得身心整体的健康和根本智慧的开发，最终达成人与自然及社会关系的整体和谐性。健康的身心整体是成就智慧的基础，意识修养是达成真正健康的根本，而思想意识必须于日常生活之方方面面的点滴小事中修正，克除自我的偏执性要从产生意识的源头做功夫，从提高事物应对的警觉性入手。

在人的警觉意识没有初步建立起来的时候，不能够自觉修正，那么再多的理论也没有办法付诸实际了。这不是通过知识讲座的教育方式和书本的阅读所能够获得的，必须在实际生活中，由真正明理实证之师进行“手把手、传帮带”式的教育传承，随时随地进行解惑纠偏；而且其中还有一点最重要的内容，就是师者的“言传身教”。

确实，古时候的师徒传承方式有着现代教育模式难以取代的深意和作用。但是，能够跟在明师身边学习的机遇可谓是千载难逢，而现代人们想在紧张忙碌的工作和生活中抽出一定的时间和精力去寻师问道，也是十分困难的。怎样才能让更多的人如临其境地接受明师的教诲呢？因此我们想到，可以将先生的讲课和生活教学内容进行原汁原味的、全方位的实况记录，让更多的人从中受益，这也是我们出版本书的初衷。

“古今中外的一切文化都是为人服务的，而不是人成为文化的附庸”，这是笔者初闻先生《金刚经》的讲课内容时发自内心的感叹。以前很难想象佛经的文化原来可以这样贯穿到最实际的柴米油盐的生活过程中，真正成为生活的智慧、智慧的生活。有惑能解、拿来能用，这不正是我们接受教育、学习文化的目的吗？

先生于日常生活中亲传亲授的关于如何学做人的讲课内容也已整理成书，这是现代版的修身立命之书、人生智慧之书，相信每一位读者都能从中感受到属于真正生命践证者的广阔胸怀和博大智慧。书中针对人们现实生活所存在的健康问题与不符合生命法则的各种生活习惯、偏执习性，从饮食起居、生理心理各方面进行了全方位的养生指导，包括疾病的防治和最方便有效的健身方法，以及开智法等“不传之密”，适合社会各层面人士的养生需求；同时，此书从智慧整体观的高度，将开发人的根本智慧、和谐社会、完满人生作为指导我们生命实践的根本内容。尤其先生对学生们在修身养性的践行过程中所遇到的各种问题，用最平易的生活语言答疑解惑——家庭关系、子女教育，生活和工作的点滴小事，以及疾病康复、心性修养无所不包——从中我们都可以看到自己的影子，困惑疑问就这样随之而解了。

为了能够将先生及其与学生间交流互动的教育内容、将智慧者生活中的一举一动——身体力行的带动与影响如实地呈现在广大读者面前，我们以近几年的讲话录音为依据，力求做到“真实再现”。为了在生活化的辩证施教的内容中突出理论整体的智慧性和教育性，因此以录音资料为基础，由先生亲自对其内容进行了补充和整理，更利于指导广大读者理行并入地进行身心实践，而在书的编校过程中不做任何雕琢，没有任何粉饰；大体保留生活化、口语化的语言风格，直接展现其亲切平易、幽默睿智的生活对话，让读者学习此书就如同先生时刻在身边耳提面命、手把手地教导一般，这样才能够真真正正地对我们修正意识、完美身心做出最切合实际的指导，因此值得每一位想获得健康、完满人生的朋友学习和践行。

就像一些接触过本书内容的朋友所反馈的那样：“书中内容怎么好像是特意为我讲的，每句话都直指我内心最不愿碰触的困惑、矛盾与不安，让我看到了身心解放的希望。”

师者的“传道授业解惑”正当如此，直指根本！我们愿为智慧教育师承之路的开拓尽最大的力量。

薪火相传：你就是智慧之火的传播者

“为中华之崛起而读书”，这是周恩来总理少年时期所立下的志愿，言犹在耳。究竟从何时起，我们已经失去了这种主人翁的社会责任感呢？

一个没有传统的民族，是无土之花；一个没有智慧教育传承的民族，是无根之树；一个没有继往开来气魄的民族，是无志之邦；一个没有社会责任感的人，是无德之人。前人经过数千年对自然、社会与人生的实践和总结，将智慧教育文化传承至今；“为天地立心，为生民立命，为往圣继绝学，为万世开太平”，则是我们每一位来者对自我生命的回报与义不容辞的责任。

五千年的智慧文明薪火相传，智慧生命的践证当下即始，智慧教育文化的传承有你我同行，人类社会就会有和谐发展的明天！

最后，感谢田静、周彬、罗钰萍、高琼为本书录入和校对工作所付出的努力。

杨　明

二零零九年四月六日

引言

人的真正健康，需要生命活动呈现出和谐运化的整体性，需要展现出身心合一的思想言行，需要在与其他的人、事、物发生关系时达成动态的平衡关系。要想获得这样的身心健康，就必须首先学会培补生命力，因为活泼旺盛的生命力是呈现健康的身心行为活动的基础。刘战魁先生在这本书中不仅直接教给了我们行之有效的锻炼方法，而且还强调了积蓄生命能量的重要性……

◆本书概要

《健身之路》分为真知篇、健身操篇、健康篇和杂谈答疑中篇。

『真知篇』——人们面对疾病与衰老，越来越重视生命的自我改造，然而盲目进行健身活动却适得其反地伤身害己，这是每一个健身者必须面对的现实问题。那么人对健身方法与养生文化的正知正见从何而来？正信正行因何而立？树立智慧的修养观，就是我们迈向身心整体健康的第一步……

『健身操篇』——非其法则万事不兴，得其法则万事谐和。符合生命活动的运化规律，是做好健身活动和学好养生文化的根本。刘氏系列健身操，稽古今养生文化之精华而编创，科学安全高效，简单易行，老幼皆宜，适合不同层面的健身爱好者的需要。立身心之本，合生命之常，这才是我们获得身心整体健康的法宝。

『健康篇』——从生命运化规律来认识健康，从日常生活的实际应对中来把握健康。用智慧的修养观，指导自己走上健康之路，脚踏实地开拓自己的生命空间。

『杂谈答疑中篇』——道本平常，智慧就是生活中平平常常的做人学问。智愚一念，得失随缘，永恒的真理就在我们敞开真心的刹那间。当我们能够笑对人生百态之时，和谐就在真爱中升起，智慧就在历练中萌芽，待风霜过后，便是一番生命的更新。

◆如何学习本书

1. 整体与辩证　首先需要明确，智慧传承教育文化的属性特征：无始无终，无内无外，形式就是内容，现象即是本质，过程即是结果。因此要将本套书作为一个整体来学习。因此本套书六辑为一、一分六辑，篇目、文章亦无主次，要将六辑作为一个整体来学习。

2. 泛读与浏览　要打破平时惯性的思维参照模式，建立起智慧性的整体辩证的思维参照模式，那么在学习智慧传承教育文化的过程中，就不能仅凭理解文化知识和逻辑推理的方式来认知，必须先通过“泛读”来奠定智慧传承教育文化的理论基础。因此在泛读或浏览的时候，切莫执思，切莫强辨。“浏览”式地阅读，可以帮助大家形成记忆中的印象本底，为日后能够与具体的人、事、物形成应对关系、与现实的生活内容相结合奠定基础。

3. 重复与圆熟　反复习读，不要在文字上找任何规律与关系。直至反复阅读到圆熟，如烙印一样印于脑中，为形成智慧性的一触即发的灵感思维而夯实基础。

4. 运用与自然　在重复研读与反复温习本套书的过程中，循书中所讲之理法在生活中展开运用。以理导行，以行证理，理行并进地为帮助自己修炼行神合一的智慧功夫建立基础。像这样学习智慧传承教育文化，则会帮助自身逐渐提升警觉意识，终达熟能生巧的智慧教育之目的，为读者成就智慧人生服务，为顿现自觉自性、自然无为的整体映现功能与辩证应对的觉悟智慧服务。

目录

真知篇

青春之歌 …………………………………………………… (2)

放下旧有的观念/3 ◇法贵精专勿贪多/8 ◇练养结合 意识为本/10 ◇严格要求 重塑人生/11

博爱无疆 …………………………………………………… (13)

热爱自己的生命/14 ◇重现智慧的灵性/17 ◇道无古今 智无国界/19 ◇展现身心的整体和谐/20 ◇真正的奉爱是无我/21

蓬蓬远春 …………………………………………………… (24)

人类走向智慧文明/25 ◇智慧教育文化的发展/26 ◇整体多维的传播方式/28

健身操篇

刘氏系列健身操简介 ……………………………………… (32)

刘氏系列健身操之一:健身呼吸操 ………………………… (38)

健身呼吸操精要 ………………………………………… (45)

浩然之气 吐故纳新/46 ◇五脏中心 五行运化/49 ◇呼吸操原理/52 ◇简说梳头操/62

呼吸松腰法与延寿法详解 ……………………………… (63)
健身呼吸操问答 ………………………………………… (70)
刘氏系列健身操之二:健身梳头操 …………………… (100)
刘氏系列健身操之三:走圈消食操 …………………… (105)
辅助健身法之一:升阳固本操 ………………………… (109)
辅助健身法之二:自然蹲起操 ………………………… (112)
康复与长功套餐 ………………………………………… (115)
谈谈练与养 ……………………………………………… (120)
练与养的整体辩证关系/122 ◇生活中的练养结合/123 ◇意识根本的修与养/126 ◇正确认识修身养性/130 ◇自我反省如履薄冰/134
正确对待练功反应 ……………………………………… (138)
生理与情志反应/139 ◇何谓中和/140 ◇中和之气与中和之性/142 ◇五脏循行法/144 ◇对治之本在意识修养/146 ◇理、法、事于生活结合/149
智慧混元中脉九点 ……………………………………… (152)
组场调治口令词 ………………………………………… (155)
内气与松腰 ……………………………………………… (160)
充盈内气助松腰/161 ◇真知灼见 理法如一/163 ◇修养意识与培补内气/165 ◇当头棒喝的方便法/167
合生命之常的奥妙 ……………………………………… (169)

健康篇

饮食与健康 ……………………………………………… (180)
排痰与生命净化/181 ◇病从口入莫恃欲/181 ◇改变偏颇的生活习性/184 ◇用养生文化指导生活/187

入乡随俗 …………………………………………………………（189）

顺应环境 入乡随俗/190 ◇用包容与接受达成和谐/191 ◇共融性呈现的智慧力量/193 ◇将心比心 学会放下/195 ◇依赖与懒散的愚昧之源/196 ◇内心无碍 打开生活空间/197

身体不健康 啥都是毒 ……………………………………………（199）

正气存内 邪不可干/200 ◇适应能力是健康的关键/201 ◇意识修养与身心健康/203

梅花香自苦寒来 …………………………………………………（204）

自强不息 超越自我/205 ◇态度决定人的成长/207 ◇涵养根本在培德/211 ◇人生掌握在自己手中/213 ◇挫折的经历是人生财富/215 ◇自立 自主 自强/218

杂谈答疑中篇

话点滴细行 ………………………………………………………（222）

呼吸操的法与意/223 ◇智慧教育文化的发展/226 ◇健身理法简答/228 ◇修养意识是根本/231 ◇见地只在行中藏/234

谦冲自牧 笑对人生 ……………………………………………（240）

畅游武汉说古今/241 ◇一字真言笑不休/243 ◇呼吸操与康复/248 ◇精修巧炼要得法/249

与学佛者谈佛学 …………………………………………………（252）

觉悟智慧的目标/253 ◇人身难得 佛法难闻/255 ◇明心见性与菩萨行/260 ◇佛法、佛教与佛学之别/262 ◇莫修来世 重在今生/265 ◇觉悟从自性升起/266 ◇是法平等 无有高下/268 ◇当下放下 三身相应/274 ◇觉悟只在当下一念/277

文化推广与修养实证 ……………………………………………（280）

健身文化的推广/281 ◇点燃智慧之火/283 ◇法身无相 性命

双修/286

理明无碍 …………………………………………………………… (289)

略说空间/290 ◇简答糖尿病与肥胖者/291 ◇浅谈佛道文化之别/293

做人的智慧德行 …………………………………………………… (297)

做人的学问/298 ◇种因得果 循环有报/302

身心修养的“捷径” ………………………………………………… (304)

淘尽黄沙始见金/305 ◇放下情感现大爱/308 ◇从脑整体功能态谈开悟/310 ◇矛盾是成长的阶梯/314

智慧修证与传承教育 ……………………………………………… (317)

察照寂/318 ◇涅槃与生命存在/319 ◇轮回与破相/322 ◇辨清情志真与妄/323 ◇内景与幻景幻相/324

附　录

感恩与致谢 ………………………………………………………… (326)

生理图谱 …………………………………………………………… (326)

头部穴位图/328 ◇子午流注图/328 ◇奇经八脉图/329 ◇十二正经图/330 ◇全身穴位图/339 ◇全身骨骼图（正面）/345 ◇脊椎图/346 ◇脊髓神经图/347 ◇马尾神经图/348 ◇神经系统图/349 ◇全身肌肉图（正面）/350 ◇全身肌肉图（背面）/351 ◇呼吸系统图/352 ◇心脏位置图/353 ◇心脏图/354 ◇腹部脏器图（正面）/355 ◇腹后壁图（肾及输尿管）/356 ◇肾图/357 ◇男性骨盆正中矢状断图/358 ◇女性骨盆正中矢状断图/359 ◇全身血管分布图/360 ◇大、小循环示意图/361

真知篇

青春之歌

放下旧有的观念
法贵精专勿贪多
练养结合　意识为本
严格要求　重塑人生

今天“三年的路”之慎独行的养生班正式开学了，对我们每一个人来说都是新的开始，都是人生新篇章的开始，也可以这样说，是重新塑造自我的新的开始。希望我们大家共同把这三年的路走完，这三年可能关系到我们未来的人生。当然，每一个人对人生、对未来要求的境界不一样，但是既然我们每个人都能够走到这个课堂中来，我想总是有共同的东西在里边——那就是对生命的珍惜，对践行智慧生命这门科学的认可，对见证觉悟智慧的渴望，对实现人生理想的追求。

放下旧有的观念

我们今天先讲一下，如何总结过去的经验，放下旧的观念和包袱，轻装上阵，完成三年的课程。

十几年来，我们在座的大多数同学，都共同经历了群众性锻炼热潮的洗礼，也伴随这个略显粗糙的养生文化一起成长了起来，对健身锻炼与修养身心方面的理与法都有了一定的或是基本的认识，但需要总结的经验和问题也很多。然而，也正是这十几年，大家已经习惯了过去的方式与方法，包括对过去经验的固有认知，已经开始妨碍自己的身心健康了，这种健身知识和经验已经固化了我们的思维参照模式。为什么会这样说？因为我们已经习惯了过去对健身锻炼的理与法的认识，对传统养生文化的错误理解，以及运用这类文化知识和驾驭这类知识文化的思维方式，并固守于它，所以，反倒成为了我们获得身心健康的障碍，使我们身心活动的健康状态没有真正地好起来，这是社会上多数以这种方式锻炼身体或养生的人都存在的共同现象。

我想，通过这三年的学习、实践和上课，希望你们能够达到改造自己人生的目的，使自己的身心活动逐步走向健康；使自己的思想意识修养、人生经验和智能，在修养身心的实践中，逐步地走向完善和成熟；使我们每一个人在人生的旅程中，能够通过这三年对智慧传承教育文化理论的学习和践行，让自己的身心在这样的环境中、氛围中得到陶冶和净化。只有像这样去践行，大家才能开出身心健康的绚丽花朵。这是我们三年当中所要认识到的一个问题。

虽然我们都有这样一个共同的愿望和目标，但若要使人生的良好愿望和目标变为现实，就必须把以前的经验、认识和所学习的理论全部放下。如果我们还带着以前对健身锻炼活动的认识和养生文化的理解，那显然是已经不符合现在、以及我们未来成长的要求了。为什么会这样说？热热闹闹的群众性的气功文化运动已经过去了，离我们很远了。对于健身理论与养生文化来讲，也应该是个需要不断完善、不断发展的过程。我们应该看到，任何事业的发展都不是一个人能够完成的，也不会由某一个人来包办，也不是仅仅只有一段发展的过程。

所以，大家应该认识到以前所学的健身方法的理论，其理论框架的本身就是粗糙的，并不完善。这些健身方法的理论体系需要后人不断补充、发展和完善。而且上世纪末的各种健身方法和养生文化在整个发展的过程中，也带有文化运动的痕迹。这种现象与当时的整个社会环境有关，人们做什么都是一哄而起的。这样一来，社会上就出现了不懂生命运化规律的投机者，按照自己的主观想法来编创健身方法，因此自然就出现了各式各样的健身方法。从这样的现象来看，各种各样的健身理论和养生文化的具体内容自然会有一定的模糊性，在其发展的过程中自然带有一定的盲目性。然而，意识修养与健身锻炼的实践，都必须遵循生命运化规律的属性特征，只有这样才能符合智慧生命科学实践要求的本质内涵。所以在座的大家都需要以一丝不苟的态度和敬业精神去面对、去践证，从而使自己的生命活动走向健康，人的智能得到有效的开发。

十多年来，我们对社会中常见的健身方法已经形成了固有的认知模式，对社会上流行的养生文化已经形成了习惯性的思维方式。而且这些旧有的认知模式与习惯性的思维方式，已经于不知不觉间体现在了日常生活的行住坐卧之中，同时也因此障碍了我们的生活，影响了自己对新生事物的了解和认识。如果我们对自己固有的认知模式和习惯性的思维方式认识不清，那么这些东西就会障碍我们未来的前进步伐。

所以，从这一点上看，我们就应该放下旧有的观念、观点和概念。从现在开始，重新学习符合生命运化规律的健身方法和养生文化，我们需要重新去认识。但我们不是对昨天的完全放弃，而是把昨天文化当中的糟粕放下，保留精华的内容再重新深入地学习，使我们能够真正地认识到，自己的身心是在不断地学习和砺炼的过程当中成长起来、升华起来的。

我们每一个人，都要能够清醒地认识到自己所存在的问题，从根本上来把握自己的命运；学会如何把自己的生命活动同今后要学习的文化紧密地结合起来、联系起来，使学到的健身方法和养生文化，与自己的生命活动成为一个整体。这些将是我们在未来的几年当中必须面对的过程，也是需要我们自觉地去做到的内容。

通过三年的学习，可能每个人所取得的成绩会不一样，但是我们的目标是共同的。当然，如果我们不能从心灵深处发出对生命探求的呼唤，那么我们就没有动力来完成这三年的学业。这三年的学业，甚至于比专业学习两年健身理论大专文化的那个过程还要艰难。为什么？因为今天的社会，由于观念与认识的局限，对于修养身心方面的文化，以及用智慧教育文化来探究生命科学的做法，还是不大理解和支持的。所以需要我们每一个人，从现在做起，从自身做起，自觉地去追求自己向往的目标，我们需要明确地认识到这一点。

放下旧有的观念就是放下包袱，一个观念就是一个包袱。然而通过几天的接触，我发现大家身上旧有文化的包袱实在太重了。我们有不少学员，还在盲目地追求特异思维功能，毋庸置疑，这是对养生文化的错误认识，完全偏离了人对智慧生命科学探索的主体内容，完全偏离了践行见证智慧教育文化的方向。对生命科学的探索，不仅仅是对特异思维的认识，而且更需要的是对人这个生命运化规律的认识，对身心整体健康进行科学的认识，对人的根本智慧进行科学的认识，这些都是须要我们通过对自身生命活动的实践来认识、见证和掌握的。

在你们之中，还有人把身体外在形体的健康放在第一位。人的身体健康固然是很重要的，但是，如果不对人的生命运化规律进行认识和实践，不以见证人的根本智慧为根本，不对自己的身心活动进行调整和改造，那么能够获得的健康也是有限的，也是很难持久的。所以，一切对特异功能的执著，对身体健康的执著，还有执著于对气的认识，执著于对能量的认识，都是不利于身心健康的行为。

在我们大家的思想意识中，还有对各种各样观念、观点和概念的执著，对此都必须放下。这些妨碍自己身心健康的观念、观点和概念都是大家进入生命科学领域过程中存在的问题和障碍，需要我们在三年的实践活动中去改变、去克服。但是在第一年，我们需要践证身心活动的整体健康，去证明智慧生命科学是可以踏踏实实、一步一步地印证出来的内容。

当然，以网络教学的形式帮助大家，在三年的时间里，我们还不敢想象是否大家都能呈现出身心活动的智慧性、整体性和普遍性。但是在短短的几天当中，在大家中间，有些人已经产生了显著的变化。所以，我们这里的每一位学员都会与我们一道成长。在某些学员身上，我们能够从其发生变化的现象中得到一些启示，这些显著的变化现象也等于在预告大家，通过三年之路的践行，其中有些人是有希望完成“慎独行”这个目标的。所以，大家不要觉得探研人生命的科学是非常遥远的事，或是不可理喻、不可企及的事，现在所展示出来的东西，其实就是最好的证明。

今天的社会是开放的社会，我们这些修养身心的人生活在这个社会当中，也需要适应社会发展的节拍，把自己的观念开放了。当我们的观念被开放的时候，我们的生命，我们生命之中的气机才能开放，我们才有可能达到我们向往的目标，才有可能取得成就；如其不然，来这里学习就是既耗费时间又浪费精力了，这是我们大家都不愿看到的结果。

我们一定要明确自己应该放下哪些观念。比如，有人问："如果认为我们只是能够调动身体周围的气，那我为什么能想到虚空？关于'意到气到'怎么理解？"其实这些道理很简单，大家不要被理论上的说法障碍住了。意到虚空，我们人之神就可以想象到虚空，但那不是真实的，只是人的意想而已。由于人自身的能量不够，自己的气或说能量是不会与神一起跑到遥远的虚空之中的，是到不了真正的虚空的，而只是就人周身附近的范围而言的。人的神与气或说能量，是两种不同的事物，也不属于同一空间。

关于养生文化中的很多内容，都是需要自己通过践行来证明的。有很多简单的道理没有被大家实证，所以才会产生这样的荒唐想法。要知道人产生各种各样的荒唐想法，在不断地阻碍自己生命活动的改造，只有放下你自己以前旧有的观念、观点和概念，人才能获得真正的解放。

一个观念，就像一重山一样。所以佛学讲，如果你有以我为中心的观念存在，那就是执，就是我执的内容。如果思想里边有一种对事物不变的观念，哪怕只是默认，那么这些观念就会像一重山那样大，而且还会因这一个观念或观点引发无数的观念存在。如果我们有太多的观念，那就会有无数重山拦在我们面前，就会有无数重山压在我们的身上，这样人的生命活动将无法改善和改变。只有当这些旧有的观念被放下时，我们才能用谦卑的心态、诚实的心态和空卑的心态进入到一个崭新的人生旅程。

如果说健身锻炼练了十几年，还不能让我们身体健康起来、使智慧开花结果，那我们就应该探讨这样的健身方法是不是关于人的生命科学或是开发智能的科学了。如果是这样的，那么我们是否应该去考虑这一事物的发展？是不是应该去完善它呢？怎么去完善？放下旧有的、僵化的观念就成为我们当前必然的工作。放下偏执狭隘的观念，重新认识健身方法与养生文化之间的相互关系。我们一定要明确，健身方法与养生文化是属于正在发展的智慧性的生命科学理论。如果从这样一个角度去进入，我想大家在实践活动中，在新的学习、生活和工作过程当中，就能把自己的生命活动与实践融为一体，成为不可分割的整体，我们也就可以证明自己所践行的健身方法与养生文化具有科学性。

如果你不放下以前那个错误的观念，以及气功文化运动所产生的那些偏执的概念和观念，你不把那些旧有的东西放下，那么想进步是不可能的。所以，丢掉你脑子里的所有的旧观念，迎接人生新的挑战，这才是我对大家提出的要求。这样做才能使大家带着轻松愉快的心情、谦卑的心态上阵，走上帮助自己提高、改变、塑造自己身心活动的旅程，来完善自己的人生。

以上是我今天首先要强调的内容，希望大家认真地去思考。

法贵精专勿贪多

第二个方面的内容，就是大家进行锻炼身体活动的过程中不要贪多恶少，不要贪功冒进，也不要贪简弃繁，不能贪求在最少的时间里让生命活动发生不可想象的最大变化。

事实证明，以我们这样传承的方式来帮助大家，你们的健康梯度是随时都有可能发生变化的。从 1992 年以来，身心活动的不断变化伴随着我的成长。所以，在未来的时间里，身心活动的变化还会依然不断地出现。现在在座的每一个人，只要愿意放下贪执的想法和陈旧的观念，我想，改变就成为必然了。

还有，不要在一天当中贪练多个方法。不能练了健身呼吸操，又去耗形神庄、直腿坐、蹲墙、抻气等方法。我们应该精益求精地去面对自己，面对每时每刻，面对我们人生的每一个过程。

目前大家普遍缺乏内气，在这种情况下，应该以呼吸操为主，结合梳头操；对于身体不同部位的疾病，还可以根据具体不同的情况结合自然蹲起操、升阳固本操等健身法进行相应的调整。既通过呼吸操的习练，从生命活动的基础上满足每个人所必须的培补内气的需要，又有针对性地结合其他锻炼方法，以满足不同个体特性的需要。在锻炼方法的选择上有主有次，应该像这样来完美自己的身心。

无论是想健身长功，还是想治各种不同的疾病，在锻炼方法的选择上，大家可以参考一下“康复与长功套餐”那篇文章里的内容，找到适合自己实际情况的锻炼方法。但是要注意，在一天当中不要习练超过三种以上的方法。因为太多了我们会因贪多而嚼不烂的，每一个人都要去认同这样的事实。只有我们踏踏实实地以健身呼吸操为主，以其他锻炼方法为辅，像这样去练，才能使我们走上正途，才能使我们的生命活动发生量变，甚至质变；如其不然，就无法达到我们理想中的获得身心整体健康、开发根本智慧的目标了。

贪多嚼不烂，既是指在对健身方法的理解和认识上存在的各种问题，也是指在观念上对已习惯了的健身方法还舍不得放下的问题。当新的事物来临的时候，我们要学会舍，只有能舍才能得。争取做到以全新的面貌来迎接这一人生的挑战，这才符合我们对自己提出的要求。

大家一定记住：健身锻炼要力求简洁，以一个方法为主。为什么？因为法贵精专。大家准备用三年的时间，把自己生命活动的生理中心——五脏的运化功能强化起来，把周身的经络气血活跃好，把气或说能量敛涵到自己的下丹田和中丹田，使身心活动获得健康，从而为自己真正地陶冶性情、保持中和之气、克除我执奠定良好的生理基础。

通过总结经验和教训，使我们深深地认识到，十几年来我们每一个人都只是在讲练，只是在讲通畅。殊不知任何事物的发展，都不能发展至极端，到了极端就会对身体有害。至极而返是事物循环发展的规律，任何人都不能违背。过去在有些健身理论中有一种说法，叫“以通为养”，这种说法在一定条件下对初学者的锻炼活动具有指导意义。在一定时期内，在一定条件下，这种说法无疑是正确的，是有利于身体健康的，这主要体现在康复的过程中。

但是，当我们人的身体通过形体的锻炼活动，使身体基本上达到了健康的要求，身体的疾病、浅表性的疾病基本上被抑制，这个时候我们要转移方向，要注重内气的培育，要通过养气来积蓄能量。无论用什么方法锻炼身体，都需要注意练养结合的问题，要把练和养结合起来。否则的话，违背了生命的运化规律，也就自然地脱离开了自然法则，像这样的现象也是违背了辩证法原理，走上了无知无明的形而上学的道路。

练养结合 意识为本

健身锻炼要注意练养结合。我们可能在现在这个阶段，要求大家以练为主，以养为辅；可能在下一个阶段，就要求以养为主，以练为辅。健身锻炼的整个过程，是一个练养结合和养练结合的过程。所以，我们要经常注意调整好练与养、养与练的关系，这样做才能符合智慧整体观与辩证法的要求。

练与养，缺一不可。在我们的生命活动中，由于每一个人的生理基础不一样，产生的结果也不一样，练养结合与养练结合进展的速度、调整的时间也是不一样的，不同的人需要根据自己的情况而定。所以，任何时候不要用盲目的思想观念来对待自己，一旦你的思维使自己的生命活动进入到思维盲区，那么你的生命活动将走上岔道，生命的改造将不能被完成。

我们在练与养的过程当中，一定要认清养与练结合的重要性，这是我们生命活动在陶冶过程中必须去认识、必须去进行总结的内容，否则的话，违背生命活动运化规律的实践是出不了真知的。十几年来的健身实践活动已经证明，这个问题不仅仅是个别锻炼方法存在的问题，也是前些年出现的气功文化运动中的一个普遍现象。所以，我们每一个人都要学会站在智慧整体观和辩证法的高度来认识自己的生命活动，那么在今后的生命改造的过程中，就明确了方向，减少了盲目性，增加了合理性；在这样的条件下，就可以去完成对生命的改造，去完成对自性真我的认识与践证。

所以大家一定要注意，练养结合与养练结合是互为补充、互为辩证的，能够使我们的生命活动，真正地在气血运化的过程当中得到混化，形成“载营魄抱一”（《道德经》）式的生命活动之整体。只有这样，我们才有可能树立起正确的身心修养观，完成我们了悟自性、修正生命活动的基础课程。树立起身心修养的意识，是从生理入手；完成自我意识的净化，是需要我们从学会做人开始的。在这样的前提下，要求我们活到老，学到老。每个人只有学会站在身心整体这个层面上来认识自己，人生的未来才会充满希望！

严格要求　重塑人生

可以这样讲，在三年班这个环境里，我们希望培养出符合生命运化规律的健康者。这不仅仅是对自己身心活动的重新塑造，也是对人生观的重新定位。所以要求我们每个人认真而真实地对待自己，认真而真实地对待同学和反应社会中的一切事物及其发生的关系，自觉地符合不执著、不分别、不妄想，不住在过去、现在和未来心的境界中。这就是我们的心戒，积极主动地修正意识。每一个人将根据心戒来修正自己在未来三年工作、学习和生活当中的行为和思想意识活动。

在论坛的修养日记栏目里边，大家都要把自己学习理论的情况、修养意识的情况、身体锻炼的情况，这些一点一滴的成长经历记录清楚。除了年纪大的人、不会打字的人以外，其他人全部都要把自己的日记认真写好。修养意识是重新塑造我们的人生、见证真心自性的必经之路。

我们的学生守则，对于今天的每一位同学来说也具有现实的意义，是一个现实的做法。因为网络教学比较松散，各在一方，谁也不能真正管理到谁。如果没有一个自我约束的纪律，自己的成长将不可能实现。所以，对在座的每个人都有这样的要求，首先必须遵循三年班义务网上教学的学生守则：

每个人都要努力做到自觉维护健康的社会关系与和谐的生活秩序，自觉遵守国家的政策和法制。

我们只有符合了自然运化规律、社会发展规律和生命运化规律，才能赢得良好的生存环境、发展环境，才能获得幸福的生活。做人需要懂得感恩，并以感恩的心态来处事应物，这样我们才能心安理得地按照智慧教育文化的根本要求来践行生命科学与智慧真理。

在开学之际，对在座的每个人都提出这样的要求，希望面对这样的要求大家都能够去遵守它，去践证它。我的讲话是从不同层面与不同方向来帮助大家的，在讲话中，我要求在座的每个人于此时此刻告别过去，迎接未来。只有认识过去，你才能迎接未来；只有否定过去，你才能面对未来。

我们将围绕着智慧整体观与辩证法来认识自己。在三年当中，我们一定要通过自身修养身心的实践、净化意识的活动来获得身心健康。所以大家不要放松自己，而是要严格要求自己，不断反省自己。在平常生活的每一天中，多做批评与自我批评。批评不是批评人家，而是自己批评自己，通过对自己的批评，从而达到改造自己的目的。

现在的国际社会，所有知名的企业家、管理学家，甚至于学者、艺术家等，都是在这样一条道路当中，在批评与自我批评的过程当中成长起来的。我们平常的人，更是需要遵循这样的一个要求来改造自己，打造新的人生。人只有丰富了人生的经历，才能获得健康的成长。

博爱无疆

热爱自己的生命

重现智慧的灵性

道无古今智无国界

展现身心的整体和谐

真正的奉爱是无我

编者按：本篇内容，是根据刘老师与海外英文班学员进行网络交流的录音整理而成的。这些学员来自不同的国家，由永光（Jane）进行现场翻译。

热爱自己的生命

大家好！我们初次在网上见面，尽管看不着大家，但是我生命的信息能量与大家同在。

永光：他们打字过来说，“刘老师好！非常非常高兴见到您。”

能够和你们在网上交流，我也感到非常荣幸。大家能够习练健身呼吸操，我为你们感到高兴。为什么会感到荣幸与高兴？因为你们都是热爱自己生命的人。

通过Jane（永光）的介绍，我知道你们都已经取得了较大的进步。你们每天都写修养身心的日记，所以，我也能够了解一些你们所取得的成绩。

在你们这个班上，有些人身上出现的现象，练功夫后体内出现的景象，在修道的典籍里都有过记载。应该说，你们现在已经开始见证功夫层面的某些内容了。

尽管现代科学对智慧的定义与古人是不一样的，但是，东方的智慧教育文化对人类的根本智慧与宇宙自然的认识却是根本的。在我们这里，从古至今的人都没有停止过对生命运化规律与根本智慧的探索。要知道，对人的生命运化规律及智慧教育文化的科学性进行探索，也就是对宇宙自然在进行探索。这可不是表象的内容，它关系到是什么孕生演化了整个宇宙自然，那个最根本的绝对存在到底具有哪些属性特征？

宇宙自然为什么能发展到今天？能够保持正常发展秩序的根本原因是什么？其实这都是因为在宇宙间，存在道这种恒常不易的绝对真理，以及因道的体与用相互作用而形成的自然运化规律在和谐地孕生演化着这个宇宙间的一切存在。一个人的存在也同样如此。从父母精与卵结合，到受精卵，再发展到一个胚胎，直至孕育成成熟的胎儿，以后通过自然分娩而来到这个世界上，这正好重复了宇宙诞生以来的全过程。但是，迄今为止，现代科学的研究领域还没有触及到人天相应的整体观这方面来。而我们东方的智者圣人却早在数万年以前就已经用自己的生命活动见证到了道的属性特征，及其道孕生演化整个宇宙间一切存在的自然运化规律，当然还包括自然运化规律的属性特征以及规律孕生演化万事万物的机理，或叫工作原理，这些内容都被老子的《道德经》所归纳总结。

现在，你们也开始习练呼吸操并学习我们的智慧教育文化了，因此你们也算是我们这个队伍中的一部分，这也是让我感到非常高兴的原因之一。

在你们中间，有几个已经开了中脉的人，而且是在极短的时间内开了这样的中脉，这在过去甚至古时候都是很难的，也是非常少见的。但在今天，在我们这里，开中脉好像不像过去那样是一件非常困难的事了。

其实，这与智慧教育文化不再保密有关，与老师传承能量信息不再保密有关，与传授健身操的技术要求及练功诀窍不再保密有关。我们公开了一些发展智慧生命科学方面的内容，大家才因此受益，并取得了飞跃式的进步。这也预示着人类践行见证生命运化规律和智慧科学文化的春天即将来临。因此，我们这些人也都成了探寻生命奥秘的先驱者了。你们难道不为此而感到自豪吗?

生命是我们自己的，健康也需要我们自己来维护。人只有获得了身心活动的整体健康，才能享受幸福的生活；有了这样的健康，我们才能探讨社会发展规律与自然运化规律。人只有见证了根本智慧的真谛，才能发展更好的、更先进的科学技术，人类才有可能向自觉自由、健康快乐、幸福和谐的人间天堂迈进。

当然，这需要我们共同的努力。正是基于这一点，我们才下决心对生命进行更深层面的探索，通过慎独精修的方式，来培育一个全新的生命——一个具有圆满觉悟智慧的自我身心整体的生命。如果不花费时间和精力，想要孕育一个全新的生命，想要获得那样的觉悟智慧成就，那一定是不可能的。

这是一条探寻真理之路。我在前面走，你们在后边行，踏着我的足迹前进，自然是安全的、快乐的，这也是享受人生、升华生命的一个非常理想的践证过程。你们热爱自己的生命，我也热爱自己的生命，我们都一样地热爱我们自己的生命，所以我爱你们就像爱我自己一样。我们使用的文字可以不一样，语言可以不一样，但是我们的心灵是彼此相通的。

可以这样说，我通过九年封闭式的智慧功夫践证，自然能够帮助自己见证分别应化智的功夫，并通过践行见证来认识智慧生命的成长规律，认识身心活动的规律，为大家开辟一条升华生命的康庄大道。这不仅仅是我个人的理想，也是人类数万年智慧文明发展的必然结果，同时还是数千年以来那些探寻智慧真理的人们都孜孜以求的人生目标与理想。只不过在今天，是我在前面走，你们在后面跟随。但你们也同样是伟大的探索者、先驱者，所以我们做着同样的工作。在这个层面上，爱没有国界，爱也不受语言的障碍。

希望你们能够坚持、坚持、再坚持。为了你们能够坚持下去，我们讲了很多智慧教育文化方面的内容，大约有五百多万字的文化理论即将出版。希望你们能够学习好这些理论，只有把这些理论吃透，并通过坚持不懈的努力践行，才有可能把这些理论转化为生命力，为你们自己服务。

当然，这些非常好的智慧教育文化理论要通过 Jane 的翻译才能来到你们的眼前，这需要 Jane 与我们合作来完成这个任务。Jane 是一位探求生命真谛的求索者。她会把关于智慧生命科学方面的内容——古今中外的智慧教育文化方面的内容呈现给大家。

重现智慧的灵性

人类在几千年前，对宇宙自然最根本、最科学的认识就已经出现了，比如《道德经》、《金刚经》与《薄伽梵歌》中的精辟阐述。但是随着年代的更替，岁月的流逝，人类对真理的正确认识在经典流传的过程中，逐渐变得模糊、歪曲，甚至被异化了。

为此，我们对于像《道德经》、《金刚经》与《薄伽梵歌》那样的古智慧经典进行了拯救性的翻译和释解工作。那几部经典里涵盖了几千年前的智者圣人对智慧真理的探寻与追求，对幸福美好生活的实践证明，对自觉自由生活的真实描述。

现在我们能见到的《薄伽梵歌》译本，其根本真义已经非常地模糊了，很多内容随着时间的流逝已经失去了五千年前智慧本质的那种原貌。现在通过我们的努力，使这部书的翻译和释义工作得到了正常的开展。我们已经把它整理、翻译成中文，用汉语表达，其真义的内容得到了如实的还原。以后还要把我们的中文版本翻译成英文，希望还能保持其原义。这样我们就能为世界上更多的人开发智慧作出我们的贡献。当然这个翻译工作希望能由 Jane 来完成。

我们还对两千五百年前，伟大的圣人们见证智慧、见证生命活动的内容——《道德经》和《金刚经》进行了翻译，从中国的古文言文译解成现代的白话文。不久我们就会看到中国古智慧文明文化的经典中，最伟大的篇章——《道德经》的原义重现。《道德经》把宇宙的诞生，及不断运动、变化和发展的规律揭示得惟妙惟肖、根本透彻。当然这个释义工作也是非常艰巨的。现在大家所能看到的《道德经》释义本，都已经丧失了其原义。但是不久的将来，通过我们翻译、整理及释解之后，会把一个活的、灵性的《道德经》五千言的内涵展示在大家面前，会把《道德经》中饱含的智慧灵性展现在世人的面前。

大家通过学习《道德经》等古智慧经典来了解道的体与用是如何孕生演化宇宙自然的，只有学习《道德经》等古智慧经典，才可以完全了解宇宙自然处在不断运动、变化、发展过程中的必然性。人作为宇宙自然中存在的一部分，只有真正学懂了这些古智慧经典，才有可能真正明晰中国的自然道德观与古印度的绝对辩证的整体观的本质内涵，才有可能知道现在的人类对宇宙的认识是多么的肤浅。当然，我们也不能忽视现代科学，它对人类文明的贡献也有伟大之处。没有现代科学技术，人类的生产力也不会发展到今天这样的状态。但是，只有学懂《道德经》，才能帮助我们懂得身心活动的要求与做人的行为活动准则，也就是该怎样做一个身心健康的、和谐的、有觉悟智慧的人。

还有一部智慧经典，就是《金刚经》。我们对《金刚经》的白话翻译和讲解工作已经完成，并整理成书，不久就要和读者见面了。对《金刚经》的重新认识，可以说与对《周易》的重新认识一样重要。它是古印度智慧文化中最经典、美妙的乐章之一，也是古印度智慧文化与中国传统文化相互碰撞、相互融合而产生的人类智慧思想中最伟大的乐章之一。它揭示了人践行见证实相智慧的方式方法与途径，揭示了人类孜孜以求的那个最根本的实相智慧和践行见证实相智慧的规律及其属性特征。谁见证了这个实相智慧，谁就能够认识众生心，就像《金刚经》中讲到的：“尔所国土中所有众生若干种心，如来悉知。”

虽然《金刚经》成书较《道德经》要晚一些，但二者智慧传承的内涵也都可以上溯到五千年以前；虽然《金刚经》传播到中国时，已经滞后了近千年，但它们还是同属一个大的智慧人文时期的经典，当然也都是非常重要的智慧经典。我们对它们重新进行了译解，用现代的语言来表达，非常通俗。但是，我们还是希望Jane或者其他人能够将其译解成英文，并把它呈现在你们面前。

道无古今 智无国界

我个人对人生的根本态度，与几千年前智者圣人的根本观点一样。人类对虚寂实相这种根本智慧的认识是那么的一致，没有时间与空间上的差别，今古一如，中外无别。

《道德经》揭示了宇宙的规律，而人遵循宇宙自然规律的结果就是获得“道法自然”的大智慧。《金刚经》揭示了人怎样认识、践证自身最根本的智慧。这几部古老经典，在认识宇宙自然的存在，以及宇宙自然存在的运化规律上是相一致的。虽然探求真理的途径不一样，探索生命科学的途径和方法不一样，但结果是一样的。关于这一点，在《薄伽梵歌》里的凡圣对话中，都已经呈现给我们了。这是很有意思的事，当然也是值得我们深入思考的问题。基于这一点，我们爱自己，爱自己的健康，爱自己的快乐，爱自己的智慧；基于这一点，我们的心灵是相通的。

我的讲话完了。下面大家可以提问题了，我很愿意回答。

永光：有人问《金刚经》译释的中文版什么时候出版?

再过一两个月就能出来。

永光：Edward说，您讲的这个关于生命的道理，中国人讲得更深刻一些，更像是中国人的道理，虽然有的内容源于印度。

关于生命的道理本没有国界，世界上所有的人，其类本质都是一样的。由于人生活在不同的地域，生活习惯、思维方式、民族文化、社会意识形态等方面都不相同，所以形成的理论和理念会有差别，会有各自的特色。

在东方，中国古圣人对人自身及其与宇宙自然之间关系的探索和总结是非常深刻的，也已经把孕生演化宇宙自然的那个绝对本体之道以及由道孕生演化万有存在的总规律、社会发展规律包括其属性特征都揭示了出来。几千年的智慧教育文化与修证者的代代实践渊远不绝，源远流长，绵延不断，这些经验的积累从没有中断过，使我们今天仍然能够从中找到成就智慧、现道达真之路。由于西方从古至今都没能建立起这样高度和深度的智慧教育文化，因此无法进行比较。从东方现存的不同体系的古智慧教育文化来看，即把古印度同中国的古智慧教育文化相比，我们会发现，中国的古智慧教育文化显得更完善、更系统、也更根本一些。

展现身心的整体和谐

永光：Barry 说他有的时候练功分心，不知怎么办？

关于 Barry 的问题，有杂念是不要紧的。发现自己练功的时候分心，那就说明人已经安静下来了。人在安静中才能知道自己分心了，那个知道自己分心的就是灵明妙觉，那就是智慧，那是他练功安静了以后所取得的成果。但这还只是初级层面的功夫内容。

永光：Dawn 说见到我们非常高兴。因为 Dawn 耳朵不好使，她听不清我说什么，但是她一直在看着我们。

她看见我们很高兴，因为心是相通的，所以她一直看着我们笑。你打字告诉她：对她的关注、理解和支持，我们很感谢。

永光：Annie 说谢谢您，她想要您谈话的录音。我告诉她我会把录音传给他们的。

跟他们说，明天北京时间下午 6 点钟以后，我们就给他们进行能量信息的加持。明天下午 6 点是他们那儿的几点？

永光：他们世界各地的都有，我不知道具体时间，我问一下。我说北京时间的晚上 6 点，他们自己有个对照表，可以自己找，他们会知道那个时候是自己国家的什么时间。

Annie说她爱我们这个屋子里所有的人。这个Annie，她的中脉开得很好，她就像小贝同学那样，时常会感觉自己的生命信息跑到天宇里混化去了，她可以和任何人的信息相连。虽然屏幕上只显示刘老师和我，她却能感知到屋子里所有的人。所以，她说她爱我们这里所有的人。

谢谢她。

永光：Felix问，怎么样才能够精神集中呢？

介绍一个简单的方法，可以通过念口诀的方式，以一念代万念。精神不能集中是因为你的丹田气不足，丹田没有形成。丹田气足了以后，精神就好集中了。如果把丹田气练充足了，五脏气练充足了，人之神、人的精神活动就容易稳定了。当然丹田气充足了，五脏的气充足了，身心也会愉悦舒适。

永光：他们问，念口诀是在头里面默念还是大声念。我以前也跟他们讲过念法的。

默念或出声念都是可以的。在丹田里面、在肚脐里面、在肚脐眼上念诀都是可以的。不过这只是练心念专一的一个方便法而已，真正走修身养性、开发智慧之路，需要通过健身呼吸操等锻炼方法，来获得身心健康的生理基础；需要通过智慧传承教育文化的学习，来净化意识，成就自觉自由的智慧根本。

真正的奉爱是无我

永光：新来的一个学生，他刚加入，叫穆罕默德，他是法国人。他说谢谢您，把您的智慧和他们分享。Barry说，他在艾滋病医院做义工，有的时候，他觉得他付出的比他得到的多。

外国人希望我讲上帝、讲神，他们那里没有智慧教育家，他们只知道奉献，认为这种奉献就是爱。但是，他们无法把上帝的真正涵义与自己的身心行为活动相结合，所以他们总是因外求而无法彻底地脱离烦恼，无法认清人的那个真我——主人翁，以及宇宙的本质属性。

人类就生活在运化发展的世界里，既有真、善、美，也有假、丑、恶；有天堂，也有地狱。而从西方的历史文化方面来看，他们就不太注重人与自然的相互关系，不太注重宇宙自然存在的和谐整体性。为什么？因为西方的历史文化中没有认识到人的生命运化法则是什么，不懂得人的生命从何而来，不懂得是什么孕生了自然规律，自然规律又具有哪些属性特征等。这样一来，就无法孕育出道文化之自然道德观的内容。这样他们在谈奉献的时候，就缺少了各种关系之间的整体性，缺少了觉悟智慧，总是停留在自以为是的观念当中。这样的爱反应在一定的生活环境里，可能会表现出某种无私的境界，但爱的结果却是狭隘的。

虽然有的人自认为是上帝的信徒，认为自己是全心的奉献，不谋求任何物质和情感的回报，但是在奉献的过程中，“上帝”就是他的欲望，“天堂”就是他的目的。这依然不是真爱，不是无我的奉献。因此，Barry，你的思想也是这样分裂的，处在对立之中——在考虑给予的时候，还要衡量获得多少。Barry，你不知道福祸相依，不知道得中有失、失中有得的辩证关系；不知道上帝即是你的内在，你只要内求自性即现；不知道人自身以及与自然、与社会关系的整体性。

《道德经》中讲：“圣人常善救人而无弃人，常善救物而无弃物。”常，就是宇宙自然生生循环的发展规律；善，就是符合自然事物存在与运化的整体辩证性的认识与应对，是合度量行，也是分别智。没有主客观的分别，主观与客观在整体中统一了，这样达到的结果才可能是“无弃”而圆满的。智者圣人是“以天下观天下”的，而不是以自我观念、或对所谓的上帝神性的服从来看待和应对人事物的。你要认识和践证人与自然及社会各种关系的整体和谐性，树立起智慧整体辩证观，这些都需要你从现在开始跟着我们一起学习。

永光：Charlie 问，做呼吸操的时候，人之神在什么地方？神在丹田里？

人之神在自己生命活动的运化过程中，在对自己的体察当中。随着你们习练呼吸操的长进，以后做的时候，边做边念“混元灵通”这句能量传承口诀就行了。熟练以后，还得放在中丹田养一会儿，放在下丹田养一会儿。人之神要一天 24 小时都保持虚明灵静的境界。

永光：Charles 和女朋友说，谢谢刘老师，祝您隐居精修成功。

Goodbye. Bye！Bye！

蓬蓬远春

智慧教育文化正在崛起

人类走向智慧文明

智慧教育文化的发展

整体多维的传播方式

人类走向智慧文明

现代的整个人类社会的经济发展和科学技术的进步，都已经达到了相当的高度。从发展智慧传承教育文化的要求来看，应该是具备一定的基础了。如科技文化的基础具备了，社会中人文素质的基础具备了，交通和通讯的迅速发展也为人类走向智慧文明提供了外在的基础条件。

在过去，由于整个社会的经济基础差，科学技术比较落后，人与人之间进行交往的交通工具也不发达，而且通讯又很闭塞，所以各类知识文化的传播和生产技术的发展都受到了极大的制约。这样就必然造成绝大多数人无法接受良好的生存教育和文化学习，那么对于开发根本智慧的智慧传承教育文化的内容与内涵也就无法读懂，只能在极少数人的范围内进行传播。而且在这极少数人中，又绝大多数生活在宗教神学的庇护里，使那些能够帮助人类提高智慧文明的智慧教育文化，与神学、玄学和宗教迷信混为一谈，使人类无法认清完善自我、完美身心和开发大智慧的智慧教育文化的精髓，也就更无法分辨正念正信与精神信仰、神学、玄学及宗教迷信的区别在哪里。

而现在则完全不一样了，在社会中文化知识的义务教育得到了广泛的普及，基本上人人都有了一定的知识文化，这样社会中的各层面人等也都具有了一定的阅读学习水平。由于交通和通讯的高速发展，使人类社会变成了一个地球村，这样一来，为整个社会中的人们之间进行文化交流、科技交流和智慧文化的交流提供了保证。所以说，在我们今天的这个时代，为辈出智者圣人创造了物质基础、经济基础、科学基础、文化基础和传播基础。如果还欠缺了什么，那其中就只差现代人能够理解的智慧传承教育文化了。

智慧教育文化的发展

这就为我们今天的人修养身心提出了要求，要求我们把古代传统的智慧文化与现代的科学文化结合起来，无论是对中国的、还是外国的传统的智慧教育文化，都要切实做好古为今用、洋为中用的翻译和释义工作，为发展现代的智慧科学的智慧教育文化奠定基础。

我想，像这样去发掘、发展智慧教育文化，肯定是会为践证智慧真理的人才的出现奠定良好的基础，也能够因此培养出一批传播智慧教育文化的老师。有一批接受智慧教育文化的大众，有一批度化大众的老师，这才是最重要的。因为在人类社会中，只有有了这样的一个智者圣人的群体，才能肩负起引导、教育大众去做符合自身身心健康规律的活动，从而才有可能使社会意识形态发生符合生命运化法则、自然运化规律和社会发展规律的转变，这是人类走向智慧文明的第一步。

如果在几十亿人中，在若干千年里仅仅只出个把有大智慧的智者圣人，这样一来，智者圣人的思想活动与行为活动就很容易被传成神话、玄话。如果现在我们借用今天的社会文化知识和自然科学文化知识作为条件，以开发根本智慧的传承教育文化为手段，再通过50年至100年的努力，只有这样，我们才有可能不断地培养出大觉悟智慧者来做老师——做开发人类智慧的老师，那么人类走向智慧文明就有了基础。

如果见地透彻的大智慧者有100个、200个……那么人类社会的智能状态就会不一样了。只有到了那个时候，大觉悟智慧者多了，虚玄神话方面的东西自然就少了，人们才会知道具有大觉悟的智慧者是人而不是神，人们才都能明了完善生命活动需要向内在真心自性回归而不是外求，人们才可能认识到修身养性就是在生活中学做人而不是走向迷信宗教，这样智慧教育文化发展的春天才能到来，人类的整体智慧文明的发展就有希望了。

人类的智慧文明将是这样发展的，也绝对会是这样发展的过程。这与人类社会的生产力发展状态有关系，与经济基础有关系，与不同属性的上层建筑有关系。

过去社会化的民主进程还很落后，更主要的原因是生产力与经济基础的基础条件不够，交通与通讯的条件不够，社会人群中的平均文化素养不高，更有甚者是吃都吃不饱，他们上哪儿去修身养性？怎么可能开展全社会的开发智能的活动呢？整个人类社会的智能发展没有诸多的基础条件，没有掌握开发智慧规律的这个根本条件，那肯定是不行的。所以说，今天的生产力与生产关系的关系，上层建筑与经济基础的关系，为人类发展成自觉自由的智能社会提供了一定的基础。

人类走向自觉自由的智能社会，生产力和生产关系是基本条件，上层建筑和经济基础是关键条件，而认识到开发人的觉悟智慧的规律，那就是根本条件。只有当这三个条件都具备了，我们努力精进，再把智慧功夫孕育20年，那么人类发展自觉自由的智能化社会就有基础了。

现在人类社会中的那些精英们，对什么是社会健康发展的根本条件没有认识，对发展自觉自由的智能社会的认识不足。不足的方面主要体现在对基本条件、关键条件和根本条件的认识上。因此他们对这三者之间的整体辩证关系认识不足，自然就无法认清人类社会该向何处发展，也就是说，在人类精英们的头脑中没有一种清晰的发展思路。

而且，现今的人们都倾向于追求物质利益的享受。这种人生观使得人们的一切思想言行都围绕着获取各自的经济利益而展开，投机取巧、唯利是图，不惜破坏自然环境、社会关系，损害其他人的利益来满足自己的贪欲。如果像这样一味去发展利己的经济和倡导排他的民主自由观，那是不可能从根本上促进智慧文明社会的发展的。因为世界上不同地区的民风民俗是不同的，所以不同地区的生活方式与经济基础也是不同的，当然包括科学技术和社会文化方面的发展进程也会存在差异，这样不同地区形成的社会意识形态也是不同的。而不同地区的社会意识形态自然会对这个客观世界产生不同的认识，所以不同地区的人们在思想观念上，必然会产生巨大的差异性。

现在是这个国家这么搞，那个国家那么搞，各弄各的，对于民主自由的价值观都是公说公有理、婆说婆有理的，可是这些理无不是从自身利益出发的，与人类社会需要发展进化的智慧真理却相去甚远，都是各执一端。在这种偏执的认识中，真正的和谐没有了，只是局部的和谐，低层面的和谐。

因此，以后人类社会要走向高层面的智慧性和谐，必须有更多的人了解生命科学，进入到智慧传承教育文化的学习与实证中来，这样才能认识人自身的生命运化规律、身心活动规律、成长规律等。社会是由众多人组成的，如果社会中的人能够在智者圣人的引导下、帮助下，开始学习符合人自身生命规律的内容，并主动去符合这些运化规律，那么人类社会就会自然地走向自觉自由的智能的。关于对社会发展规律的认识和人类文明发展的主题，我们会在对《道德经》的释解中展开来讲述。

整体多维的传播方式

现在，在自然科学和社会科学中，最落后的还是生命科学领域；在各种文化的发展中，最缺乏的就是智慧传承教育文化的内容。

人类的自然科学发展得相对要好一些，社会科学也稳步发展，唯独生命科学没有发展起来。我们力求在前人的基础上，把生命科学完善起来，丰富起来，发展起来。如果生命科学也崛起了，有自然科学、社会科学、生命科学这三大科学做支撑，那么人类的文明，走向自觉自由的智慧文明就有希望、有基础了。

在过去的封建社会里，人们的价值观念是自给自足的，那么修身养性的某些内容也是寄生在民间的养生文化或道文化中，而且有很多关于生命规律的内容也是密而不传的，是由老师全权把握。老师或是称师傅，他们出于某些主观或客观的原因，对其内容是会保密的，这样就自然出现了这个徒弟不给、那个徒弟不传的现象。像这样只传一个徒弟的养生文化，永远是那么一个“点”的文化传播方式。所以，过去时代的旧文化，就是点的教育文化传播方式，这种教育文化的传播方式只能符合那种自给自足的社会意识形态。

到了今天的人类社会，各种各样的文化传播方式已经发生了巨大的变化，应该是立体的、快捷的、多层面的文化传播方式，但这种传播方式又必须在符合生命科学的智慧传承教育文化的引导下展开。以后人类社会的各种文化的发展要走向什么样的高度，不是个点文化，也不是个立体文化的发展方式，而是一种既符合点的教育文化的传承方式，又符合立体教育文化的传播方式。像这样说还不确切，应该是发展成为整体的、自觉自由的、多维层次的智慧传承教育文化的传播方式，这样说比较准确一些。

现在的文化已经是立体的了。打个电话，美国都能收到了；飞机一坐，就到地球那边去了。一个光纤电缆已经把全世界缩小成为一个村了，一架飞机使人类之间的交往变得非常近了，就好像是从这个村到那个屯去一样。宇宙飞船把太阳系各星体之间的距离也拉近了……

所以，现在的社会处在立体的文化发展阶段，可是还欠缺的就是多维空间信息教育文化的交流内容，也就是多维层次、生命层次存在的空间信息能量混化的智慧教育文化的内容。像这个空间文化的内容，是研究生命科学的人需要去认识的领域，也是研究自然科学文化的人需要去认识的领域，同样还是研究社会科学文化的人应该去认识的领域。

但是，现在符合生命规律的这个科学文化还没有建立起来，想影响自然科学和社会科学的人才去认识或研究智慧传承教育文化，那还是非常不容易的。

人类现在的各种文化内涵，还仅仅只是停留在三维空间的文化领域。我们现在要确立起生命科学的多维空间的智慧文化，那必须形成自觉探索生命科学的、真正修养身心的科学家群体。不可以只是一个两个人冒点小智慧火花，那是没有用的，一个小的浪潮或小的热潮那肯定是没有用的，而是应该建立、培养、发展自觉自由的智慧能力及智慧传承教育文化，这样就好了。

人类社会的发展与进化带来的效应，应该是人自身的自觉智能的智慧净化，像这样去发展，未来就会出现没有超常和常态智能的区别，没有平民百姓与智者圣人之间的差别。对此，老子说得好："绝圣弃智，民利百倍；绝仁弃义，民复孝慈；绝巧弃利，盗贼无有。"这样我们就会明了人的实相智慧以及因此而产生的分别应化智都是自身本具的智慧的功能存在。没有什么超常文化，也没有内求文化或外求文化，到时候就只有一个教育文化，那就是自觉智能的智慧传承教育文化！

健身操篇

刘氏系列健身操简介

刘氏系列健身操，自1999年问世以来，受到了国内外广大热爱生命、喜欢健身、渴望健康的人们的喜爱。当时编创健身呼吸操和梳头操的目的，主要是为了解决群众性的健身活动中，人们普遍存在着的身体内气不足或增长很慢、健身不出功夫、祛病不见疗效等问题。

刘氏系列健身操，是以智慧整体观为依据，并结合作者多年的修身实践和临床康复经验编创出来的。近十多年的实践证明，刘氏系列健身操确实在治病康复、健身养生和开窍长功等方面具有神奇的效果，是祛病强身和培补内气简易安全、科学高效的健身方法。

刘氏系列健身操，以健身呼吸操为主，以梳头操和走圈消食操相佐，并结合作者改编的升阳固本操、自然蹲起操两个辅助健身法，已经使众多的人获得了健康，增长了功夫，并为人们开发根本智慧奠定了基础。为什么刘氏系列健身操会取得如此好的功效呢？我们可以了解一下其健身、祛病、养生、开智的原理，答案自在其中。

一、健身呼吸操

健身呼吸操的理论是建立在智慧整体观与辩证法、阴阳五行学说的基础之上，并依据中国传统的呼吸吐纳导引之理法，结合修行家总结的混元功诀——“混元一五行，无形亦有形，中寓阴阳造化机，开合聚散万物生”所编创的。

1. 五行的运化

做呼吸操，首先要求两手胸前合十，然后将左右手的拇指、中指、无名指和小指相互交叉内敛于掌心；两个食指指腹相合、指尖向上，形成混元剑指诀。因为两手是合十的，手指又是相互交叉向掌心弯曲内敛，这样就使得身体的阴阳气机，经两掌心劳宫穴在体内充分混化，并形成了一个和谐的循环圈。所以，混元剑指诀既可加大阴阳和合的力量，又能起到平衡阴阳的作用。另外，人的五指本身就带有肝、心、脾、肺、肾，胆、小肠、胃、大肠、膀胱、三焦，这五脏六腑的全息信息，而混元剑指诀把这些信息都包含了进来。

健身呼吸操要求单手食指轻点人中穴，人中穴为天地之气的交合点，是醒神之窍。食指轻抵人中穴可以起到交通天地二气、和安心神的作用。

从五行上讲，心属火，肝属木，木生火。食指属肝，它轻抵在人中穴上，那么肝气就可以上来培补心脏。呼吸操强化了左鼻孔、右鼻孔的交替呼吸，鼻孔属于肺的外窍，肺主呼吸和肃降，中医理论讲肺朝百脉，就是说通过呼吸可以把身体的百脉全部打开。肺属金，金生水，金生的水降下来养肾。肾在五行中属水，水清净了并带有一定的温度，潜藏生机的根本能量，就好像春天是孕育生命的季节，自然滋养了肝脏。水能生木，木能生火，火能生土。脾在中宫，属土，鼻孔交换呼吸，更进一步强化了人的阴阳平衡。这就叫“混元一五行”。

呼吸操采用了顺腹式呼吸法，由于肺的上下开合运动，就促使横膈肌的上升下降，这样就起到了按摩人的五脏的作用。人的形体可以通过按摩来达到舒筋活络的目的，但内脏就得靠自己的呼吸促使横膈肌的上下运动，来达到按摩脏腑的目的。当膈肌往下行，就按摩了肾脏、肝脏、脾脏；膈肌往上一收缩，就按摩了肺脏和心脏。人无形的呼吸通过膈肌有形的运动，自然地推动了五脏气机的升降开合，这样既强化了五脏各自的生理功能，同时也促进了五行之气的整体混化，使人的生理功能——有化无、无生有的有无相生功能得到了强化和提高。像这样去混化人的生命活动，就能自然展现出“无形亦有形”的涵义。

2. 膈肌与生机

怎样理解“中寓阴阳造化机”这句话的涵义？可以从膈肌的上下运动中去理解。在医学上有学者认为，横膈肌相当于人体生命中的太阳，膈肌的运动就好像是冉冉升起的太阳，给人的生命带来无限的生机。呼吸操能够促进膈肌的上下运动，因此也促进了五脏六腑有形的脏器器官和无形之气的升降开合，像这样在无形亦有形的相互混化、转化的过程中，重新造化了人的生命力。

在修身养性方面，人如果有依靠他人的想法，妄想他人来帮自己造化生机，那是不可能的。他人的帮助，只能通过其自身的行为活动来影响、来达成引导我们走一条身心活动整体健康的觉悟之路。人若需要改变自己，首先得呈现出谦卑与诚信的心态来接受明师的指导；不仅如此，更重要的是自己能够主动去做。一当自己的生命活动得到了改变，那就体现了“开合聚散万物生”的涵义。

3. 有氧运动

健身呼吸操也是一个非常理想的有氧锻炼方法。通过习练呼吸操，逐渐养成深呼吸习惯，大大提高了氧在人体内的结合吸收率。平常人的胸式呼吸是横向的胸部开合，而顺腹式呼吸能帮助肺部上下开合。呼吸操设计的左右鼻孔交替式的顺腹式健身法，能使氧气的结合率从胸式呼吸的10%～20%提高到70%～80%，这是健身呼吸操可以使习练者迅速获得康复和长功的另一重要原因。

4. 三田共振

习练呼吸操还可以使三个丹田共振。呼吸操从第一节开始，练的就是三丹田共振。鼻腔里有通往脑部的管道，鼻子一吸气，气流的运动就可以振动到脑部，那就是上丹田的位置。通过腹腔的一吸一呼，把空气中的氧气吸入到肺里和血液结合，形成新鲜血液，再呼出二氧化碳。肺部和心脏在这个运动过程中积聚了大量的能量，再配合顺腹式呼吸的脏腑按摩，自然就强化了心脏和肺脏的功能，无形之中就强化了中丹田。中丹田强化好后，体内的气机就可以自由升降而不受隔阻。还有，顺腹式呼吸是在腹部一开一合，也就自然强化了下丹田。

因此，呼吸操确实是一套既方便又高效的健身方法，它是由很多诀窍中的精华汇集而成。实践是检验真理的唯一标准，只有自己尝试体会一下，哪怕是三五天时间，每天练半个小时，就可以感受到身体的变化了。

二、健身梳头操

健身梳头操是一种非常简便易学、安全高效的自我保健操。它通过手指的指腹来刺激头皮的神经末梢和头部各穴位的气血，使之达成升清降浊的目的，从而营养了脑神经细胞。

另外，由于人周身所有的经络，都交汇于头部，梳头操能够对人周身的十二正经和奇经八脉之气进行提纲挈领式的整理，这样便自然促进了人体的气血循环。如果配合健身呼吸操一起练习，则具有醒脑明目，消除疲劳，美肤护发，祛病强身，开发智慧等功效。

三、走圈消食操

走圈消食操是为配合习练健身呼吸操而编创的。通过走圈，既解决了饭后不能马上练呼吸操的问题，又提高了人体的消化、吸收功能，同时还具有减肥健身的效果；通过走圈，还能起到活腰转胯、培补肾气、强化下丹田的作用。

四、升阳固本操

升阳固本操，为健身呼吸操的辅助操。通过尾闾骨的轻轻摆动，启动阳气，使其沿督脉上升，一方面可以按摩大脑，开发智慧；另一方面可以化精气，生督阳，敛气入骨，松腰强肾。既具炼精化气的固本之能，又培开启智慧的生理之基。

五、自然蹲起操

自然蹲起操，简单易行，随处可练，是配合呼吸操、梳头操等健身操的辅助操。通过习练本操，可以畅通气脉，疏通经络，强筋健骨，保持身体气血的阴阳平衡，并有助于肢体等方面疾病的康复。

健身呼吸操

刘氏系列健身操之一

一、身形要求

端身正坐，两脚与肩同宽，平铺于地。百会上领，下颌回收，两眼轻轻闭合。腰稍向前塌，脊柱伸直，全身自然放松。

两手胸前合十，然后将左右手的拇指、中指、无名指和小指相互交叉（见图一）内敛于掌心；两个食指指腹相合、指尖向上，形成混元剑指诀（见图二）。两个大拇指要平行内敛于掌心（见图三）；肩部要放松，肘部自然下垂。

（图一）

二、动作路线

1. 第一节

混元剑指诀上举至鼻，左手食指轻抵左鼻孔，右手食指指腹轻点人中穴位置（见图四）。采用顺腹式呼吸法，首先是右鼻孔吸气，吸气时腹部向外膨胀。

（图二）

（图三）

右鼻孔吸完气后，右手食指松开，并从人中穴移至右鼻孔轻抵，左手食指从左鼻孔移到人中穴轻点（见图五）。然后左鼻孔呼气，呼气时腹部自然内收将腹中之气呼尽。保持此手势不动，接着左鼻孔再吸气，同时腹部向外膨胀。

（图四）

（图五）

左鼻孔吸完气后，左手食指从人中穴移到左鼻孔轻抵；右手食指松开，从右鼻孔移至人中穴轻点，然后呼气，再吸气……

随着吸气与呼气，两手食指如上述所示进行左右更换。在呼吸的过程中要放松、要自然、要连续，但是一定不要闭气、憋气。

第一节做完之后，做几遍梳头操，然后两手敷于肚脐静养 10 分钟，接着做第二节。

2. 第二节

（图六）

两手掌心交叠于肚脐，而后右手掌心敷于肚脐不动，左手手心向内上升至鼻，拇指和食指轻抵迎香穴，捏住鼻孔向上轻推鼻腴骨（见图六），拇指、食指松开的同时用力吸气（力量要适度），腹部同时向外膨胀。吸完气，左手上升至掌心对印堂穴（见图七）的位置。然后呼气，同时左手下落慢慢导引至下丹田（见图八），置于右手内，手掌心敷于肚脐（见图九）。

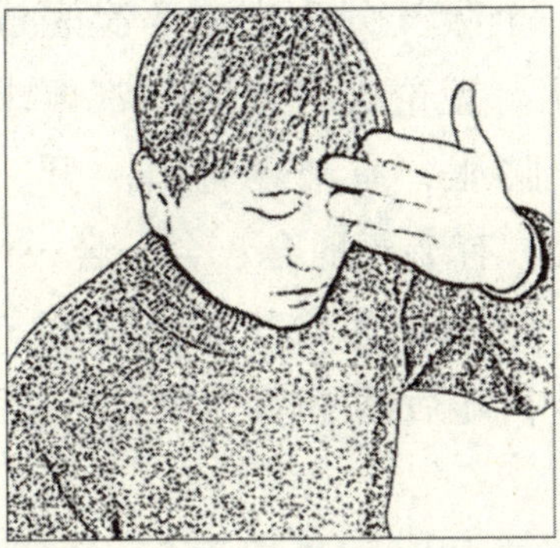

（图七）

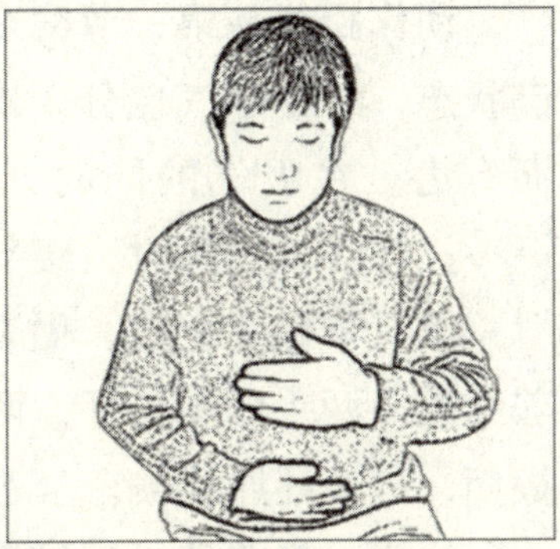

（图八）

紧接着右手上升至鼻，拇指和食指轻抵迎香穴，捏住鼻孔向上轻推鼻腴骨（见图十），拇指、食指松开的同时用力吸气，腹部同时向外膨胀。吸完气，右手上升至掌心对印堂穴。然后再呼气，同时右手下落慢慢导引至下丹田，置于左手内，手掌心敷于肚脐。然后，左手上升……两手相互交换，重复上面的动作。

第二节做完之后，做几遍梳头操，然后两手敷于肚脐静养10分钟，接着做第三节。

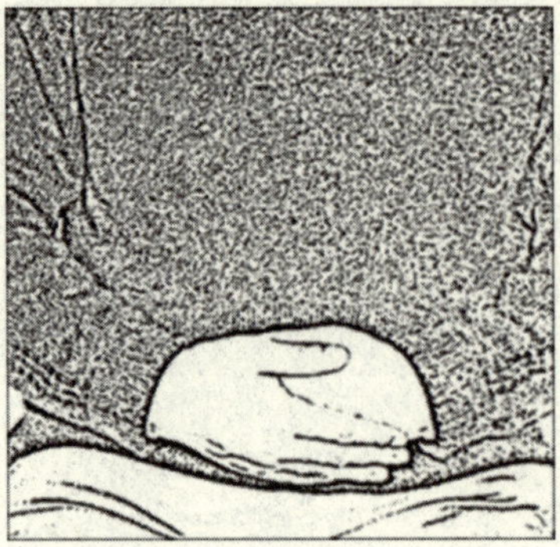

（图九）

（图十）

3. 第三节

动作路线与第一节完全相同，但一个吸气分 3 次或 5 次完成吸满状态，一个呼气也分 3 次或 5 次呼出。无论吸气或呼气都要求短而有力。在吸气的同时，腹部则向外膨胀，有节奏地开、开、开……；在呼气的同时，腹部则自然内收，有节奏地合、合、合……

第三节做完之后，做几遍梳头操，然后两手敷于肚脐静养。静养结束，两手慢慢松开，两眼慢慢睁开；随后两手掌心相对，搓手，擦面，最后还原体侧。

注意：静养的时间随自己习练呼吸操的时间长短而定，一般情况下练与养的时间比是 1∶1。

三、健身呼吸操的特点

1. 呼吸操是根据中国传统的呼吸吐纳导引之理法，结合混元功诀“混元一五行，无形亦有形，中寓阴阳造化机，开合聚散万物生”的原理编创的。

2. 呼吸操是运用顺腹式的单鼻孔交替呼吸法来达到祛病健身的目的。本呼吸操在强调阴阳平衡的同时，强化了人的五脏六腑和四肢百骸的功能，并遵循符合了“生长化收藏”之生命运化规律。

3. 呼吸操能够迅速改善和强化人的五脏六腑的微循环系统，使人的呼吸系统、消化系统、血液循环系统、免疫系统、泌尿系统等功能得到迅速的改善和加强。

4. 呼吸操是从人整体的生命活动入手的，直接强化了人的身形运动之中心——下丹田，人生命活动的运化功能中心——中丹田，人生命活动的统帅部，即人之神——上丹田，并使三个丹田得到了和谐的共振。

5. 呼吸操是通过强化顺腹式的呼吸法来促进脏腑的锻炼的，不需要强加意念导引，没有特殊的意念活动，是一种安全高效的锻炼方法。

6. 呼吸操是体弱多病者康复的福音，是健康者延年益寿的良好养身方法。简单易学，老少皆宜。

7. 呼吸操具有快速培补内气，长功效果显著的特点，能够迅速启动人体的元气或称真气。

8. 习练呼吸操会快速高效地调节和提升脏腑的运化功能，因此会出现一定的生理和心理反应。

习练呼吸操的生理反应：

（1）在某段时间内，饮食方面会出现食量增加或减少的现象。

（2）在某段时间内，会使五脏六腑和四肢百骸出现酸、麻、胀、痛等感觉；还有诸如感冒、发烧、呕吐、拉肚子、口腔溃疡、眼睛发红、身体发软、起疹子、头发晕、身体发凉和身体发热等退病反应。

（3）在某段时间内，其睡眠会出现或增多、或减少，或精神飒爽、或疲惫无力等现象。

习练呼吸操的情志反应：

在某段时间内，由于五脏方面的气机运化所致，会出现怒、喜、思、忧、恐等复合性的情志活动反应。

以上的诸多反应，皆是人的生命活动在走向健康的过程中，向高一级身心健康状态迈进的过程中，生命活动的运化功能达成动态平衡关系时应该出现的正常反应。可参阅本书《正确对待练功反应》一文来提高认识，掌握应对方法。

四、注意事项

1. 健身呼吸操最好空腹练习。若饭后练，也要间隔1小时再练。

2. 初学者要循序渐进，根据自己的身体状况，合理安排练习时间。体弱多病者应酌情减少健身锻炼的时间，每次5～10分钟，每天练2～3次即可，随着身体的不断改善慢慢增加习练时间；一般健身者，只要每天坚持习练1小时，就能起到养生保健作用；追求长功者，每天坚持习练3～5小时，并结合刘氏系列健身操中的其他内容进行整体的锻炼。（可参考《康复与长功套餐》）

3. 可以端身正坐在椅子或板凳上练习，坐垫要厚软。也可以采用单盘、双盘、散盘或其他打坐姿势练呼吸操，注意身形端正和放松，臀部可垫高些，以免打坐坐姿造成身体后仰。

4. 呼吸节奏适中，自然顺畅，切忌憋气、闭气；保持全身放松，特别注意胸部、背部以及肩部、肘部的关节呈放松状态。

五、相关穴位

1. 人中：鼻下方、唇上方的鼻唇沟中点，又称水沟。

2. 迎香：属手阳明大肠经，手、足阳明之会穴，位于鼻翼外缘弧沟中点的外侧。

3. 山根：鼻根部，位于两眼内眦连线中点与印堂之间的斜坡上。

4. 印堂：两眉连线之中点处。

5. 劳宫：掌心处，自然握拳屈指时，中指指尖所点的位置。

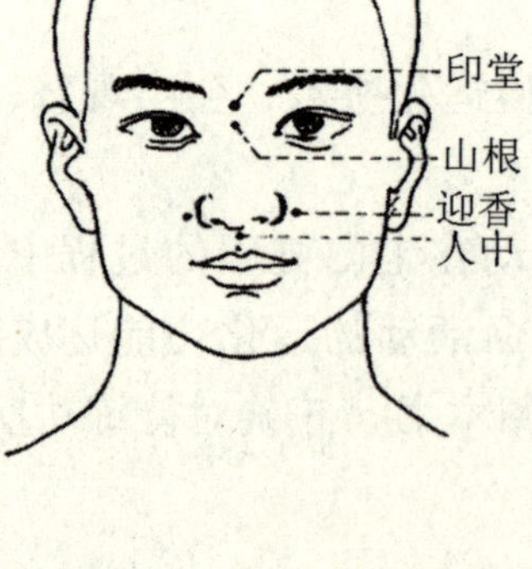

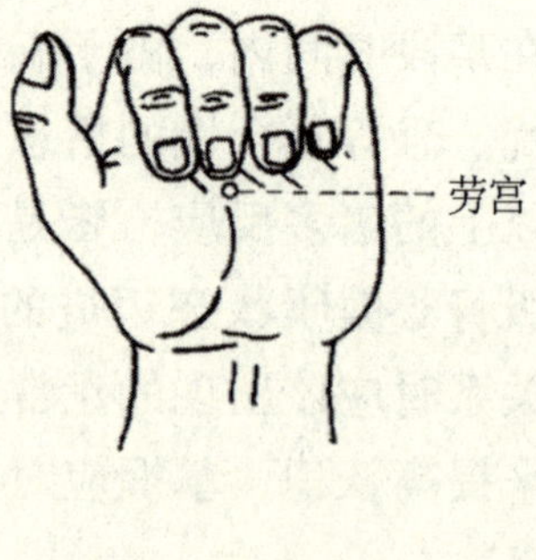

健身呼吸操精要

有学员反应说：呼吸操习练的单位时间越长，身体反应就越大，而且出现头有点痛、心脏不舒服、腿抽筋等现象。这都是因为大家以前的健身活动只注意到了形体的锻炼，而没有运动五脏六腑的内容，所以五脏的病不显。那种只强化形体锻炼的方式，可以帮助人形体的疾病好转，也可以在一定程度上缓解脏腑方面的疾病，使人从感觉上认为自己病好了，从现象上看也会认为自己好像是身体健康了；但从实质上看，人的身体并没有真正好起来。

为什么会出现这样的问题？因为人在强化了形体的同时，也强化了形体的气，这样形体之气就把病给包住了，暂时没能呈现出病态的反应，但身体机能处在不平衡状态的这个本质内容还没有改变。而大家现在一练呼吸操，直接练的就是以五脏为中心的锻炼内容，使五脏的气血得到了合理的运动。这样的锻炼活动就会把五脏的病退出来。要退出来，就会有一个自身功能调整的过程，也必然会出现相应的生理反应。

浩然之气 吐故纳新

如果一个人五脏不健康，哪有健康长寿、长命百岁可言？等到老了，什么心脑血管病、冠心病、糖尿病和高血压等，这病那病都出来了，因为形体的气包不住五脏六腑的病，疾病就自然地蹦出来。如果在健身锻炼的过程中，只注重了形体方面的锻炼，那么就会把气、把自己的生命力都消耗到形体上去，像这样去做是不合理的，也是不符合生命运化法则的。

随着年龄的增长，人的身体会出现这样或那样的毛病，为什么会得病？就是因为自己的内气不足了。这种内气不足的现象，在喜欢与不喜欢锻炼的人身上都会出现。通常人会感觉到疲劳，那种疲劳的现象就是内气不足的表现。不过自己休息一下或睡一觉，把身体养一养，这样人的思想也随之放松了，内气就自然地得以充养，人就又开始有精神了，这是最普通、最常见的事。我们都会有这样类似的体会，累了，休息一会儿又有劲干事了。其实，在人的社会生活中，就这么个平常的道理，不知道大家发现了没有。

中国人健身或养生是讲练气的，除了古印度文化中有这方面的理论和修炼方法，国外就甚少见到讲炼气的理论内容了。

在古印度修行文化中，对通过呼吸吐纳来调息的修炼方法非常重视，比如各种瑜伽调息术。古印度最古老的哲学经典《奥义书》，就有调息练气的记载。例如："如调狮、象、虎，缓缓制气息，行之不如法，乃杀修学者。适宜吐出气，适宜方吸纳，适宜以制止，如是得成就。""安舒容易作体式而坐，以右鼻孔停匀吸入外间空气，而持满之，自发至于足趾，甲尖，再由左鼻孔呼出。以此而头脑清健，一切入乎气脉之病，尽皆消灭。自心起至于喉止，以鼻孔缓缓吸气，微微有声，如其可能而持满之，再由左鼻孔呼出。以此则痰瘤消而腹中之火增盛。以口吸气，随之有声，如其可能持满之，由两鼻孔呼出；以此，则饥、渴、怠倦、睡眠，皆可无有。卷舌摄气，如其可能持满之，由两鼻孔呼出，以此，则痞块，胰涨，瘟疾，火病，饥饿等患皆除。"（《商枳略奥义书》，徐梵澄译）①

但古印度有很多的修行门派把练气的方法叫外道，叫旁门左道，叫外教法门，说它不正宗。为什么会这样说？因为单纯练气养气的

---

① 节自《五十奥义书》，徐梵澄译，中国社会科学出版社，2007 年 1 月第二次印刷。

方式方法，是不能从根本上帮助人获得身心整体健康的，也不能帮助人了悟人生；而了悟人生的根本法是从净化自我意识开始的。如果人非常重视练气养气，那么人就很容易住在感觉气的境界中，不能自拔。

在中国，古人认为养气是为了全命的，但养气的涵义较今天人们理解的意思是不一样的，古时候主要强调的是养浩然之气。但是大家应该明白，养“浩然之气”是从心性这个根本上来进行的，是在日常生活的应对之中来养的，因而人之心性净化的境界，是从行住坐卧之中体现出来的。从形体上用功夫只是养气的基础内容。

中国的古人很注重养生之道，强调了身心的整体健康。中国的古大德认为涵养道德、修养意识是根本，养生的基础是练气，这二者相辅相成是缺一不可的。中国至少有数千年的养生文明史，传承下来的典籍记录了智者圣人们是如何通过锻炼达到养生、延年益寿之目的的。所以，我们的古人在数千年前就开始讲修养意识和吐纳——吐故纳新这些养生文化与健身方法了。

我们可以想一想，人的吐故纳新难道不是从呼吸开始，难道不是呼吸的内容吗？新陈代谢难道与呼吸没有关系吗？生命的一开一合，气机的一进一出等，都涵盖着呼吸的内容。古人所谈的调息也就是指通过呼吸的调整来促进身体气血的整体运化循环。如《庄子·刻意》言：“吹呴呼吸，吐故纳新，熊经鸟申（伸），为寿而已矣。”张景岳《类经》言：“呼接于天，故通乎气。吸接于地，故通乎精。”“善养物者守根，善养生者守息，此言养气当从呼吸也。”

总之，任何一个时期，只要是强调养生，不管是哪一个健身法，都必须重视呼吸的锻炼。为什么？我们人生下来最初的运动不是动手，也不是动脚，而是伴随“哇”的一声哭啼，从此开始了生命运动之初最自然的运动状态，开始了生命的呼吸运动。呼吸是婴儿出生后最早的运动形式，这是谁也否定不了的。

可是，为什么大家这些年没重视呼吸运动呢？主要是因为当代编创健身操和养生文化的那些人不懂得人的生命运化规律，不懂得身心活动规律，不懂得人生命活动的属性特征。因此其对古人呼吸吐纳的养生内涵认识不透，对精华的东西一直没能很好地发掘出来，也没有把它组合成新的呼吸健身法，而是去寻找更快捷的锻炼身形的方法。就这样，这种运动形体的健身方法开始流行于世了，而濡养人生命活动内在根本基础的呼吸方法却闲置于一边，甚至被遗弃。

五脏中心 五行运化

人体以四肢及周身的运动系统功能来维系五脏运化功能的生理机制，并以五脏为生理活动的中心。人是以五脏为中心、以神为统帅的整体生命活动存在。通过这样的简单讲解，可以使大家知道，五脏器官的功能效应与四肢及周身运动系统的功能效应之间，存在着功能属性与运动、运化特性的不同。这种不同，决定了人的形体之气与五脏之气之间的巨大差异。

在大众的社会性的普及健身活动中，人的精神活动与生理方面的生命活动只是相互协调的机制，人的气与统帅生命活动的神是两个不同属性的存在内容。虽然气与神都共存于人的生命活动体之中，具有不可分割的内在联系，但他们之间却不是一个层面的东西。因此，人的神与气（能量）是两个内容，而不是一个。只有当人通过修炼呈现出了玄关以上的功夫层面，只有到了那个时候，人的神与气（能量）才是和谐的整体；并且这其中，还存在着若干不同层面和不同层次的功夫内容需要去做、需要践行才能达到。

讲到这里大家就能明了，更多地强化运动形体，就会产生消耗生命能量的现象，也就是消损了人自身的生命力。当然，合理适量的运动生命形体的同时，又进行围绕以五脏为中心的健身活动来展开，才是有益身体健康的，这种有益的生命运动内容，才能符合人的生命活动的运化法则。如果不懂得人这个生命实体的运化规律——这其中包括生理方面的和心理方面的内容，那么就很容易造成健身活动的偏颇发展。如健身过程中出现的气机出偏、心理失衡等各种现象。

希望大家对于运动形体的各种锻炼方法有一个新的认识，不管是练气方面的锻炼内容，还是体育锻炼方面的内容，都需要从符合生命运化规律的高度出发，来进行健身方面的锻炼活动；如其不然，健身锻炼的内容就不合理了，这是因为过于强调人形体运动的特性，而忽略了人的生命运化规律是以五脏六腑的运化功能为中心来展开的。五脏六腑的运化功能是人体气机或说能量的生化之源。然而，人通过运动形体的活动，把人五脏六腑之气运动到形体四肢上去了，像这样的练法在早期的锻炼活动当中可能会出现利于身体健康的现象，但是如果一贯坚持，一味按照这样的模式锻炼身体，人就会出现练得越努力、越刻苦，反而越不利于身体健康，比如出现练就舒服、不练就不舒服的现象等。

像这样的现象广泛地存在于近30年来流行的各种健身活动中，也存在于如跳舞、跳绳、跑步等体育锻炼的活动中。当然，不利于生命健康的说法，仅仅是针对那些能够长期坚持下来而又特别刻苦锻炼想出功夫的人来说的。在健身锻炼的活动中，如果习练任何的功法都像做广播体操一样对待，那应该是不会造成太大的负面影响的。比如对那些只是三天打鱼、两天晒网的人来说，既不会在健身锻炼的活动中造成不利于生命健康的现象，同时也不会因健身锻炼而获得实质性的康复效果。

针对进行健身锻炼而又出现不利于人的身心健康的现象，我们需要重新来认识健身锻炼的理与法。简单地说：

一方面，健身锻炼的活动必须围绕以五脏为中心来展开，懂得把四肢形体的运动与五脏的运化功能的锻炼活动协调起来。

另一方面，任何健身锻炼的运动形式都必须以净化思想意识为主、为纲要，在净化思想意识的活动中，必须以产生思想意识活动的源头为根本。只有像这样去修养身心，才能切实有效地实现健身锻炼活动的目的。

人的生命，从古智者圣人的实践活动来看，从中医的认识来看，都是围绕着五脏的生命运化功能来展开的。我们看中医学里讲“藏象学说”，主要是围绕着人的生命运化功能的属性特征来展开的，是作为一门系统的学说来讲的。在中医学里，“藏象学说”是以人的生命运化功能为中心的。从古至今，没有哪一个中医学派是以肢体的运动为人体的生理运化功能的活动中心的，没有！

我个人认为，编创设计健身运动的方式方法都应该遵循这样的规律：以强化锻炼五脏的运化功能为主，即强化脏腑的整体运化效能；以身形的锻炼为辅，做好练养结合；保持情绪的稳定，通过陶冶性情、涵养道德来常保人的中和之气，通过净化自我意识的活动来常保人的中和之性，这样才能帮助人们达到祛病强身、延年益寿的目的。

那么藏象学说又是怎样论述五脏的运化功用的呢？藏象学说是以阴阳五行学说的理论为依据，来阐述五脏所具有的生化和储藏精气的生理功能；同时五脏又各有专司，各负其责，与六腑、与躯体、与经络、与气血及关窍等有着特殊的内在联系，从而形成了以五脏六腑为中心的人体生命运化系统，并且五脏的生理功能和各种情志活动对人的心理活动起着重要作用。

从健身的观点来看，从古至今人们从来都没有离开过阴阳五行规律的运用！否则“混元一五行，无形亦有形，中寓阴阳造化机，开合聚散万物生”这个混元功诀就不可能产生了，其实这个功诀是对阴阳五行规律运化生命活动时的整体性进行的认识和总结。

这个功诀，对五行的属性特征及其规律运化生命活动时的混化机理，进行了简明扼要的阐释。“混元一五行，无形亦有形”，其中混化的是无形的气，但运动变化着的却是人自己有形的五脏六腑，呼吸的开合运动能够直接加强五脏整体运化的藏象功能，“无形亦有形”——在这个五行里，含藏着阴阳的规律，还涵盖着阴阳五行的平衡；“开合聚散万物生”，这是阴阳五行规律运化的结果。如果有阴阳五行规律，却没有开合聚散，那么万物就生长不了，宇宙间的自然运化发展规律就是这样的。

人是宇宙自然当中的一个实体，那么就必须遵循宇宙间的自然运化发展规律。为什么一个呼吸操能方便大家解决自己的健康问题，而且还能帮助大家开发智能、长功夫？其奥妙就在阴阳五行的属性特征和运化机制里藏着！人的生命力是藏在五脏的整体运化功能态之中的，五脏的运化功能态弱了，那么人的生命活动就会缺乏生机，也就是练功夫的人通常说的缺气了。所以，大家必须沿着理入与行入并进的这条思路来提高自己对养生文化及健身锻炼活动的认识。

呼吸操原理

健身呼吸操、梳头操等都是非常简单的方法。其中呼吸操一共是三节。

阴阳平衡 阴阳互化

呼吸操的动作要领，首先是两手合十。两手合十能帮助人的能量气血产生阴阳平衡，就是说在阴阳平衡的同时，还需要把手指内敛起来，形成混元剑指诀。十指内敛以后，气往哪走？是往劳宫穴这里走，这样一来就更加强化了阴阳平衡的效应。这说明我们重视了阴阳和合、和合五行的内容。我们因此而建立起来混元整体的生命运化状态，在这个混元整体之中还可以划分出阴阳五行的属性特征，来符合身心活动的自然要求，即符合生命活动的自然本能需求，并以此来平衡人的气或说能量与这个实体的和谐关系。这是第一个作用。

第二个作用，我们强化阴阳五行的属性特征是通过左鼻孔吸气，右鼻孔呼气；右鼻孔吸气，左鼻孔呼气……这样来回交替运动来完成的。为什么要这样做？因为只有这样才能够能动地促进阴阳五行之属性特征在互生、互化、互分、互合、互根、互离的运化过程中提高效率。如果只有阴阳五行的和合，而没有阴阳五行的互生、互化、互分、互合、互根、互离，那也不叫混元的整体。我们现在发现了这样的方便法和运化法则的内容，通过左右交替呼吸法，增强了阴阳五行之属性特征间的相生互化关系、以及促进了阴阳互易的这种运化力度。

人体中的太阳

下面谈膈肌。呼吸操为什么能起到锻炼五脏六腑的作用？就是通过顺腹式呼吸，促使膈肌上下运动来按摩五脏六腑。有人把横膈肌比喻为人体之中的太阳，为什么会提出这样的一个观点呢？因为横膈肌的肌体组织在五脏的中心部位。如果没有横膈肌的上下运动，我们的脏腑运动就不能很好的进行升降的运化和开合的运化了，那么我们谈五行的运化规律也就成为了一句空话。

膈肌的上下运动，既促成五脏脏体的运动，而且又强化了五脏的五行运化的开合功能态。这是什么道理呢？因为一吸气，肺部向外一伸张，就能够促使横膈肌向下运动。一定要清楚，肺的扩张不只是前后左右开张的，还能上下伸张。肺部的横向开张，可以起到挤压按摩心脏的效应；而纵向张开，则可以推动人体横膈肌的上下开合运动。一吸气，横膈肌往下一压，这时就自然地挤压按摩了肾脏、肝脏、胆囊、脾脏等脏腑器官；然后再一呼气，膈肌就会自然地上升，上升则按摩我们的心脏，并且肺通过伸张与收缩也按摩了自身。

想想看，现在有哪一种流行的健身方法能够解决按摩五脏的问题，能够起到这样的功效？除了呼吸操和类似于呼吸操的吐纳呼吸法以外，再也没有像这样比较理想的呼吸按摩五脏法了。所以，大家为了自己的健康，需要通过呼吸锻炼的方法来达到按摩五脏的目的。不管是传统的呼吸吐纳法，还是现在我们的呼吸操，都能够帮助我们把五脏的运动、把五行气的升降开合运动展现出来，这是个非常关键的内容！

所以，呼吸操具有推动五脏之五行气的升降开合，促进五脏之运化功能相互混化的功用。

天地交通话“人中”

在呼吸操的编排中，强调习练时需要点按人中穴，那么人中穴在人体中有什么妙用？如果有的人犯了心脏病，或突然出现了昏迷的现象以后，最简单的方法就是把人的人中穴点按一下或是掐一下，过不了一会儿人就会醒过来。由此我们可以看出人中穴的功用，因此人中穴就可以叫醒神的窍。虽然这个穴位不是心窍，但是它可以帮助人的心窍恢复神明。

我们在做呼吸操的时候，为什么要轻轻点按人中穴，而不是其他的什么穴呢？鼻唇沟上的这个穴位为什么叫“人中”？对此，可能大多数人都不清楚。可能有人会这样问：“为什么不把人中穴定义到人身体的中间部位？比如肚脐部位。像这样定义也许平常人更好理解一些。那为什么不把肚脐叫人中，而放在鼻口之间呢？”其实这就是因为平常人根本不明白“人中”的涵义，以及它在人生命活动中起到的作用。

古人说“人以天地之气生”，说白了就是人活着得靠天地之气。人得呼吸，不呼吸就死掉了，这个理大家都知道，人生命活动过程中的这一呼一吸，即是人得天之气；人还得吃喝，不吃不喝就没办法生存，人靠饮食得地之气。所以，天给人以五气，地生人以五味。五气从鼻入而归于肺，五味从口入而运化于脾胃。人因鼻这个门承天之气，靠口这个门来受地之气。我们大家都知道：天在上，地在下，而人就在这其中。这就是“人中”所指的，人必须于天地之间而禀承这阴阳二气，此象即是人的正位。肺开窍于鼻，脾开窍于口；肺主乎天，脾主乎地。因此人中穴即是天地之气的交合处。

鼻口之间的沟就好像一个通道，沟通了天地之气，《黄帝内经》讲“言天者求之本，言地者求之位，言人者求之气交”，二气交合人才能活着，这也就是说“天地气交而人生焉”。这个天气与地气相交的地方，就是人位之中，气交则生人，人得通过门窍与天地交换，这最主要的两门之间沟通的机关就是“人中穴”，因此这个地方何其重要！

一般人也会知道，当人的头脑不清醒的时候，或是忽然昏迷的时候，要掐人中穴，这样人就容易清醒，能缓过这口气来。但是这里面的道理是什么呢？其实道理就是刚才讲到的内容——气交混化。天气降而地气升，阳气降而阴气升。这样天降地升、阳降阴生，也就是气交混化的内容和过程了。天地之气相交相合相互混化，才得以衍生演化万物，当然也包括人在内了。

那么在人这个生命活动中，天地阴阳之气与人的神气之间是如何交合混化的呢？天地阴阳之气与人体之气的交合混化，就在于人的五官九窍与四肢的末梢，并包括周身的穴位和毛窍腠理。而天地之间的气与人的神气进行交往、交合和混化的位置，主要是五官神意之窍，如眼视觉功能的神意之窍——印堂，鼻的神意之窍——人中，口的神意之窍——承浆，舌的神意窍——舌尖心窍，耳的神意窍——耳门。四肢末梢就是上肢的手和下肢的脚，上肢的手的要穴，就是指手掌的劳宫穴与十个手指尖的井穴；下肢的脚的要穴，就是指脚心的涌泉穴与十个脚趾尖的穴位。百会穴是统领一身经络气穴的关键要窍。

神意与体内外气之间相互转化的枢纽在哪里呢？就在五窍之中的人中穴。它是神意与体内外之气进行转换交通的枢纽。人中穴在鼻与口之间沟道的中部，约上1/3处，从以上这些内容中我们就知道了，人中穴为什么具有明显的醒神功能。人的生命活动其内外气机与神意的交通混化是一个有机和谐的整体运化过程。在人的内部，一定也会存在有更深的不同层面和不同层次神意与气混化的内容存在。当然，这些不同层面层次的神气混化的活动过程，也都是人整体性的生命活动内容。那么对于每一个人来说，神与内外之气相互交通、相互混化的结果，就决定了人的健康状态以及寿命的长短；人体之中气足、气强或气弱、气衰等，就必然决定了人健康的基础状态。

如果出现了阳上升、阴下降，乃阳在上、阴在下的卦象，那就说明了阴阳出现相互背离的现象，愈去愈远，因此天地之气没有交合，也未混化，像这样的现象出现了即为“否”。否，《玉篇》：“闭不行也。”《广韵》：“塞也。”《周易》中的否卦，多被视为大凶之卦，是最大的病兆、亡兆。阳气不降，阴气不升，或者是阴阳之间相互转化的枢纽出了问题，阻塞了人生命的生机，那么二气自然不能混化，这样的话人就难活命了。

如果能够明了人与自然的这些运化规律的原理，那么就会找到好的办法来进行调整。比如，把二气补一补、沟通一下，顺畅起来，那否卦就会发生变化了，就会赢得否极泰来的生机，这样人的生气就生发上来，也就健康起来了。所以，人危急的时候就将二气沟通一下，怎么沟通？点按人中穴。

人们常说“牵一发而动全局”，那么最简单、最有效的办法，就是从这个神意的中心穴着手。可别小看它只是个穴位，而且还在人的体表，要知道人与宇宙自然是一个混然不可分的整体，所以对于气穴要窍来说，没有体内体外之分别。只要一点按人中，人的内在生命运化功能的状态也即刻跟着被调动了起来，那么展现出来的就是整体的气交混化的和合状态。

我们练呼吸操时，要求食指轻点人中穴，轻则补，重则泄，我们就轻轻地点按，在这个气交关键的地方补这个气，通这条道。命危的时候可能要重一些点按，旨在接通、畅通人的自身与自然阴阳混化的玄关枢纽。所以，大家可别轻视这么小小的一个呼吸操，或问做起来还挺简单的，真能康复吗？真能健康吗？真能补气吗？真能长功夫吗？那我们就可以尝试一下。关于点按人中穴这一个穴位的内容，就蕴涵了这么多深刻的生命之机理。往大了说，这样的呼吸操遵循了宇宙自然的运化规律，符合了万物生化之理；往小了说，符合生命活动的运化法则，那就是能够帮助大家祛病强身保健康的方便法。

我们知道，越高级的东西就越简单，大道不正是至简至易的吗？只要我们按照净化意识的要求合道而行，遵循符合锻炼身体的法则顺德而动，像这样顺应生命活动的运化规律去做，想健康、想长寿就容易了；如若不然，背道而驰，就肯定解决不了生命活动的基础问题，而且越行越偏，这样的结果就不是在养命，而是在丢命。所以，这里讲的不只是一个穴位，不只是我们生命活动的内容，还是纠正大家的健康观和人生观的内容。

阴阳五行和合之气

呼吸操是怎样强化阴阳五行的和合之气的呢？我们在做呼吸操的时候，应该把自己的食指放在人中穴的位置，轻轻地点按。这样做的目的是醒神，还能起什么作用？补气的作用。点穴位力度的轻重是有讲究的，轻补重泄，我们只需要这么轻轻点按人中穴就行了，点按穴位的过程也是有诀窍的。

大家知道吗，人的食指在全息生理学说中是可以代表肝脏的，肝属木。食指抵住人中穴，让木气生发，可以启开心窍，因为木能生火。

呼吸操第二节是需要点按迎香穴的。我们的手指可以轻轻地点着迎香穴，轻捏住鼻子，往上一顶，然后一松开的同时吸气，这其中也含着机窍。肺开窍于鼻，迎香穴是脾穴，脾属土。土能生金，点着迎香，又捏住鼻子，使土气去生金气。这样土生金，木生火，生金以后，金又可以生水去养肾。人的下丹田的领域，也包囊了肾脏，做顺腹式呼吸一开一合，就养了下丹田，同时又温暖了我们的肾。那么呼吸操使土生金，生金后，金足了能生水，水下降养肾，这样五行之气就在强化锻炼的过程中运转起来了。

随着膈肌的上下运动，随着呼吸的深入，阴阳五行开合聚散也都在其中了。我们的呼吸操没有强调阴阳的变化，也没有强调五行的生克制化，而是把阴阳五行的内容整合起来，在阴阳五行的混化过程当中，强化了五脏六腑的运化功能，使人的生命力得到了培养。

点火促生机

呼吸操还有一个很好的作用，那就是人在习练的过程中，在不知不觉中可以促使丹田起“火”。在过去的道家和民间的很多养生理论与健身功法中，是非常重视丹田点火的。过去的老师们认为，无论是养生还是健身，所练的这个气，要把它转化为自身的生命力，就必须得通过点火的过程来完成，这样才能使所练之气产生生机。通过我们自身的养生过程和健身锻炼的实践活动证明，只有让丹田起火才能呈现生机，这种观点是非常正确的。没有火，没有阳光就不可能诞生生命之生机。

就好像大自然的存在，如果没有阴阳五行规律的运化，没有生长化收藏法则的自然展现，那么万物生长之气运要产生勃发的生机，就是一种不可想象的存在。没有阳光就没有生命，所以万物的生长靠太阳。

人在阴暗潮湿的地方待久了，生命力就会变弱，会得病。人与自己生存的自然环境一样，万物的生机不可以没有阳光。北方属水，在冬天的自然环境之中，大家能够看到有植物、有草在生长吗？没有。非要到了春天的时候，阳光辐射照耀着大地，冰雪才被融化，阳光的温暖被大地吸收，而孕涵能量的地气则往上升，这样万物生命的萌芽便开始勃然升起，万物开始生长。人和万物生命的萌发是一样的。

可是人们做健身锻炼那么多年，谁知道生命之气要这样去培育？没有。为什么有的人练气练得很足，可脸色还是不好看，呈蜡黄色？就是因为没解决好丹田的问题，没解决好丹田点火的问题，使所练之气运而不化，没有生机。这是广泛的群众性的气功文化运动中存在的非常普遍的现象，也是不容易解决的一个难题。

其实丹田点火的方法很简单。在1998年我去广东学习如何治疗癌症时，那位老师所用的方法可以使癌症的治愈率达到75%左右。当然，这其中不仅是方式方法好，而且那位老师还具有相当的功力，这是非常了不起的效果。他在治疗癌症的过程中就非常重视丹田，并强调丹田具有维护生命力的作用，同时还强调了丹田点火的效应。我分析他那里的癌症病人为什么有被治好的可能：第一个方面的原因，是辟谷；第二个方面的因素，就是尽快形成丹田，并促使丹田点火，丹田点火可以迅速提升人的生命力；第三个方面，其功法的安排把人的主观能动性同生命活动的自然调节功能有机地结合起来了，最大限度地协调了人与自然之间的能量混化关系。

通过习练一些健身方法，使身体能够在丹田气的作用下获得健康，但那还不是人的生命力，一当丹田点火后，这种气马上就能够转化为人生命力的基础。如果把这种“生命力的基础”同陶冶性情、涵养道德的自我意识净化内容和修为的过程有机地结合起来，那才是真正地培养人生命力的全部过程。因为人的生命力就是人的精气神的整体性呈现。

对这些内容的学习，使我对健身功法与养生文化，包括所学的整体观理论，都产生了一定深度的认识，通过自己亲身的实践活动的实证，了解了养生文化与健身功理功法存在的某些缺陷，需要解决的若干方面的问题，以及理论中需要发展的内容。这样才形成了现在的智慧传承教育文化的体系。

在成长的过程中，我自身也因为进行了强化丹田的训练，以及丹田点火的内容，使自己功夫的水平在习练了六年的健身功法与养生文化之后，终于发生了新的变化和提高。同时，功夫水平的提高，帮助了我对过去养生文化与健身方面的功理功法再认识及重新整合，这样就使我对社会中普及的健身功法与养生文化等内容都有了较为清醒的认识，而且也对健身方面的各家理法的鉴赏能力有了很大的提高。只要对其他功法进行研究，就不难看出其中的利与弊；只要一学其理，就知道其健身的关键之所在。

其实丹田点火的内容非常简单，只需要用 5 ~ 7 个呼吸就可以催动丹田发热。当然，丹田点火的呼吸内容就是顺腹式呼吸。把自己的意念放到命门，然后在吸气的时候，意想肚脐往外开；在呼气的时候腹部肚脐往里合，意想肚脐合回到命门处。有这样5～7个呼吸丹田就热了。热了以后就不要再做呼吸了，因为火大太热会造成“干锅”的现象，所以，丹田出现了热感以后，就需要沐浴静养。

在形成丹田和做丹田点火的过程中，男女都会出现性兴奋的现象，只要不去幻想性生活的内容，是不会出现问题的。通常有少数意志比较薄弱的人，会因为妄想性生活的内容而导致遗精与带下，像这样的人，如果非要通过健身的功法来提高健康状态，那么就需要认真地加强修养身心方面的理论学习，立足从思想意识上来净化自我的心理健康状态。还有的人会因为肝郁气结、肾虚、湿热等症候而导致出现遗精和带下的现象，对此不要害怕，按照对症取药的原则吃几服中药即可。

在做呼吸操的过程中，我们基本上把丹田点火的这些问题化解了。我们是怎样化解的呢？不着意强调点火的内容，而只管腹式呼吸的内容，但是要注意这个呼吸是顺腹式的呼吸。由于腹部随着呼吸一开一合，反复地做开合的运动，做的时间长了，就会在腹腔中自然地升起热的反应。尽管我们没有用意念强化命门，但整个下丹田，包括命门、肚脐在内，都是温热的，但不会过热，而是温暖的、温煦的那样一种热的感觉，就像阳光雨露滋润万物一样。这样在不知不觉中，就把丹田点火的内容融入到锻炼的过程之中完成了。这就是呼吸操的精妙之处，这也是呼吸操中关键的而又最本质的内容之一。

如果遇到非常敏感的人，在做呼吸操不长的时间之后出现了丹田点火的现象，那么就要学会通过静养沐浴来照察腹腔的气血之运化状态。也就是说，让这样非常敏感的人，提前进入到平衡练养的习练阶段。

练与养的结合

呼吸操为什么有那么多的人练，而且是越练越健康，越练越长功夫，越练生命力越强，越练气越细腻呢？那是因为呼吸操的理法符合了人的生命运化法则的缘故。而且人在练了几个月以后，身上的皮肤都会起光，手摸在身上会很润滑，就像摸绸缎的感觉一样！那就是皮肤变得细腻了，让人感觉到美，那才是人开始走向健康状态的过程。

通过加强养生文化与健身方法方面的理论学习，能够使大家的身心形成整体的智能状态。通过持之以恒的锻炼，人的体能等各方面都会跟上来。届时走路也不会累，脑子也会越来越灵活。希望大家好好地坚持习练，当然也可以尝试一段时间的呼吸操，看看自己的身体变化。大家只要去做了，那肯定是会取得健康的变化的。

在习练呼吸操的过程中，一定要记住养气！呼吸操强化了五脏气机的运化功能态，而且五脏的气由于受五脏器官自身功能结构的影响，往外散、往外跑得就会很少，五脏的气机是会在自己的腹腔里边运动的，让人有充实饱满的感觉。尽管这样，我们还是强调养气，做好练养结合、养练结合的内容。任何的练气过程都只是帮助我们气机的生发与流行，养气的过程是帮忙我们储存储备能量的过程，是强化人的收敛涵藏功能的过程。练养结合好了，能量累积到一定的程度，"啪"丹田就开了。所以做健身呼吸操，就在习练的过程中自然地强化了人体中的三个丹田。对此，任何一个实践者都会证明我所讲的这些内容。

三田共振涵内气

这三节呼吸操是非常简单的，但它把健身锻炼的关键内容、阴阳五行的规律都囊括进来了，还有就是强化了三个丹田，促进了三个丹田的共振。如果意念放在脊柱的内侧，时间长了还能帮助形成中脉。这么善巧的东西难道还不是宝贝吗？

呼吸操就是赢得健康和智慧的宝贝方法，而且这种呼吸法里边还藏有诀。什么道理呢？良好的五行气循环，补充了人的生命之气。因为呼吸催动着丹田气的运化，通过一吸一呼、一开一合，内气就像风箱里面的风一样，来回在三个丹田里面鼓荡，这样正好符合了

“虚而不屈。动而欲出”的自然运化法则。这样一来就强化了人凝聚内气的能力，平衡了阴阳，这不就是诀窍中的诀窍吗？

简说梳头操

梳头操一共四节，它与呼吸操结合起来做，能起到健身益智的作用。要注意做梳头操时，手不要张开，张开做效果就差很远了。梳头操可以使周身的清气升腾上来，长功是很快的。因为头部乃全身经脉之汇，通过梳头，清气上升，浊气下降，那种舒服状态是无法言说的，大家自己可以去实践。梳头操每天每次做半个小时以上比较好。

最后强调一点，呼吸操、梳头操结束时的养气时间要放长一些。我给大家提个建议，在做完梳头操和呼吸操后，养气的时间应该规定为半个小时，也可以按照练养时间1∶1的比例来养气。为什么要这样强调？这是为了大家能把所练得的气收回来，通过养气收回来，涵养在身体之中。（编者按：呼吸操和梳头操的具体做法，详见本书《健身呼吸操》和《健身梳头操》。）

呼吸松腰法与延寿法详解

呼吸松腰法与呼吸延寿法，是专为那些身体比较好而又喜欢修养身心的人编创的系列功法。这些功法内容实际上也是很简单的，它们的动作路线和呼吸操是一样的，只是呼吸的方法和习练之时的形体要求略有区别而已。

在学习呼吸松腰法与呼吸延寿法之前，请大家务必首先学习呼吸操，并对呼吸操最少有一年以上的习练经验；而且在这一年中，每一天平均做呼吸操的时间不得少于三个小时，只有这样才具有习练呼吸松腰法与呼吸延寿法的生理基础条件。同时还要求在这一年中，对习练呼吸操时所产生的各种身心反应的理论释解进行系统的学习，能够从容地应对。

不仅如此，还要求愿意习练呼吸松腰法与呼吸延寿法的人，加强陶冶性情、涵养道德和提高思想意识修养方面的理论学习，学习智慧传承教育文化的内容。只有从净化自我意识的层面着手，才能从根本上改变人自身的身心素质；只有这样从心理上，从智慧教育文化上，从做人的道理与知识上去提高、去变换气质，并能够尽量地做好这些根本的提升人的品质与修养的内容，那么习练呼吸松腰法与呼吸延寿法才会达到应有的效果。

在做呼吸松腰法与呼吸延寿法之前，一定要注意形体的端庄。人要端身正坐，对此是有具体要求的：头顶百会向上虚悬的同时，下颌向下向内回收一些；肩肘腕要放松，腋窝要空松；腰部稍向前塌，不是向后塌的，而且要求脊柱是直的。当然坐姿与习练呼吸操时是一样的。

一、呼吸松腰法

呼吸松腰法，是在呼吸操第三节的姿势和做法的基础上改进的，将一组呼吸调整为“六吸一呼”。

原来呼吸操的第三节是三吸三呼或五吸五呼，松腰法为六吸一呼；原来是坐着不动，现在腰部地方要随着吸气动一下，吸气的同时要有意识地让命门向后坐、向后突，就好像用吸进的气从内吹命门一样。把呼吸之气直接与命门穴联系起来，与阳关穴联系起来，进行一吸一坐（向命门产生后坐力）的锻炼，像这样一直做下去：一吸一坐、一吸一坐……

一吸一坐做六次后，变手势，转另一鼻孔，轻缓地一次呼出；然后再一吸一坐共六次，再变手势，换鼻孔将气呼出……像这样循环做。要注意，吸时短促有力，呼时轻、细、匀、长。一吸气往命门里边挤，这个气就往命门里走，以后做熟练了就会自然形成内力和内压，如果形成了这种内力，那就好了。

我们在做呼吸松腰法的时候，先把意念放到命门的位置练一会儿，然后再把意念观注到阳关穴的地方练一会儿，这样就可以开命门和开阳关穴了。阳关穴在第五腰椎这一区域，或第五腰椎与骶椎衔接的那个地方，往那个地方吸吸吸……或者叫吹吹吹……

一开始开命门，然后到阳关；等阳关这个地方气满了，往上升一格，到第四、第五腰椎之间往那里吹，往那里吸，往那个地方送气；送到一定程度，再回到第三、第四腰椎。我们讲的命门就在第三、第四腰椎之间，比针灸的那个命门穴位要低一格，针灸的穴位是在第二、第三腰椎之间。吸气的过程就是向里面吹气的过程，吹、吹……吹完以后气就足了，然后再到第十二胸椎和第一腰椎、第一腰椎和第二腰椎之间吹，往这些地方吹，把这几个地方的气练足了，使之气血充盈了，那么腰也基本上快要松了；然后再结合升阳固本操的内容来练，松腰就成为必然了。

腰松了，就为延寿打下了良好的基础。在做升阳固本操的时候，主要强化的是扣翘尾闾的习练内容，这样一来你想要腰不松它都不会答应的。只要你们能够认真去对待，认真去做了，没有不松的道理。假设你说我干脆不松了，它也不会听你的，气一足你的生命活动状态会自然进行调整。

只要大家能够自觉地去习练，坚持不懈，腰就会在不经意之间松下来，就跟咱们李老师一样的。你们摸摸李老师的腰，他会很高兴的，他的腰松得很好。这是松腰法，非常简单。

当然，每个人的生理基础情况有不同，存在有身体好与身体弱的，存在有身体敏感与迟钝的，存在有身体反应快与反应慢的等等，那么松腰也会出现早一些或晚一些的现象，快一些或慢一些的现象，反应大一些与反应小一些的现象等等，对此就不一一举例说明了。

二、呼吸延寿法

呼吸延寿法的姿势和呼吸，与松腰法相同，只是意守或吹气的部位变了。

在讲呼吸延寿法之前，先讲几个穴位的地方——命门、阳关、肚脐、气海、关元这几个外窍，加上我们的下丹田。守下丹田，往下丹田那个地方吹气，就是脐轮，先吹这个地方；然后吹外窍，先吹命门，接着吹肚脐、吹气海、吹阳关、吹关元。吹了下丹田这些地方，再吹生殖轮；吹完生殖轮，再吹雷法轮。雷法窍的位置相当于下丹田与混元窍之间的地方。吹了雷法轮再吹肚脐，吹了肚脐吹雷法轮，然后吹完雷法轮再吹生殖轮，吹完生殖轮再吹雷法轮……

对于这个“吹气”的说法，请大家注意，吹是呼吸时的吸气的过程。你一吸气，好像把气从身体里面一直吸到那个穴位，就像是从内吹穴位一样，就是把这个过程形象化。即在吸气的时候意想着是往需要加强的穴位吸，也就是说往那里吹气。

我们每次习练都强化雷法轮，就是为了让大家把自己的精气慢慢地升化上来，并逐步地扩大丹田的领域；强化生殖轮，就是为了让大家内在的气或说能量能够慢慢地移下去，逐渐下到会阴穴，但每一次不要一下下去太多，能量下移太快大家会承受不了的。下移得太快时，男性会产生遗精的现象，女性则会出现带下的现象。为了使身体能够适应这种变化，所以让大家在习练之时慢慢地下移能量。

在一开始练功夫的时候，注意只需要吹自己的下丹田的部位。即使是在开始做操的阶段，出现吹错穴位、吹错位置的现象，那么错也错不到哪儿去，也不会对身体造成损害，因此不用过于追求精刻，也不要有任何心理负担。总而言之，只要是在下丹田内的领域去做就没有错。对于大家来说，首先要把命门、阳关、肚脐和气海、关元，把它们练开，然后再来整合脐轮、雷法轮、生殖轮。下上对应着练，这样才能起到帮助化精气的作用。

一般情况下，要把能量提到下丹田的中心——脐轮上来，不要首先强化生殖轮部位。当然这也不是绝对的，以后中丹田开了，同样能量也是可以下放于生殖轮领域的，不过到时候意守生殖轮时意守的原则是守虚守弱。开始时是为了防止能量下泄——“走丹”的现象，对此应尽量避免。但是即使是在一个月中出现一次两次的下泄，也请大家不要害怕。让大家学习养生文化与健身理论的目的，就是为了大家能够明理，如果明理了那就不会产生害怕的念头。如果能够懂一点中医的知识，还可以吃一点中药，把肝肾脾的湿热清泄一下即可。只要自己的精神能够安静、安定就好了。总之不要怕，身体中的湿热清除了，就不会总出现能量下泄的现象。

所以既要往下吹，又要往上提一提。如果往会阴吹了以后，就需要往中丹田提一提；往生殖轮吹了以后，就往雷法轮或混元窍的位置提一提。像这样逐步地进行上下开，最后就在不知不觉当中把中脉吹开了，这样延年益寿的任务就完成了一部分。当然，这只是个延寿的基础条件，而且还只是开始。

我们再强调一下要练哪几个点。说明一下：命门、阳关、肚脐（神阙）、气海、关元，然后是脐轮、雷法轮、生殖轮、海底轮、心轮，还可以用一下混元轮——混元窍，一共是六个轮（参见中脉九轮与附录全身穴位图）。把这些地方练夯实了，中丹田也有了，养生、健康、延年益寿就都有了。

但是有一点要注意：大家这样练，必须与净化意识这个根本、必须与修养身心这条主线联系起来。简单地说，人在锻炼身体的过程中必须注意陶冶性情、涵养道德，修养身心的功夫水平一定要跟上，千万不要随意使性子、发情绪、发脾气！大家把这句话一定要记在心上。

延寿法首先吹命门、阳关，然后就是神阙、气海、关元，这些是一组外窍。走外窍强化一下会阴，强化一下长强穴都可以。这些地方都可以练，这是外圈，先练外圈气。如果打开肚脐，或打开任意一个外窍，你再练，那么出内景就出得快一些，体察内景的变化也体察得清楚一些了。如果像这样修身养性，那进步的速度就快一些了。为什么要练开外窍？就是让气或说能量进出的通道增多一些，强化这些内容比较容易提高身体的通透性。因为呼吸操的练法本身就是无内无外的，只要练呼吸操一年以上者，内气的基础就有了，这样内外结合进步就会非常地明显。

然后再加上丹田里边反复混化，这几个点来回走，中间的内窍、中间的点，从下往上、从上往下，像这样循环往复地训练，就会容易贯穿海底轮、生殖轮、脐轮、雷法轮、混元轮、心轮这六个轮。命门、阳关、神阙、气海、关元，如果这些都已经练得不错了，那就可以强化会阴、长强穴了。强化长强穴为练开尾闾奠定基础，为人体里边的气往上升华奠定基础。

我们把道家筑炉建鼎的内容化进了呼吸延寿法和呼吸松腰法里边，其中有很多比较高深的内容也含在了里面。实质上我们讲了三个呼吸操，一个是呼吸开命门法，包含着松腰法在里面；一个是呼吸延寿法；还一个就是呼吸开阳关法，实质上这些本来是一个方法，一套健身操里边的内容。大家如果练一个多小时的呼吸延寿法，那么就会有那么多的穴位要练，做起来是会很快的。11 个穴位，一个穴位才合上几分钟，也就 5 分钟多一点。希望大家把这件获得健康的工程做好就行。

另外，大家做延寿呼吸法和呼吸松腰法的时候，两个肾脏会发胀。因为你总往命门那儿吸气，吸、吸、吸、吸、吸、吸再呼——六个吸一个呼，这样的练法是补多泻少，所以两个肾脏会比较胀一些，这时候怎么办呢？当吸气或者说吹气的时候，对着肾脏吹，吹几下它就不胀了；如果命门发胀，就对着命门吹，它就不胀了。我们再强调一下：如果松腰法做得两个肾脏发胀，没关系，就是左鼻孔吸气，吹左肾；右鼻孔吸气时，吹右肾，吹几下就好了。

健身呼吸操问答

1. 呼吸操可以站着练吗？

答：站着练呼吸操不好，因为那样就把五脏给挂起来了，悬着五脏练就很费力，还是坐着好。坐着练呼吸操，五脏六腑比较放松，消耗也少。如果身体真是很弱，躺着练呼吸操也可以。

2. 练呼吸操时，有时候练着练着身体就弯了，腰就开始躬着，为什么会这样呢？

答：因为你的内气还没有长起来。内气真长起来了，你想弯腰都弯不了，到那时脊柱这条线的气血就被充盈起来、充实起来了。

3. 坐在床上盘腿练，行不行？

答：坐在床上盘腿练也可以。练呼吸操以身体放松、舒服为主。如果腿酸了，再坚持一会儿，实在坚持不了的时候，就把脚松一松。一般来说是坐在椅子上练，这样练的目的主要是方便增长内气，延长做呼吸操的时间。

刚开始习练时，身体可能会出现疲劳的现象，不过练一练就好了。五脏六腑的通道每打开一个层面，在一段时间之内，人就会感觉到疲劳。这时调整一下练与养的时间比例，或补补气，然后再练，人的精神就会好起来。接着再往下练，新的层次又会被打开，这时人的身体就又会出现疲劳的现象，那就再进行调整练与养的比例，这样再练练，人的精神就又好了。

习练呼吸操的过程，就是这样一个循环往复出现反应的过程，同时也是健康梯度呈螺旋式上升的过程。不过，等到身体需要进行清理的时候，人的自我调节功能会让自己出现拉肚子的反应，那时会觉得很解恨，很痛快。

4. 吃了饭以后练呼吸操行吗?

答：呼吸操最好是空腹练，用早晨饭前的时间练比较好。实在不行的话，吃完饭等半个小时或一个小时之后再练，最好是过一个小时。一般来说，饭后先练走圈消食操 20～40 分钟，养一会儿气，然后再练呼吸操即可。当然，饭后也可以做其他一些轻柔的形体锻炼活动，之后再练呼吸操。大家还要注意：如果饭后练呼吸操，那么饭吃个六成饱就行了，练完呼吸操如果肚子饿了，那时再吃点也行。

5. 呼吸操是三节功，如果一次练呼吸操 30 分钟，每节分别要练多长时间?

答：没有具体的规定。30 分钟练一节也行，练两节也行，三节各练 10 分钟也行。总之，根据习练者自身的情况而定，自己搭配好时间，对习练呼吸操的时间没有硬性的规定，可以灵活掌握。

6. 初学者怎样把呼吸操和其他动功结合起来练?

答：可以这样，动功练半个小时，呼吸操练半个小时或一个小时都可以。无论先练哪一个都可以，都尝试着做一做，这样可能会达到一个比较好的结果——事半功倍的效果。需要注意的是，练动功不要过度消耗，一定要以呼吸操为主，以动功为辅。如果先练呼吸操，后练动功，那么动功做完后最好加练庄法收聚内气，增加养气的时间。

7. 练呼吸操能否生活化? 比如在上班时，利用空闲时间 10 分钟、8 分钟，只任意做一节，也不收功，可以吗?

答：呼吸操是可以生活化的。在上班的空闲时间里做几分钟也行，可以任意做一节，同样有效；也可以一节一节地做，随你自己去安排。但是要注意，做第二节的时候不要太用力。练功的人要习惯收功，用意念收收功，安静地坐一会儿就可以了。

8. 呼吸操要练多长时间比较好？

答：可以根据自己的情况练。一开始，安排半个小时或一个小时都行，比如第一节至第三节各练10分钟或20分钟，你自己随意安排；也可以每一节做一个小时，按照自己的能力和时间来安排就可以了，不会有问题的。只要练就会有收获，练多长时间就会有多长时间的效益。

9. 练呼吸操要求顺腹式呼吸，怎么样学练顺腹式呼吸？

答：学练顺腹式呼吸最好的办法，就是平躺在床上，然后把两个手放在肚脐上，吸气，肚子鼓起来；呼气，肚子落下去。这样反复地练几个来回就成功了。

10. 双手掐混元剑指诀对练呼吸操的帮助有多大？

答：非常大！双手手指敛入手心，上下不透，气就不往外跑，而是向劳宫穴回流。这个具体内容在《健身呼吸操精要》那节课中讲得很清楚了。

11. 只用一只手轮流堵鼻孔，这样练可不可以？双手怎么样掐诀？

答：我们这个叫呼吸操，大家如果只想单手做那也是可以的。你想改也没有问题，你就好好地练，按照你的方法练，你按照适合自己的方法练也可以。我们这里是百花齐放，只要你练了，觉得有效果，的确对自己的健身有帮助，不违背生命运化规律，那就行。但是，一定要符合顺腹式呼吸的要求。双手掐混元剑指诀练与不掐诀练那是有很大差别的，可能会影响习练呼吸操的效率，掐诀练的力量是非常大的。

混元剑指诀，除了食指在外，其余所有的手指都要指向掌心内敛；拇指平行向掌心弯曲。大家可以参考示范图示和录像。

12. 第二节捏住鼻孔，然后突然放开吸气，感觉丹田气聚得很厉害，呼吸次数是否有上限要求？左撇子可以练呼吸操吗？

答：那只是你的感觉。第二节呼吸操是对三个丹田聚气，聚得再厉害也没问题，你有点担心过度了。对呼吸的次数没有上限的规定。左、右撇子都可以练，没有问题。

13. 呼吸操，小学生可以练吗？

答：小学生练呼吸操，对孩子的身心健康成长大有好处，而且开智的效果很好。呼吸操就像眼保健操、广播体操一样安全，老人儿童都可以练。

14. 能不能讲讲练呼吸操可以帮助成长中的孩子们健身开智的问题？

答：习练呼吸操能够帮助各年龄段的孩子们健身、开智。首先，呼吸操是有氧训练的健身操，能够直接强化人的三个丹田——人的三个高能量集聚区域，对激活人的脑细胞具有明显的效果。同时还具有锻炼五脏的功用，能够帮助成长中的孩子提高五脏六腑的运化功能的整体性，理想地调节人的气血和经络循环，具有安神强智和增强身体免疫力、抵抗力的功效，而且是时间短，见效快。这是已经被众多青少年的实践所证明了的。

我们这里最小的孩子三岁多就开始习练呼吸操，四五岁就开始背诵、学习智慧教育文化的内容，如《道德经》等，他们的动脑能力、记忆力、理解力、创造力，以及生活自理能力、沟通表达能力都较同年龄的孩子优越很多。还有那些参加中考或高考的孩子们，通过呼吸操和梳头操的锻炼，精力比一般学生充沛，记忆和理解能力都有很大提高，头脑灵活而且反应快，像这样身体气血顺畅，精神饱满，心态就会平稳安和，直接能够影响其在考场正常甚至超常发挥，所以效果是非常好的。

15. 呼吸操练完后，养气是否有个最短的时间限制？

答：呼吸操做完之后，养气时间长一点比较好，一般不得低于10分钟。如果想把呼吸操练好，养气的时间要长一些。我们一般要求练与养的时间比例是1：1。这个问题可以看一下“谈谈练与养”那一课里讲到的内容。

16. 练呼吸操，头两三天感觉不错，但练了四五天之后，就出现了如胸闷一样的感觉，这是不是正常的？

答：这都是正常的。有一点希望你注意，练习时可能你的两只手与肩部在无意中紧张了，胸廓没有打开。紧张了也不要紧，放松之后慢慢做就可以了。出现胸闷的现象，只要你自己不憋气、不闭气就没有问题，那是正常的。要是觉得憋气，就注意把自己的身形放松一下，或是通过养气的方式缓一缓，然后再练。

17. 练呼吸操可以使身体健康吗？

答：我说练呼吸操能够使你健康，能够帮助你健康，能够使你加强健康。但是你必须得练，必须得去证明。只有通过亲身实践，你才能证明我说的话是否正确。

18. 练呼吸操时，小腹用力向外鼓可以吗？

答：不需要小腹用力地去做，保持自然轻松。练呼吸操吸气的时候，小腹往前，腰椎的这个地方往后鼓，同时向周围把它展开，向周围稍微用力，这样能扩大丹田。仅一个下丹田的练法那就多得不得了，丹田打开了以后，再怎么练才能把丹田练大了，里边还有好多方法。

19. 做呼吸操的时候，看电视可不可以？

答：可以。如果听着我们特制的录音或讲课录音练呼吸操，效果就更好。

20. 光练呼吸操，不练其他健身法，可以吗？

答：也可以。练呼吸操和梳头操，再适当地辅助一点动功也是很好的，比如我们推荐的走圈消食操，你可以根据自己的情况而定。打比方说：你的身体还好，那么你先练练呼吸操就可以；如果还有其他情况，那应该配合自然蹲起操、升阳固本操。你可以按照《康复与长功套餐》里边的功法配合练，这样比较好一些。

21. 我的鼻子总有一个鼻孔不太通气，练呼吸操时，吸气时有点憋气，该怎么办？

答：每个人的鼻子在正常情况下也经常会出现一个通气、一个不通气的现象，这是阴阳互换的，是一种自然的生理反应。因为肺部的功能状态是两个小时一交换，一边的肺休息，另一边的肺工作，两个小时一轮换。所以当有一边的肺要休息的时候，有一个鼻孔有点不通气是正常的。不要紧，你继续练吧，不会有问题。

22. 练呼吸操主要是采用风呼吸，对吗？

答：大家不用去分别是什么呼吸，只要自然呼吸就行了。如果从原理上来说，练呼吸操主要是运用弱风呼吸。因为这个力量大，能迅速地改变体质，所以才用弱风呼吸。如果大家慢慢地练到后来，身体好起来了，变得非常健康了，做呼吸操时的呼吸也可以变得深、细、匀、长，也可以变得没有声音。

23. 做呼吸操的时候要用意念吗？

答：练呼吸操不要用意念，不用体会哪里，也没有必要去体会哪里，你练就行了。练呼吸操几天以后，你再练练以前你练的功，比较一下，看看练了呼吸操后对你有哪些帮助，就知道它的好处了。

24. 练第二节的时候，呼吸需要加意念吗？还是采用顺腹式呼吸吗？

答：练呼吸操都是采用顺腹式呼吸。因为第二节是三个丹田共振的，就是强化三个丹田。练呼吸操可以不要意念，如果练了一年两年之后，练顺了，那个时候再加点意念也可以，初学者不需要加意念。

25. 练呼吸操为什么不需要意念活动？

答：所谓呼吸操，是属于健身操、广播操一类的普及锻炼方法，只要按照要求去做就行了，不需要用意念，当然也就更没有什么特殊的意念活动可用。

呼吸操是通过顺腹式呼吸的运动来带动人身体中五脏六腑的运动的，也属于“以形引气”的范畴，不过这种形体的运动主要在脏腑之中进行。呼吸操的呼吸过程所引动的是横膈肌的上下运动，这种横膈肌的形体运动可以推动五脏六腑的运动，而这个五脏六腑的形体运动能够促进五脏六腑功能的升、降、开、合、聚、散、化，而且还因此强化了五脏六腑的生、长、化、收、藏的运化功能。

在做呼吸操的过程中，由于呼吸的作用，把空气中无形的氧吸收到肺里，与肺里的肺气泡进行混化，这样人的生命就会自觉地在这一区域形成能量团。只有当能量集中到胸部，才有可能进行物理的、化学的、生物的、生命的、包括意识的各种反应，这样就自然地促进了人体的气血循环。

那么练呼吸操对强化下丹田的作用就不言而喻了，大家想想就会知道其中的原理。因此，习练呼吸操直接符合了人的生命运化规律，是不需要意念活动的，在不需要任何意念活动的前提下，就会自然地产生三个丹田的共振。

26. 做第二节时，手里感觉有气，意念是不是要放在身体里面走？

答：如果你习练呼吸操的基础建立起来了，那么就可以加点意念，也可以不加意念。为什么？第二节手向下导引时是呼气，其实在呼气时人的生命活动之气本身就是往下降的。这个过程是自然地符合了生命中气机的升降开合规律，你不用意识带着走，生命活动也是这样运行的。一只手下去，另一只手上来，降的气机和升的气机都有了。你不用意念是可以的，想用意念也可以。

如果想用意念向下导引，那么就想着脊柱的里面，想着里面的脊髓，把气向下导，没有问题。这个地方可以用点意念，其他地方不要用意念。

27. 呼吸操已经练了很长时间了，该怎么开始用意念？

答：不用意念也可以，用意念也行。不用意念就是广播体操，也能起到非常好的保健和养生作用。如果用意念，那就是练功夫了，可以通过意念把气往中间导引，也可以随着意念开合。用意念能够使气的凝聚快一点，能使气和神结合起来，可以提高呼吸操的功效。但初学者不宜用意念，最好是有一定基础以后再用。

28. 怎么用意念更好一些？不管是吸气还是呼气都念口诀，可不可以？

答：每个人都不一样，大家应该交流一下。我练呼吸操的时候，吸气的时候意念向里收，收到中脉，呼气的时候意念向外放，就是这样练的。做呼吸操的时候无论吸气还是呼气都可以念口诀，我们这里有很多学员就是这样练的。

29. 练呼吸操的时候，会阴是一直提着，还是呼气的时候提会阴？

答：不是一直提着。因为人在做呼吸操的时候，会阴是随着呼吸运动而自动提起或放松的，所以不需要再刻意想着提会阴。简单地说，人在呼气的时候会阴是提着的，而在吸气的时候会阴是放松着的。在呼气时，生命活动会自然表现出轻提会阴的状态；而在吸气时，则不需要管会阴。

在一般情况下，呼气时，气机在人体里面是下降的，因此可以想着轻轻提住会阴；而在吸气时，会阴则是自然的放松状态，这时的会阴之气是从下往上行的。

30. 我时间比较紧，早上只有两个小时可以锻炼。我是一直都练呼吸操好呢？还是练一个半小时好呢，或者再延长半小时好？

答：练呼吸操一个小时或练一个半小时都好，只要你有时间，练两个小时肯定比一个半小时更好，这要根据每个人的情况来定。比如刚开始练呼吸操的人，或是身体健康程度比较差的人，可能会因为习练呼吸操的时间过长，导致一下子身体变化得太快，而容易出健身反应，所以，练习呼吸操的时间可以相对短一些，多注意养气。以后随着身体质量的提高，再逐渐延长习练的时间。

31. 练完呼吸操后，必须养气吗？有时候时间太紧，没有那么多的时间养气怎么办？

答：对！必须养气，一定要养气！养一个小时、养一个半小时都是比较好的。还可以加长养气时间，练多少时间就养多少时间，按这样的练养比例，效果会很好的。如果时间实在不允许，那最少也得养半个小时到一个小时。

32. 平时做呼吸操感觉很明显了，但是关于养气的问题还有点不清楚，我不知道养气应该怎么养。我坐着养气，时间长了容易犯困，可不可以站着庄养气？我感觉站着更能放松。再有就是可不可以点着印堂、膻中穴养气？

答：那你就站着养气吧，没关系，你坐着不行就站着。方法不是一成不变的，怎么能自我放松怎么来。点着印堂、膻中穴养气也是可以的。

33. 养气时能不能变换一下姿势？固定到一个姿势上容易疲劳。我现在是练呼吸操半个小时之内，做静养的时间多一些。

答：养气是不会造成疲劳的，关键是你的内气没有长起来，内气长起来就好了。你养气的时间多些，但是做呼吸操的时间太短了，你还是加长一点，练一个小时，可以分时间段来练。剩下时间养气，然后还要注意休息，注意饮食。

34. 坐着养气和躺着养气有什么区别？

答：人的坐姿有很多种，在打坐的时候养气，人会清明一些；躺着养气人会昏沉一些，而且容易睡着。人在躺着的时候，如果很清醒，很清净，能放松，那么躺着养气也是可以的，但是不要来回翻动；坐着养气，脑子比较清灵一些，坐着的时候行气气行的力量要大一些。所以最好坐着养气，也可以盘坐养气。

35. 练呼吸操后，我就是痰多，好像这东西排也排不完，这是什么原因？每天咳嗽，把痰咳出来后，胸部就比较通畅了，周身气感比较好，现在有进步，有变化。

答：你肉吃得太多了。每个月少吃点肉，喝点骨头汤，闻点猪肉香就行了。肉要少吃一些，因为你们这个气走上去，在脑子里面化不开就会有痰，而且痰也排不完。你们是从上丹田往下练的，所以一定要注意少吃肉，吃点别的补营养。身体不会总反应，反应也是有间歇性的。如果总是反应，就说明身体里面变化很大，稍稍地补点气，含一点西洋参什么的就会好些。我之前不是给过大家一个补气的方子？当自己需要补气时，可以抓几付补气药来喝。

有些人觉得身体没有变化就没长功，有变化才算是长功。其实没有感受或感受变化小一些的人也是在长功。大家可能会认为这样长功的速度慢一点，实际上它也不慢，就是感觉少一点而已，但它一点都不慢。

36. 练呼吸操时，感到气力不足，接不上气怎么办？

答：气力不足不要紧，请你在习练的时候，不要太注意呼吸的过程，精神放松一些，不要特意把单个的呼吸过程延长，不要使呼吸的节奏过慢，这样就不会出现“接不上气”的现象了。另外，你可以根据自己的情况每次少练一会儿，一开始就练5分钟、10分钟，接不上气，休息一下，再来做。这就叫生命不息，健身锻炼不止。坐着不行，那就躺着练，只要能练，那就一定会有生机出现的。

你能够坚持习练呼吸操，那内气肯定是会渐渐地充盈起来的，这样气力不足的现象、接不上气的现象都会得到改善。当这些现象得到改善之后，再把习练呼吸操的时间延长一些就行了。像这样去做就会逐步形成良性循环，这样人的身体就会自然地好起来，人健康了就会有气力。

37. 我坐着的时候，腿总是不由自主地抖动，这是为什么？

答：那属于心浮气躁。身体的气比较躁动不安，腿才在那儿来回晃。练练呼吸操就好了，内气一增加，体内气机就平衡稳定了。

38. 练呼吸操，身体反应大吗？会出现什么样的生理反应？

答：会有反应。不过各人的反应与其习练的时间长短有关，与每天习练时间的多少有关。反应的大小因人而异，因各人不同生理活动和心理状态而有差别。

练呼吸操在初级阶段，一般身上很舒服，有的人练了睡眠增多，过一段时间就好了；还有的人会出现睡眠减少的现象，但却精神飒爽。有时候很能吃，饭量大；有时候不能吃，饭量小。练到三个小时左右的时候，胸口会出现一些发闷的现象，胸闷，有压迫感。

在习练呼吸操的过程中，有时候会出现感觉四肢百骸发软无力的现象，也有时候会感觉到五脏六腑出现乏力的现象；有时四肢百骸会出现疼痛、麻痹或酸软的现象等，当然五脏六腑也会有疼痛和痛苦的反应现象。因人而异，还会有一些其他的反应，比如，身上出红疹子、皮肤发痒、打嗝或是拉肚子等。

有时候自己的身体还会出现莫名其妙的发烧现象，那是属于发烧退病，以及发烧长功的现象。

总之，练呼吸操的反应是呈周期性变化着的。这些都是属于身体在自我修复的过程中必须显现出来的内容，不断地打破低水平的生命活动运化功能的平衡状态，从不平衡的状态向平衡的状态转变，所以就必然会出现一些大大小小的反应。出现了各种各样的反应请不要害怕，没有关系，过几天会自然转好的。

39. 我做呼吸操后出现的身体反应是皮肤起疹子，很痒，这说明身体有什么问题？

答：健身锻炼可以使大家获得健康，但在练的过程中一定会有或大或小的退病反应。如果练功有点反应就害怕，那是不行的，那怎么能获得健康呢？

你起的是风疹，这说明在人的血液里边有风、有寒。风和寒在往外表、往外排出来的时候，皮肤就会起疹子。很痒，那就用药洗一洗，把身体的皮肤清理一下就好了。现在有些中医都不怎么会治病，像这种疹子吃祛湿热的药不行，它不是湿热；而是风和寒夹杂在血液里，当风寒往外表的时候皮肤就会痒，出一些小红斑，你一抓它就流黄水。

现在有些中医对某些疾病的症候不作研究，所以会有很多东西搞不清楚，他们通常会习惯性地采用祛湿热的药来帮助患者祛病，可像这样做的效果不好。像这样做的情况要用祛风寒的药，然后还要清一下血里边的火，要把血凉一下，把风往外一表就好了。现在社会上有的中医会治病，有的中医不会治病。

总之，健身过程中出现这样的退病反应不要怕，那是身体内的气血在进行调节。

40. 平时锻炼时鼻子好干燥，身体还发冷，这是怎么回事？还有就是练呼吸操的时候，怎么感觉到肚子有凉气？

答：感觉鼻子干的时候弄点水洗一下，轻轻地往里吸一点水，然后把它呼出来，这样把鼻孔洗一下就行了。不要紧，弄点水滋润一下就好了。

感到身体发冷，是因为气往深层走，而能量还没上来，因此就会发冷；继续练呼吸操，过一段时间就好了，再过一段时间又发冷。这是正常的现象，不需要担心。出现这种情况时要多穿一些，注意保暖。

感觉肚子有凉气，这是你对气的感受，不要在意它。练一段时间就会好的。

41. 练了呼吸操，这段时间怎么感觉吃什么都有甜味？

答：吃什么东西都感觉是甜的，就说明身体在变，过一段时间就又会变的，不要紧。我也这样，有时候吃东西都感觉是苦的，有时候吃东西都是甜的，有时候吃东西都是咸的。五脏对应五味：肝木生酸，心火生苦，脾土生甘，肺金生辛，肾水生咸。所以，练呼吸操的过程中出现这样的情况是很正常的，因为五脏的气机在发生变化。

42. 从您那里回来以后，我加强了锻炼，最近几天好像得了重感冒一样，嗓子特别难受，有痰、咳嗽、身上热、头晕，这些反应以前是没有的。现在，我晚上练呼吸操，基本上连续练三个小时，早起练一个多小时。我想问一下，这是不是气冲的？

答：你感觉是气冲的就是气冲的，你有没有被冷风吹了，没有吧？你首先得学会自己去判断自己是否感冒。如果有类似于感冒的症状，但是精神很好，那就不是感冒；如果连精神也不好了，那可能就是感冒。我们这里的人练呼吸操一段时间以后，抵抗力都非常好，基本上都不会感冒。对待反应，就是坚持练，稍稍练少一点，多养一点，这样就行了。

43. 耳鸣是怎么回事？该怎么办呢？

答：耳鸣有很多种类。第一种是单纯性耳鸣，是由听觉的神经功能紊乱等问题造成的；第二种耳鸣是由肝胆的疾病造成的；第三种耳鸣是由肾虚造成的；第四种耳鸣是与小脑的平衡功能有关，这种情况是最复杂的。一般情况下是属于肝肾先天不足、后天虚损的原因造成的。

如果练呼吸操出现了耳鸣现象，那是属于内在的脏腑之气在进行调整，处在整合的阶段，没有关系，过后就会好起来的。因为这种现象是属于正常的反应，是人在健身活动之后才出现的反应情况之一，比如气上冲小脑，就很容易出现耳鸣的反应，等气冲一过就好了。所以不用紧张，而且练呼吸操平衡脏腑功能，对调治耳鸣等疾病也是有很大帮助的。

44. 我是心脏有房颤，练了一段呼吸操，也就三个月，觉得现在有所改善了，但房颤没有解决，不过现在的身体素质比以前好多了。所以对于我这样的情况应该怎么练？要停药吗？

答：房颤这个问题是这样的，它只是疾病显现出的一种症状，不是疾病本身。也就是说，如果患病的根还未完全转变，这个症状就不会消失。从你的情况看，说明你练呼吸操以后脏腑机能得到了很大的提高和改善，但仍然还未达到正常水平，这个转变也需要时间。所以它还有个过程，你得坚持练。

三个月的时间你好起来了，你接着练就行。不过当心脏有反应的时候，就一定要吃药，少练一点。康复不是一蹴而就的事，要有个调整过程，不是一锻炼所有病都马上停药，需要根据各人的情况，看是否停药，或者是减药量。

45. 最近，我心脏部位有一次较大的疼痛，还有跳动感，没事吧？如果反应太厉害了，是不是就可以不练了？有时候心脏反应时间比较长，可能几天都会不舒服，那应该怎么调理？

答：胸口的反应不要紧的，做呼吸操时，要注意不要憋气，要学会不断地放松胸部，注意自己的肩部与肘部的关节要放松，能够做到这样放松就没事了。如果胸口出现了反应，就在胸口做开合，养养气，把气养到中丹田里面，想着气血通畅就行了。

如果是心脏有病的人，可能在心脏这一带出现这样一些反应。反应的时候请大家不要害怕，可以减少习练呼吸操的时间，休息休息，缓解之后再练；也可以吃点药，待症状消失了再练。

如果心脏部位的反应不大，也可以不减少锻炼的时间，只是把锻炼时间间断一下，休息一会儿，开合一下，然后再练。如果反应大了就少练一些，多养养气。比如胸部出现发胀、发闷，有时候突然一下跳快了，还有本来心率挺齐的，有时候搞得心率不齐等等现象，这时候就马上坐下来休息，并根据具体的情况，需要服药的就必须赶紧吃。

心脏不舒服的时候，可以买一套人体解剖挂图，或者买一本解剖书，看看心脏的结构。没事儿的时候，吃完饭，或看电视的时候，你就意想着把心脏兜在手掌上，用手这么轻柔地捏，这样对心脏有好处。心脏不舒服，你就捏心脏；肾脏不舒服，就捏肾脏，哪个地方不舒服就捏哪个地方，慢慢就好了。

总之，对于心脏部位的各种反应情况，需要大家根据自己的情况而定，自己酌情应对。

46. 我身体经常反应，这是为什么？

答：反应是必然的，因为通过习练呼吸操，身体的很多通道都打开了，要是不反应的话，它过不去，要通过去必须有反应。

我也反应，经常反应。我这个膝关节，它经常疼；还有这个骶椎，骶椎可能是还没松好，就是没完全拉开，所以有时候一用力，它就会往下一垮，周身一下没力气就“扑通”下去了，整个人就往下栽。

练功健身是一定要有反应的，没有反应是不可能的，反应可以小一点、缓和一点，尽量地加这样的信息。因为没有反应，想提高身体健康的梯度是非常困难的。你如果非要我顺着你们的意愿说话，那也是可以的，但那是说假话。有反应就让它过，让它自己过，你每天就这么练，你可不要为了让反应快点过去加量练，不要！而是自然地让它过渡下去就好了。

47. 练了一段时间的呼吸操，情绪有点烦躁，这是怎么回事？应该怎样解决？

答：因为呼吸操能够迅速改变五脏的微循环系统，大家练起来自然就会有反应。而且呼吸操能够直接走脏真之气，所以练一到两个小时的时候，人会出现情志反应，会出现烦躁不安的现象。这是因为呼吸操调动了脏真之气，五脏之气动了以后，肯定会产生一些情志反应，如怒、喜、思、忧、恐等不同情志活动。这个时候你要知道自己出现这样的状况是怎么回事。

五脏对应五情：肝主怒，心主喜，脾主思，肺主忧，肾主恐。出现烦躁的情绪，显得烦躁不安，无缘无故地发些小脾气，告诉大家那就是肝气动了；有时候会出现笑哈哈的，整天高高兴兴、快快乐乐的反应，心气动了，所以喜的情绪不由自主的洋溢出来；有时候会出现思虑的现象，总是考虑某一个问题，比平时爱钻牛角尖，或出现怀疑的情志活动反应，这就是脾气动了；还有的人如果肺脏比较弱，一段时间没有事也想哭，会出现无缘无故地悲伤欲哭、唉声叹气的现象，这是一种悲的情志活动反应，是属于肺气动了；有时候人会出现惊恐不安，慌乱害怕的反应，这是肾气动了。当然还有很多的复合情志活动反应的现象，在这里就不一一地列举了。

出现情志反应，要学会调整情绪——运用五脏之气的顺行循气法，千万不能跟着情绪跑。关于这个问题可以学一学《正确对待练功反应》那篇讲课内容。

48. 练呼吸操，能不能让身体或情志不出现反应？

答：你想身体不出反应或反应轻些，我告诉你一个方法，练呼吸操单位时间不要超过一个半小时就可以了，那样你身体几乎没有什么反应，或反应很小，情志反应也很小。但是你想让生命返青的速度要高于你衰老的速度，逆水行舟，那你又想一点反应不出也不可能。反应并不可怕，获得身心健康才是最重要的。

所以练呼吸操出现这样的现象不要紧。因为呼吸操能强化三个丹田，培补内气很快。原来身体能量比较低一些，现在要向另一个高度保持平衡，就必然会有一个自身调节的过程，也就会出现一些生理与心理活动的反应现象，这是再正常不过的事了。只要好好学习理论，合理运用对治法，解决反应问题并不难。

49. 最近这几天出现昏昏沉沉的现象，是不是上丹田出现反应了？随着练呼吸操的不断深入，尤其强化了三丹田，那反应是不是会更多？应该注意什么？

答：一般来说，练呼吸操会出现上丹田的反应。由于呼吸操产生的力量很大，气冲到头部，有时候让人感到很昏沉，睡眠加深；也有时候会出现睡眠减少，头脑很清醒，而且连续好几天都是一样的现象。这样的情况与原来神经衰弱也有关系，只要你坚持练就没问题，很快就会改善。另一个就是中丹田的反应，如胸闷、胸痛、心慌等。

还有下丹田的变化。呼吸操练一段时间后，会出现性兴奋。这个时候要求大家每一天晚上睡觉前，做3～10个呼吸。呼吸的时候，想着从脚心往上提，轻轻地往上吸气，往上轻提，从脚心提到会阴，会阴提到小脑这个部位。睡觉之前做3～10个就可以了。吸气的时候不要用力，意念也不要太强。如果你们愿意用吸、提、撮、闭那个方法也可以。呼吸操能很快地加深、加强身体内在的气机和气血的变化，由于运用的是顺腹式呼吸，所以下丹田的开合是比较强烈的。

当呼吸操做到一定程度时，混元窍这个地方就自然变得敏感了。因为有些人以前锻炼有这个习惯，会有意识和无意识地守着混元窍。呼吸操练到一定时候，混元窍自动会打开。打开的时候，在混元窍这个地方会出现梗阻性的疼痛、胀痛，还有思虑的情志活动相伴出现，中脘也不舒服；也有的任脉出反应，从上脘到中脘，从中脘到肚脐这一带，会出现不舒服的感觉，这都是很正常的现象。

虽然我在讲课当中强调呼吸操对三个丹田的作用，但是在做呼吸操的时候，不要求大家专门针对三个丹田去练，因为做呼吸操的过程本身就已经强化了三个丹田，所以不需要运用意识。呼吸操练的是一个整体，人也是一个整体，这两方面合到一起就是混然的整体。

50. 不通过剧烈的变化或者所谓的健身反应，也能够使自己逐步向道的方向前进，有没有这种可能？

答：没有，绝对没有！不仅如此，从古至今也没有这样的先例，没有出现这样的可能。只要深入地践行，都是会有反应的，只是你还没到时间。

没有不经历生理和心理的巨大反应就能成就大智慧的人，从古至今所有修身养性的人都必须有反应，而且是各种各样的身心活动方面的不同反应。即使你只是走开悟这条道，头部也是照样会起巨大变化的反应的。因为觉悟了的人在其头部里面是会发生质变的，一定会发生质变！你想想，人的脑细胞用了几十年了，突然一下发生质变了，它的这个基因结构都变了，因此人脑部的能量信息态都一样会出现巨大的质变，而且它这个新陈代谢的运化内容也都会跟着发生改变的。所以，它会把脑子里面陈旧的东西代谢出来，就会排出东西，推陈出新，去其糟粕。那么要去其糟粕，身体上就一定会有反应，只是反应会或大或小、或早或晚而已。

51. 我便秘很多年了，练了一段时间的呼吸操，大便正常了。好了一段时间之后，就又不行了，继续练，到后来就一直很正常了。这是为什么？

答：因为练呼吸操使腹腔的温度升高了，丹田就容易起火。随着年龄的增长，能量逐渐消失，腹腔那个地方变得冰凉冰凉的，可是你一做呼吸操那个地方热起来了，热起来就会像上火一样。而腹腔对升起来的温度没有“记忆”了，它需要重新调节生理变化，这个时间段就可能出现便秘，这很正常。

这就跟那个电脑的语言识别程序软件一样，把你讲话语音录下来，一开始它瞎翻译，多识别几遍以后，辨别得久了以后，它就识别得越来越准了。人也是一样的。人能发明的东西，都是人自己身体内在功能的外化，不要觉得自然与社会科学跟人的各种生命功能没有什么关系，都是有关系的。

52. 呼吸操对什么病症有特效？

答：一般来说，练呼吸操对调理五脏六腑的疾病都有很好的效果。对治疗鼻部、咽喉、气管和肺部等呼吸系统的疾病有特效，因练呼吸操而康复的人群中不乏鼻癌、鼻咽癌和肺癌患者。

现在大家受西医学某些观念的影响太深了，对于疾病的认识大多还停留在外在症状或身体患病的某一个局部，这样的认识是片面的、偏颇的。实际上生命活动是身心整体运化的活动内容和发展过程，不从气血脏腑等整体运化功能上着眼，而头痛医头、脚痛医脚，那是不能从根本上解决疾病康复等问题的。呼吸操不是针对某些病症的，而是从身体整体机能上进行调整，维系身心活动的动态平衡，就把诸多疾病形成与发展的根本原因给解决了，疾病没有可以生存和发展的环境，病症就自然消失了。而且正气存内，邪不可干，这才是真正健康的标准。大家要站在这个高度上来看待疾病与健康才行，千万不要弃本逐末。

53. 腰椎、颈椎有病，练呼吸操会有效吗？

答：呼吸操对五脏六腑的病，见效速度是非常快的。如果形体上有病，就加练一些舒展肢体的动功，这样的效果比较好。因为练了呼吸操，增长了内气，再练一练活动颈椎和腰椎方面的运动操即可，或者说下肢有病再练一练自然蹲起操，上肢有病练抻气，病很快就会好的，就这么简单。

其实练功夫是很简单的事，不要把它弄复杂了，越复杂越不高级。就好像三个轮子的自行车没有两个轮子的高级，两个轮子的自行车没有一个轮子的高级。所谓高级就是简单的，越简单那么需要掌握的技巧就越难一些。

呼吸操对腰椎、颈椎病的疗效是很好的。如果说颈椎有点问题，你练完了呼吸操就做像鹤首龙头这样的运动颈部的内容，然后再做做升阳固本操锻炼腰椎，最后是收功。收功如果能收上半个小时，我想那效果是非常好的。你可以体会一下，练一段时间，哪怕是一个礼拜，你就能体会到了。

54. 我的血脂很高，吃药都很难控制，怎么办才好?

答：注意饮食的种类，注意饮食的量，再就是好好练呼吸操，喝点酸奶也行，这样就没事了。呼吸操能迅速地改善五脏六腑的微循环，迅速地调整五脏六腑的血液循环系统和内分泌系统，所以你只要做，身体就会好起来，这是从根本上解决问题的。你要相信，实践是检验真理的标准，尝试一下。

55. 练呼吸操可以预防传染病吗?

答：练呼吸操从根本上改善了人五脏六腑的整体运化功能，提升了人的生命力质量。从这个角度来说，习练者自然就不容易得传染病了。

此外，呼吸操重点强化了包括鼻子、咽喉、气管和肺部在内的呼吸系统的功能，使其免疫能力得到了很大的提高。所以，练呼吸操对预防如禽流感、SARS、甲型流感等流行性传染病的预防效果是不言而喻的。

56. 我是一个初学者，能否采用什么办法补补气，那样练起来身体的变化是不是会大一点？

答：呼吸操就是补气的方法，练起来身体变化已经很大了。咱们现在还没有看到比呼吸操更好的、更安全有效的、更简易方便的培补内气方法，看到了更好的方法就会向大家推荐出来的，你可以先尝试一下呼吸操。

57. 练呼吸操的运动量大吗？是有氧还是无氧的运动方法？我是不是应该拉朋友也来一起练？

答：呼吸操练一个小时，就相当于跑了三千米。很多人不理解，说呼吸操坐在那不动，能有三千米的运动量？跑三千米，那是消耗性的运动。我们是说呼吸操练一个小时相当于跑三千米的肺活量，而不是指身体活动的运动量。并且呼吸操的锻炼还是储备能量的过程，比那个长跑的体育运动还要优越。虽然运动量是不一样的，但肺活量是一样的，而且呼吸操能够直接运动五脏，因此二者运动效果更是有天壤之别的，总之，它比跑步那种锻炼方式要理想一些、要优越一些。

告诉大家，呼吸操是有氧训练，练着练着呼吸操进入了胎息，那就是呼吸操给我们带来了无氧训练的健身效果。健身活动的方式方法很多，不要拽着任何人进行健身呼吸操的锻炼，只有当大家自觉自愿的时候，才去进入。你可以通过自身实践去影响别人，但不要拉着谁来学习呼吸操。

呼吸操是全民健身运动当中一个非常简单的而又行之有效的方法，它只是我个人编创的一种确实实用的简单方法，可以利己利人的方法，只是一个简单的方便法而已。我们每一个人明确了自己的目标、发展方向——身心整体的健康和自觉自由的智慧人生，因此我们要通过呼吸操等健身方法，把生命活动基础的内容都做好；通过智慧教育文化的学习，把意识这个根本修养好，在生活中把每一个人该做的事都做好，这样我们的身心健康就渐渐转变了，就会变得好起来。

58. 练完呼吸操以后，可以用凉水洗脸洗手吗？

答：千万不要用冷水。练完呼吸操时，汗毛孔全部是张开的，你手是热的，劳宫穴是开着的，被凉水一刺激容易得病，寒气很容易进入经络，那对身体伤害很大，而且身体的寒气是很难排除的。所以，健身锻炼的人一定要注意生活细节中的自我保护，凉风、凉水、冷气等等，这些都要注意避开。

59. 练呼吸操的时候，可不可以开空调、吹电扇？

答：开空调练可以，但是不要被空调风迎面吹，要躲开空调的风，在风向相反的地方、在没有风的地方练。不能用电扇，不能逮着空调和电扇去吹自己，那样是很容易得病的！时间一长就得类风湿。

60. 我练呼吸操憋气的时候，有点像宝瓶气的感觉，这是怎么回事？

答：请大家注意，练呼吸操是不需要憋气的，也不需要闭气！只要你是自然地放松去做，就不可能产生像你这样的反应。如果你出现了类似于像宝瓶气的憋气现象，那就说明你在进行主动的闭气了，这显然不符合健身呼吸操的要求。所以在这里告诉你，请今后不要再憋气了。

如果你自己不按照呼吸操的要求来练，那么一憋气就变成了宝瓶气的练法，变成了藏密里面的呼吸法了。练宝瓶气需要有一定的基础才行，至少要有一坐就能做三个小时呼吸操的基础，最好是把自己的三个丹田打开以后再练才好。人到了那个时候，才可以开始用一点憋气法。练宝瓶气，实际上是为了帮助打开能量库的方法，是可以帮助开慧的方法之一。当然，达到了那个基础水平的时候，也就没有什么必要去进行宝瓶气的修炼了，因为呼吸操比宝瓶气的练法效率更高，也更加方便安全。

61. 呼吸操需要加喉呼吸，体察膈肌吗？

答：不用加喉呼吸，不需要，也不用体察膈肌的变化。你如果想要体察的时候，在不做呼吸操的时候体察。如果你们习练呼吸操到一定的程度，内气增长了，丹田也形成了，到那时，你自己就可以自然地体察膈肌上下运动的内景状态，或者是气机的运化状态。在这样的情况下去体察，那就能够帮助自己把膈肌部位的气化开。

如果膈肌这个地方的气化不开，三焦是不会通的，而且也会影响三焦的功能状态。膈肌这个地方的气练得畅通好了，那么中丹田这个地方才能真正地练好；膈肌这个地方练不好，想练其他的地方那就很难了。

62. 呼吸操是练内混元还是外混元?

答：呼吸操就是呼吸操，其实根本就不需要谈什么内混元、外混元的，只是应一部分学员的要求，我们曾讲过呼吸操所能够调动的混元气层次。呼吸操是通过强化呼吸的出入运动，来达到祛病强身的目的。如果一定要搞清楚它是什么混元的话，可以说呼吸操既是练的外混元，又是练的内混元；它既可以上混元，又可以下混元；既可以是练五脏形体的形神混元，又可以是脏真混元。

习练呼吸操是调动整体的能量态，是无内无外的。呼吸操练好了，身体内外的气或能量是自然地开合的，是一体的。它不能分内外，它是符合生命自然的整体运化状态的。你只要脑子里面没有分内外就好了，如果你脑子里面要内外分别，那就没办法了。

63. 呼吸操能够平衡人体气机?

答：人体的气机实质上有上行气、下行气、左行气和右行气之分。督脉的气往上升，任脉的气往下降；脾的气是上行气，胃的气是下行气。

动脉血管有上腔动脉、下腔动脉，上腔静脉、下腔静脉。上腔动脉供应我们的脑和上腹部，下腔静脉分布在下腹部和下肢。人的血液可以流到身体右面到肝脏等器官，又可以流到身体的左面到脾脏等器官。所以，可以对此理解为人体的左行气、右行气的分布状态。

呼吸操帮助强化人体本然的生命气机的流通和运行，它增长内气非常快，但是也需要养气。如果做一个小时的呼吸操，然后再做一个小时的养气，即动静相合，那收到的效益将是空前的。年纪大的人开始时可以多练少养，两年以后可以少练多养。习练呼吸操要学会练养结合的动态平衡。

64. 怎样才能快速开窍穴？

答：如果你坚持习练呼吸操，以升阳固本等健身操为辅助，一般来说，人体中的窍穴是自然会开的。因为人的内气足了，就会出现“有气则成窍”的境界。如果大家习练的方法不对或不合理，那么也就只能是得到“无气则渺茫”的结果了。练呼吸操，气足了，窍穴是一定会开的。只要你愿意练、肯练，那人的身体就一定会发生变化！

65. 练呼吸操可以直接开丹田、开脉、开窍吗？

答：练呼吸操时间长了，可以直接起到帮助开丹田、开脉、开窍的作用，都是可以的。如果大家养养气，开脉一定会开得很好。因为开丹田、开脉是以内气的充盈作为基础的，而呼吸操最重要的一个作用，就是快速高效地启动了人体的真气或说元气，能够起到培补内气的作用。

66. 练呼吸操开丹田、开中脉的原理是什么？

答：这是由呼吸操的科学练法所决定的。呼吸操直接按摩五脏，启动五脏的形神之气和脏真之气。呼吸使肺部开合，挤压纵隔，按摩心脏；横膈肌上下一运动，就挤压按摩肝脏、脾脏和肾脏，大肠、小肠及胃。

由于脏器的挤压，使脏器血管内的压力升高，因而主动脉的压力也相应升高，并向两肾强行延伸，促使气机内敛而不向外发散。大动脉和大静脉的交汇处都在脊柱附近，所以，呼吸操启动的内气和能量一定是向内、向中间收敛的，向中间内部深处集中的，久习常练，并配合传承的口诀，与我们这个能量场的中脉信息相连，丹田和中脉就会自然形成。

67. 内气充足的标志是什么？练呼吸操一般多长时间就能使内气充足了？

答：过去功夫界有句话说：“精足不思欲，气足不思食，神足不思眠。”比这三条还要明确的说法再也没有了。内气足没有什么标志，因人而异。因为每一个人的感受、体质、个体特征都不一样，它不能有一个标准。如果有一个标准，那就是荒谬的。如果你的内气增长起来了，皮肤会光亮、光滑、细腻起来，精气神都会好起来。一般来说，练了一年以后，人家看到你的时候就感到你是非常充实和健康的，精神头儿会很足。

68. 练呼吸操是否是组场棒喝的必要条件？

答：呼吸操不是棒喝开慧的必要条件，但它一定是接受棒喝者夯实基础的重要条件，是人想获得健康所需要的非常简单的方法，是能够给人带来健康的基础锻炼内容。做呼吸操是非常有好处的，它是棒喝开慧的基础条件，是净化意识的基础；净化自我意识才是接受棒喝的必要条件，而且净化意识的要求是从产生思想意识的源头开始做起的。

69. 练呼吸操如何壮大下丹田？松腰与开下丹田有何关系？您强调要开下丹田，这与不练下田、直练中上二田有矛盾吗？

答：你先好好练，等你下丹田开了以后，我会告诉你的。你才刚开始，按我说的要求去练，一年时间足够把两个丹田打开了。

开下丹田可以松腰，腰松了以后可以强化丹田、开阔丹田的领域，同时能把丹田的气和脊髓、骨髓进行混化，产生一个多元的、丰富我们生命内涵生机的能量团。

我没有强调要开下丹田，而是强调开三个丹田。大家以前所练的方法也不是不练下丹田，而是不练传统养生文化中所强调的下丹田。传统的下丹田在哪个地方？在肚脐的下面，气海、关元穴那里，还有的把会阴穴作为下丹田，或会阴穴上面一寸半那个地方作为下丹田。如果把这些地方作为下丹田，男性容易出现遗精的现象，女性容易出现带下的现象。所以，以前有的老师讲的下丹田位置不一样，它在哪个地方？位置比较高，肚脐和命门连线中点的地方，或者在肚脐和命门连线向后三分之二、向下一寸半的地方。针对不同层次的锻炼人群，就有不同的要求。

练下丹田与直练中上二田是不矛盾的。如果直接练中丹田行不行？也可以，但是练完了中丹田一定还要降下来练下丹田，然后再升上去——再练中丹田。此后，把混元窍打开也可以，不打开而是直接练上田也可以。但是打开了混元窍又不一样，那个运化的状态就不一样了。大家要注意：没有打开中下二丹田，执意去练混元窍是会有问题的。

70. 刚开始练下丹田，精气充足后容易出现遗精，怎样解决？

答：如果是习练呼吸操后出现的现象，那就请你们做好五脏循行法或固精提气法（编者按：此两法详见本书《正确对待练功反应》和《康复与长功套餐》），这样出现遗精与带下的现象就会得到改善。

练呼吸操可以使三田共振，刚开始练下丹田，精气充足了以后是会出现遗精的现象。但大家不用害怕，继续练。因为这样的现象说明在自己的体内有湿热症，是由于湿热下注造成的。解决的方法：一方面可以通过吃中药来调整；另一方面可以把自己习练呼吸操的注意力的集中点提高一些，放在胸口中丹田的地方即可。还可以这样解决，就是三个丹田都练，既练下丹田，又练中丹田，还练上丹田，三个丹田同时练一练就好了。

呼吸操之所以称之为健身操，就是因为它没有强调意识活动，没有强调只练下丹田，而是下丹田、中丹田、上丹田同时练，三个丹田共振。它有个共振的效应，所以不大容易出现遗精的问题。如果刚开始时出现了遗精或带下的现象，告诉大家不要紧，把湿热调整好了，这些现象也就消失了。习练呼吸操的时间一长就不会出现这种情况了，因为习练呼吸操的过程是把精气化到五脏六腑里边去了。

71. 我以前练的是元极功法，那我把丹田放在小腹以下，是否妥当？

答：如果以前接触的是元极功法，它强调的丹田是在小腹下，相当于会阴那个地方上一点。所以你往上升一下也可以，你自己有意识的往上调动一下也可以，再往后靠一点，这样要好一些。如果调不上来，不能靠后，也不要紧，没有问题的。因为你以前练的还是有点基础，练呼吸操时间长了以后，会把整个腹腔的膜腾起来的。

72. 练呼吸操能达到高层次吗？

答：呼吸操是一个全民健身的方法，它能够解决一些基础问题，能够帮帮忙，让大家身体健康起来，让大家自身功力长起来。如果需要往高级的智慧层面修炼，那么必须得修正自己的思想，净化自我的意识。有一点大家必须明白：无论练什么法，无论那种健身方法有多么好，都解决的是基础问题而不是根本问题；必须走修正意识这样的修身养性之路，才能开发人的觉悟智慧。

73. 编创呼吸操的理论依据是什么？

答：呼吸操的理论是建立在智慧整体观与辩证法、阴阳五行学说的基础上的，并根据传统的呼吸吐纳导引理法以及“混元一五行，无形亦有形，中寓阴阳造化机，开合聚散万物生”这个功诀编创的。

74. 呼吸操是否与传统功法中的呼吸吐纳相似？会练出周天吗？

答：我们这个呼吸操跟传统的呼吸吐纳还是有很大差别的，虽说都是练呼吸的，但是我们的呼吸操强调自然的阴阳和五行的混化，没有着重于练五行和周天，但是练好了是一定会出周天的经络现象的——不仅出任督二脉周天，还有卯酉周天。

虽然我们不强化周天，但是可以通过练呼吸操，在使自身生命活动——生理状态有序地发生变化以后，周天作为一种生理平衡态所展现的现象是会自然而然地出现的。这种周天的经络现象出现后，它就会有像这样前后转，然后还有左右转等现象出现，也有像太极这样转的。人体是个内外六合的整体，其中的各种生命活动运化内容都在自动地进行着混化。

但是这些经络现象的气化反应，跟开发根本智慧都没有关系。即使是你的气转得再好，气聚得再多，能量聚得再足，那跟开发根本智慧又有什么关系？一点儿关系也没有。只能说自己通过对身心活动的修炼，把能量堆积起来了，使你的五脏情志活动变得稳定，这就算长聪明才智了，但那还不是根本智慧。任何人光练气，是长不了智慧的。作为身体的这个生理基础，把气练出来了以后，就不需要强化练气的内容了，这时就需要重点练神了。

我们一再强调，任何人的养生内容都必须从一开始就修正意识，那就是练神！然后才是关于练气的问题，情志活动变化的问题，如何保持中和之气的问题等。你只要练呼吸操，学习我讲的修养身心方面的理论，并把它运用到实际的生活中去，这样就行了。把神抓住，练好呼吸操、梳头操和升阳固本操等健身方法，就能够解决身心整体健康的问题了。所以，我们比古人的方法更简洁、更明了。

练呼吸操，出了周天的经络现象，不用管它，任它自己出，那只是生命活动有序化发展过程中的一个自然生理现象而已。我们这里好几个学员都是这样出的。再看那个外国人，仅仅学了几天，他这个周天气脉也是“呜呜”地转。

75. 为什么听您的录音练呼吸操容易犯困？

答：因为听录音接收的能量也很大，你的神气还不足，所以容易犯困，不要紧的，好好练呼吸操，等到内气长起来就好了。我是从上丹田往下练的，这就跟一般锻炼的人的成长经历不一样。我这里生命场的力量是非常大的，要不然的话怎么一下子就能让这么多人开中脉，一下就开上丹田？人家练几十年都开不了上丹田，开不好，为什么我们这里经常出那么大的变化？就是因为我开的层面和大家不一样，当然练法也是非常关键的，力量大也有这些原因。

很多人遇到我们的时候，说不了几句话就开始想睡觉，就睁不开眼了；还有的人则是睡不着，可以几天几夜不睡觉，人还挺精神，过几天就正常了。我们这里的能量信息非常高级，因此每个来这里的人因自身的层次不同，体会自然也会不一样。有位朋友对气本来不敏感，但坐在我身边七八分钟就开始打盹儿了；然后她感觉到有人捶她，捶她的后脑勺，好像有人捶她脑袋一样，能量冲得她眼睛睁都睁不开了。不经常在我跟前的人，来到我身边时常常感觉不到气或说能量，但是头就被冲得开始发晕。

我们这里的能量信息会变得越来越强，会变得非常了不起的，其原因就在于这个场是个活性的场，它会衍生演化出很多内容来。

76. 我搞健身的时间也算比较长了，但一直感觉健康上不去。后来接触了呼吸操，感觉身体的变化很明显。不过我想人不健康，主要是意识问题解决不了，身体难受，基本上就是受意识活动的影响。我感觉老师您的讲话，对我们修养意识非常重要。解剖自己，有时候嫉妒心膨胀，还会有无奈的感觉。请老师给我点一下心窍，这个问题怎么解决？再有就是对于人的健康来说，意识修养与健身方面的锻炼之间是个什么关系？

答：其实我每次讲课都是想让大家走到正规的改变意识状态的这个路子上来。那么修养意识与健身锻炼是什么关系呢？健身锻炼，是完善生命活动的基础；修养意识，才是达成真正身心整体健康、呈现觉悟智慧的根本。

你通过练呼吸操，把内气培补起来，我们再帮你带一下，丹田是一定会开的；你只要练，我们在这儿带，腰也是一定会松的。也就是说，无论你是想康复，还是想长功，打生理基础的这个问题在我们这里已经有很好的方法去解决了，你只要按着做就行了。可是意识的修养这个根本问题怎么办呢？那就需要我们认识到净化自我的重要性，千万不要想以后再改。我所有讲话的主题都在这儿，希望大家能够理解。

净化意识活动是把握命运的关键，是体现自己的主观能动作用的根本，是能否驾驭身心活动的根本条件，是人去见证那个本质内涵的根本途径。我们练功夫绝对不仅仅是练身体，更重要的是开发智慧，获得身心的整体健康，和谐人生。所以，大家一定要把自己的意识修正好，因为人的意识活动是统帅生命活动的根本。

当你的意识改变了，当你不再嫉妒的时候，当你不再误解的时候，当你这个自我不再膨胀的时候，身体就健康了，气机的流通就自然了。你只要意识清净了，生命活动的改变就成为可能，成为自然了。

所以呼吸操要坚持练，你才能有生命能量作为基础；同时也要注意，生理的改变不是根本，修养意识才是根本，一定要从这些方面去认识、去改变才行。

健身梳头操

刘氏系列健身操之二

一、动作路线

预备式：两手胸前合十，安静 3 ~5 分钟，然后两手掌心相对分开至脸的两侧做第一节。

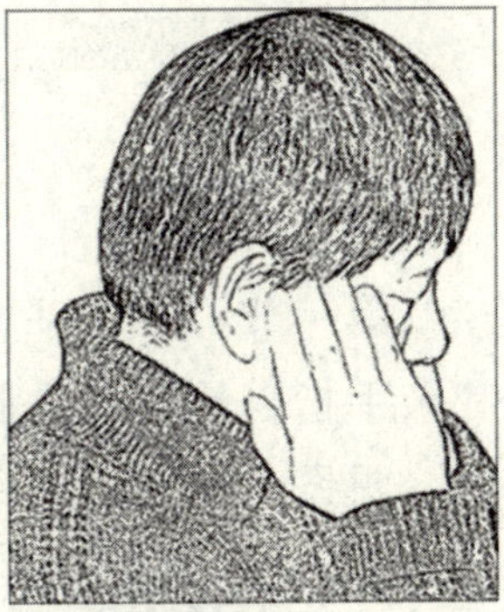

（图一）

第一节：双手五指并拢。食指置于鬓角，小指在瞳子髎，即眼外眦处（见图一），向头侧后方梳理至大椎（见图二），然后从耳下方两侧绕回（见图三），还原至鬓角。重复做共九次。

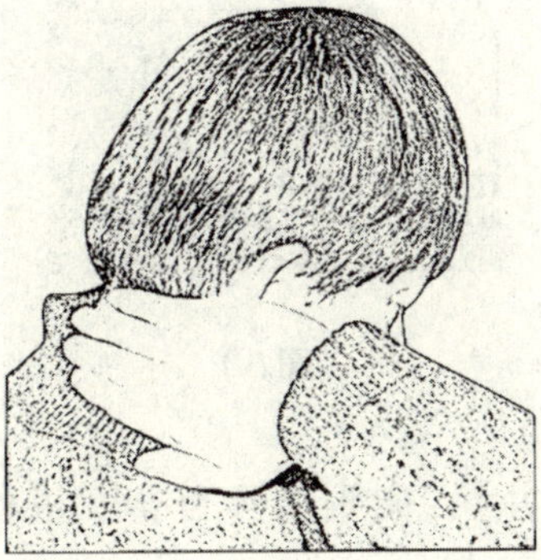

（图二）

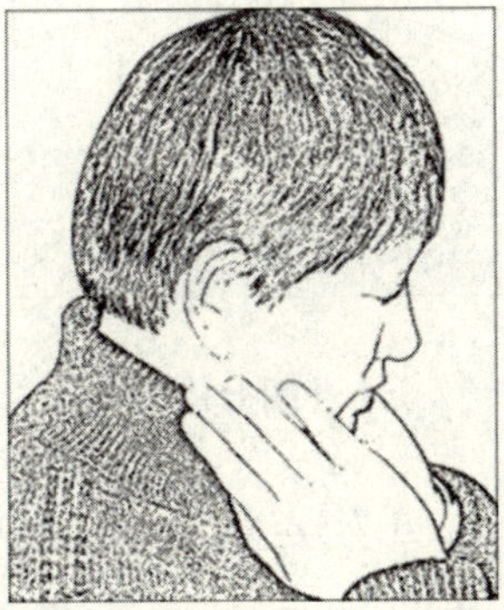

（图三）

第二节：食指置于外眼角，小指在眉中间处鱼腰穴（见图四），向头侧顶后方经青龙角（见图五）至大椎（见图六）梳理，绕回。重复做共九次。

（图四）

（图五）

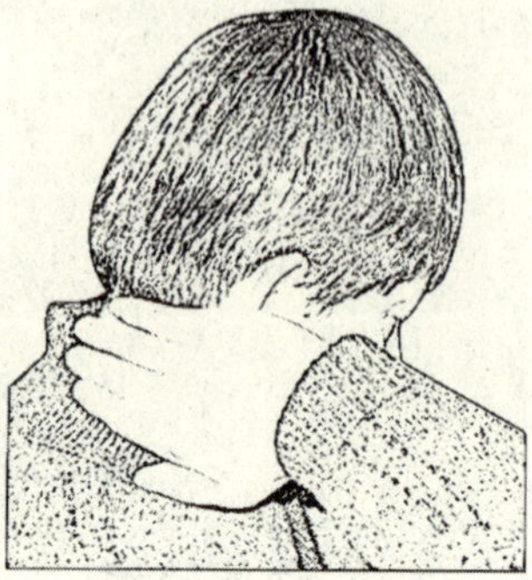

（图六）

第三节：双手平置，两小指外侧并拢，小指指腹在山根处点按，其余手指自然轻点在眉处（见图七），向头顶后方经百会、玉枕至大椎（见图八）梳理，绕回。重复做共九次。

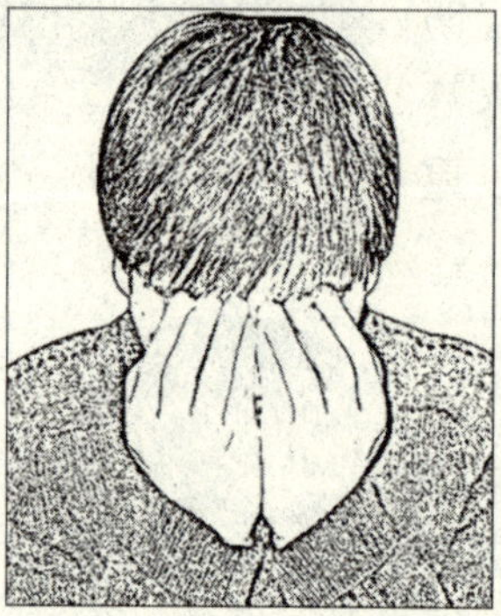

（图七）

（图八）

第四节：右手中指点按山根（见图九），向头后经百会、玉枕至大椎梳理；右手绕回的同时，左手中指点按山根向头后（见图十）经百会、玉枕至大椎梳理（见图十一）。这样两手交替重复九次。

（图九）

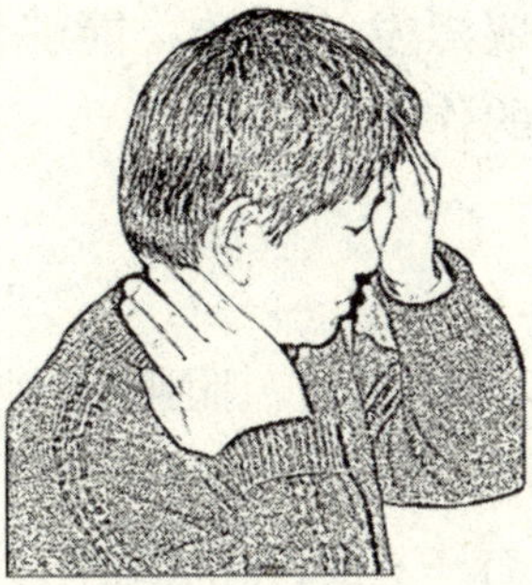

（图十）

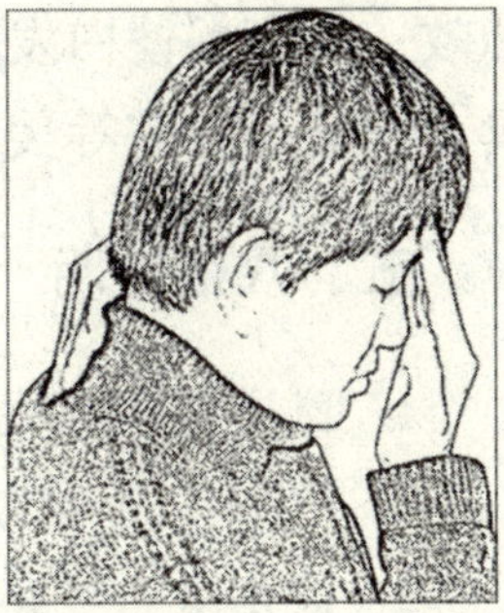

（图十一）

四节操结束后，两手交叠掌心向内置于肚脐，静养至少15分钟以上，收功。

二、提示

以上四节健康梳头操可以反复习练多次。可单独做，也可以配合健身呼吸操同做。

三、注意事项

端身正坐，五指并拢，手心空松，用指腹梳理；梳头时指腹与头部接触的力量要适中。

四、作用

1. 能够对人周身的十二正经和奇经八脉之气进行提纲挈领式的整理，这样便自然促进了人体中的气血循环。

2. 通过手指的指腹来刺激头皮的神经末梢和头部的各穴位，使之达成升清降浊的目的，而营养脑神经细胞。

3. 练梳头操可以迅速有效地缓解精神疲劳。尤其学生和广大脑力劳动者，可以随时随地常做梳头操，这样能够预防和改善用脑过度、脑供血不足等情况，见效快，效果明显。

4. 梳头操与呼吸操相结合，能起到强身健体、开发人之智慧的功效；具有促使白发转成黑发的功效，能够使面部的皮肤由粗变细，具有祛斑、去皱等美容的作用。

五、穴位说明

1. 瞳子髎：在面部，外眼角，眼眶外侧缘处。

2. 鱼腰：眉毛的中点。

3. 青龙角：头角，耳上约两寸的侧顶骨结节处。

4. 大椎：在背上部，后正中线上，第一胸椎棘突与第七颈椎棘突之间的凹陷处。

5. 玉枕：后头部，后发际正中直上 2.5 寸隆凸处。

6. 百会：两耳尖向上连线之中点向后一公分处，约在一般人的发旋处。

7. 山根：鼻根部，位于两眼内眦连线中点与印堂之间的斜坡上。

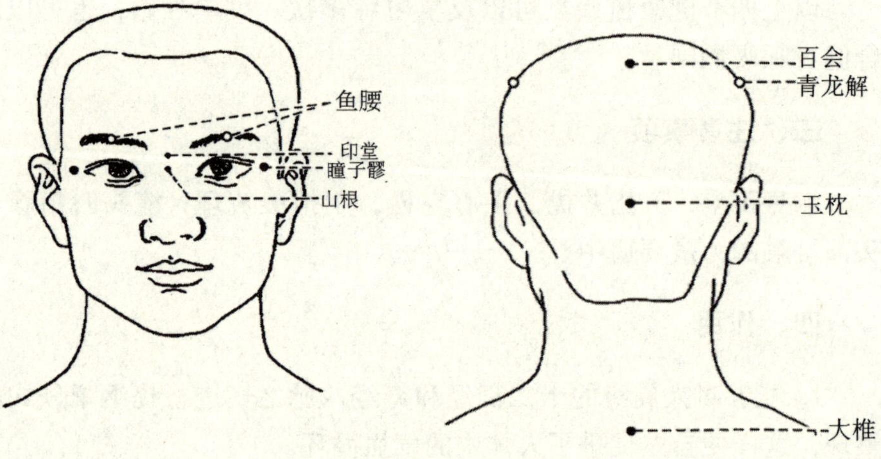

走圈消食操

刘氏系列健身操之三

一、身形要求

百会上领，下颌内收，目光含敛、瞻视脚尖，竖项，含胸拔背，松肩空腋，肘坠而悬，腹部放松，腰向后放松，胯关节、膝关节、踝关节放松，脚掌脚底放松。周身整体放松。

二、动作路线

太极圈：走太极圈可以视场地的大小不同来调整。刚开始走，可以绕原地走六步一圈，或八步一圈，或十步一圈，或十二步一圈。

（1）上身动作要领：两臂自然前伸，两手指尖相对（稍留空间，以自然为度）、手心对着肚脐，于腹部前成抱球状。

（2）下身动作要领：初学时，走自然步即可；待熟练之后，要求走成一字步，即前脚与后脚持齐，脚步路线形成一条圆圈线。逆时针与顺时针方向转换时，走 S 形路线（如太极图中的 S 线，见图一）。

（3）行走要领：先逆时针走数圈（见图二），然后向圆内侧（所走圆圈的圆心方向为内侧）转身走 S 形路线（见图三）穿过圆内部，回到原来圆圈线，而成顺时针方向走圈（见图四）。顺时针走数圈后，向圆内侧转身走 S 形路线（见图五）穿过圆内部，回到原来圆圈线，而成逆时针方向走圈（见图六）。转身时要求身体保持平稳，脚步保持匀速。行进周转，自然圆活，连绵不绝。

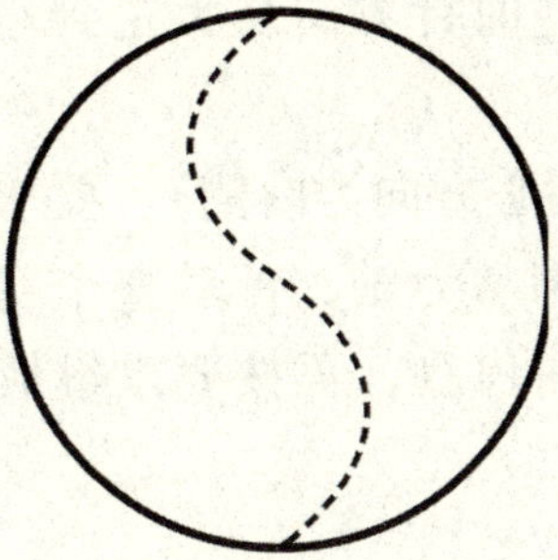

（图一）

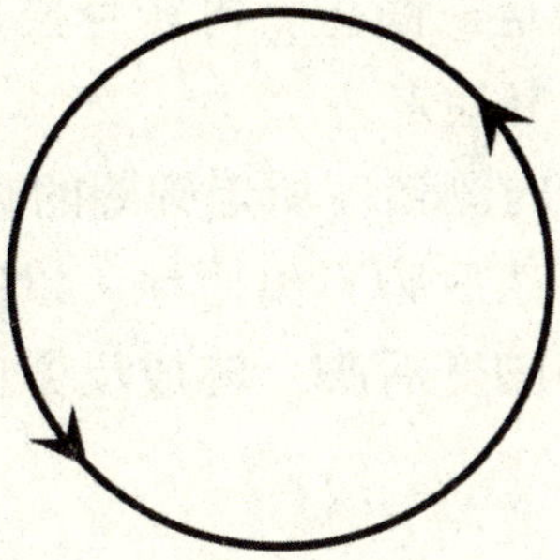

（图二）

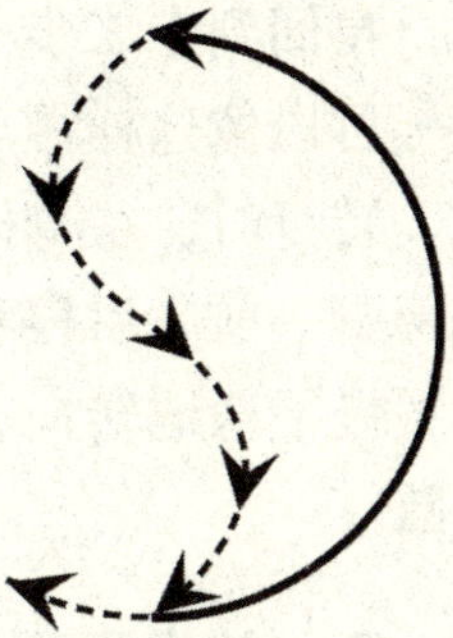

（图三）

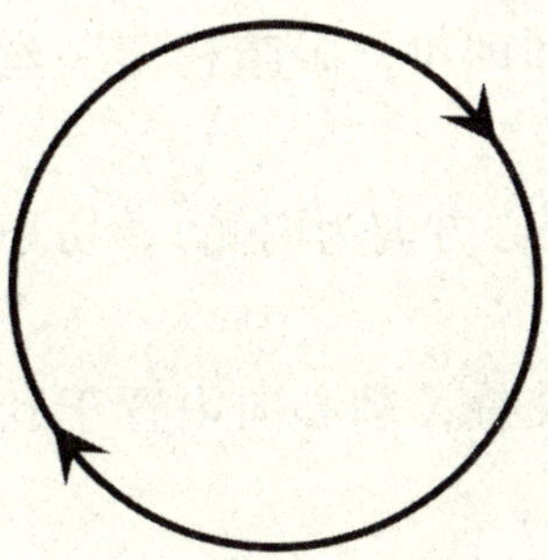

（图四）

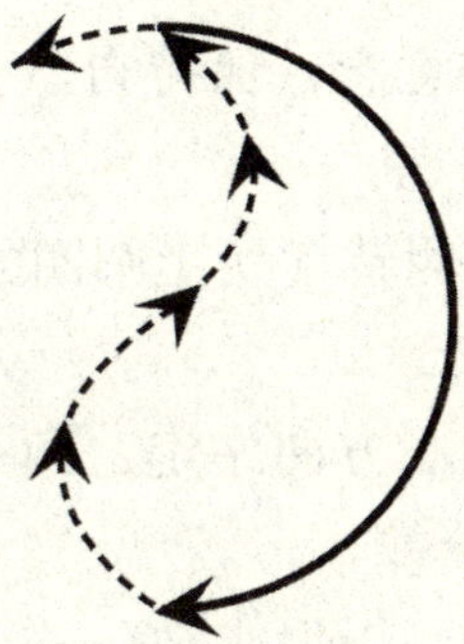

（图五）

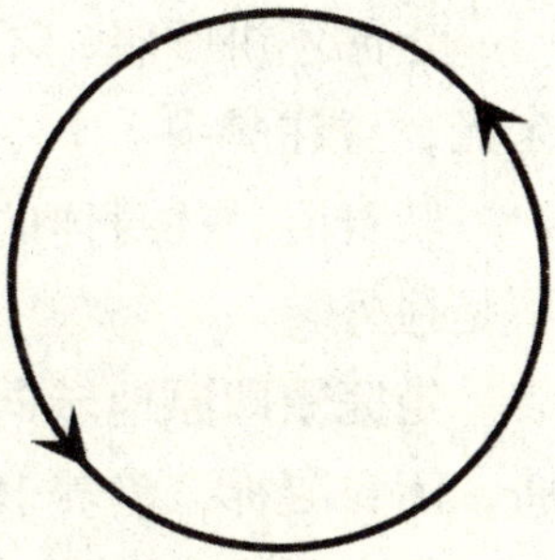

（图六）

正反走圈的时间要相等，轻松自如、自由自在地反复这样走。

无极圈：太极圈走熟后，就可以走无极圈。无极圈的走法是从大走到小，再从小走到大。

例如以十二步为上限，先逆时针走十二步一圈，连续走三圈；然后从第四圈开始圈变小，每圈十步，走三圈……

像这样先逆时针走圈，圈随步数的减少逐渐缩小，十二步一圈走三圈，然后变十步一圈走三圈，再变八步一圈走三圈，再变六步一圈走三圈，再变成四步一圈走两圈，最后到两步一圈；然后于内侧转身，按顺时针走圈，圈随步数的增加逐渐扩大，即四步一圈走两圈，再变六步一圈走三圈，变八步一圈走三圈，变十步一圈走三圈，再回到十二步一圈走三圈止。再转身按逆时针方向从大走到小……可以像这样循环反复地走。

转身时，往身体的内侧转（所走圆圈的圆心方向为内侧）。要求先两脚一前一后停稳，然后脚不离原地，以脚掌为轴，带动整个身体缓慢平稳地转向，前脚变后脚，转成反方向停稳，再按要求继续走圈。

三、注意事项

下脚要轻，脚底平起平落，要走得轻松自如，要把圈走得圆一些。

走圈不讲呼吸，不讲意念，保持自然平和即可，眼睛稍留一丝余光，意注脚尖。

转身时，往身体的内侧转（所走圆圈的圆心方向为内侧），切记不是往外转。

走完圈即原地转向圆心方向站定，两手交叠，掌心向内置于肚脐，闭目凝神，静养10分钟。

行走圈消食操的时间，饭后走20～40分钟即可。如果走20分钟，可以逆时针走10分钟，再顺时针走10分钟；如果走40分钟，可以逆时针走20分钟，再顺时针走20分钟。还可以是在单位时间内顺逆时针走几个来回，注意逆时针走和顺时针走的时间均等即可。

四、作用

1. 走圈消食操可以把身体的气机调动起来，帮助提高生理方面的消化、吸收功能。饭后消食减肥，效果良好。饭后走圈个把小时，就可以练呼吸操。

2. 调动周身气机的开合，具有很好的强腰、强肾和强化下丹田的作用。如果走小圈，还可以帮助开胯，聚气入中脉。

升阳固本操

辅助健身法之一

一、基本身形要求

周身中正，两脚与肩等宽，平行站立；两手叉腰，即拇指朝后，其余四指自然置于腹前两侧；两眼微闭，全身放松。

二、动作路线

（一）平转腰胯

1. 动作要领

身体微蹲，裆、胯和骶髂关节部位要放松。

首先，胯部关节整体地逆时针平转（分解动作：尾闾骨的运动方向是前→左→后→右→前），尾闾骨领动整个胯部关节作圆运动。

然后，转为顺时针平转（分解动作：尾闾骨的运动方向是前→右→后→左→前），如上述作圆运动。

2. 注意事项

（1）此动作的关键就在于运动尾闾，使尾闾骨作圆运动。

（2）转动腰胯时，全身保持轻松自然。上身自然平稳，不要随动作晃动。

（3）逆转与顺转的时间要平均。一般保健，两方向各转 5 分钟左右即可。

（二）扣翘尾闾

1. 动作要领

两腿、两膝放松直立，尾闾领动整体的盆骨如钟摆一样，前后轻轻地摆动。

2. 注意事项

（1）此动作的关键就在于尾间骨领动整体的盆骨，做前后的轻摆运动。

（2）前后摆动时，全身放松，腹部不宜用力过大，以自然舒适为度。上身保持平稳，不要前俯后倾。

（3）一般在“平转腰胯”之后，做“扣翘尾间”30分钟左右即可。也可以按二者比例1∶3来安排。

（4）做完本操后，两手交叠掌心向内置于肚脐，闭目凝神，静养10分钟以上。

三、功用

1. 升阳固本操能够保持腰胯各关节运动灵活。

2. 强化下丹田，化精气，生督阳；按摩大脑，开发智慧；敛气入骨，松腰通脊，添精强肾。

注：升阳固本操，是根据庞明先生讲授的“转腰涮胯”法改编的适宜大众锻炼的健身操。

自然蹲起操

辅助健身法之二

一、姿势要求

1. 预备式

两脚自然站立，也可面壁站立。脚尖可以靠近墙根一些，也可以靠后一些，以舒适为度。周身自然放松，两手下垂。

2. 做下蹲和上起的运动

下蹲时微微含胸，两肩微扣，两臂自然下垂，腰稍向后放松至蹲到位；之后再慢慢上起，至直立。像这样反复做下蹲、上起。

蹲时，可意想会阴或脚心；起时，可意想百会。

二、注意事项

1. 本操要求自然放松地蹲、起，保持身体的平衡。

2. 可以根据各人的身体状况和体力来安排数量和速度，一般的健康者每次做100个左右的蹲起即可。

3. 做完本操后，两手交叠掌心向内置于肚脐，闭目凝神，静养10分钟。

三、功效

自然蹲起操属于健身呼吸操的辅助操。具有畅通气脉、疏通经络、保持气血的阴阳平衡的功效；强健形体，锻炼周身的关节和筋骨，对腰、胯、膝、踝和脊柱具有很好的养护作用，并有利于形体方面的疾病康复。

注：自然蹲起操，是根据庞明先生讲授的“蹲墙功”改编的适宜大众锻炼的健身操。

康复与长功套餐

一、康复健身套餐

主要功法：呼吸操＋梳头操，并配合我们制作的康复音乐。

辅助功法：身形有病的人，可视患病部位加练自然蹲起操；腰部、脊椎有病的人加练升阳固本操。

初学者与普通健身者，练操时间不宜过长，半小时至一小时即可。一般情况下练操与静养时间 1∶1。也可以根据自身情况加练升阳固本操。

体弱者与老年保健者，宜少练多养。练操单位时间可以根据自身情况缩短，以保持轻松舒服为度，一日之内可分多次习练。

少儿健身开智，练操可由单位时间 5 分钟开始，逐渐增加，保持在 20 分钟之内即可。

特点：以上健身治病的组合锻炼方法，能够强化脏腑，生气养血，促进全身经络气血循环，对五脏六腑、四肢百骸的疾病具有显著的疗效；从脏腑功能的根本上解决强身健体、老幼保健的问题。不同健身人群，可以根据个人身体的具体情况来选择组合。

注意：掌握好动作要领，不要憋气、闭气，强调顺腹式呼吸。勿饱食练操，最好空腹；无需意念引导，安排好静养时间。呼吸操和梳头操为主，加强内气培补，清神通络，始终不变。

在习练呼吸操之初，就应该加强修身与养性的理论学习，树立起正确的健康养生观，陶冶性情、开阔胸怀，以此来获得身心整体的健康。

二、长功套餐

1. 开丹田与开脉

呼吸操 + 梳头操 + 升阳固本操，并配合开丹田、开脉的健身音乐。

时间要求：每天3 ~5 小时，梳头操与升阳固本操的习练时间根据自己的身体状态来合理安排。梳头操与升阳固本操可安排各30 分钟左右，坚持一年以上。

特点：呼吸操能够快速培补内气，平衡五脏气机；同时直接达成三丹田共振，自然强化人体三个高能量集聚区，为炼精化气做基础。安全高效，简单易行。

注意：自然呼吸，切勿憋气、闭气，做好练养结合。

习练呼吸操的同时，要加强智慧传承教育文化的理论修习，以陶冶性情、涵养道德的自我意识修炼为根本，把意识净化的内容与日常生活、学习与工作的点滴细行结合起来，并随着健身练功有效时间的延长，在更高的层面上加大、加强自我修养意识的力度，以此来达成身心整体的生命活动与智慧功夫向更高层面跃升。

2. 松腰

呼吸松腰法 + 梳头操 + 升阳固本操，并配合开丹田、开脉的健身音乐。

时间要求：每天总的习练时间为3 ~5 小时，坚持一年以上。

特点：安全速效，松腰无痛苦，并能同时起到开命门、升阳固本、通脊髓的功效。也可以适时加练自然蹲起操。

注意：松腰法必须在习练呼吸操半年以后才方便进行。每天晚上平躺床上用深呼吸轻提会阴，意念至小脑，意念不要太重，3 ~7 次（男女皆适宜）。腰胯部和骶椎部会有酸胀、疼痛等感觉。松腰时，腰会往下一垮——突然往下一坠，好像脱了节，感觉非常明显，以后随着内气的增长脊柱关节会逐渐逐节松开。

3. 开窍开脉与延年益寿

呼吸操+梳头操+呼吸延寿法，并配合开丹田、开中脉的健身音乐。

时间要求：每天3~5小时，坚持一年以上。

特点：呼吸操主功法直接启动脏真之气，达成三田共振；呼吸延寿法强化下丹田前后区域各要穴以及中脉九轮，打通任督二脉、中脉等各经脉生理通道。既能够提升炼精化气、炼气化神等功夫水平，又有培基固本、延年益寿之功。

注意：明确开窍开脉等功夫内容是基础，根本智慧的修证才是根本。在生活点滴细行中修正意识，深化修身养性的智慧功夫的修证，以达成神气形合一，及炼神还虚、炼虚合道的觉悟智慧境界。

三、健身反应与意识修养

1. 健身过程中会出现各种各样的复合情志反应，以及五脏组织器官的各种生理反应。

如怒、喜、思、忧、恐等情志活动的反应，包括这些复合情志活动反应引起的各种心理反应等，包括脏腑器官部位的疼、痛、痒、胀等反应。中丹田开之前后，会出现胸闷，心口发抖、发慌、颤抖，胸椎疼痛、梗阻、空空如也等现象。混元窍开时，中脘的深处会出现疼痛、梗阻，饮食增多或减少，空空如也等现象。

具体内容以及解决办法，详见本书《正确对待练功反应》一文。

2. 陶冶情趣，加强涵养，克除我执，保持中和之性。在深厚中正的养生观的基础上，还应建立起符合智慧教育文化之本质内涵的身心修养观——学会从产生意识活动的源头来着眼修正自己的思想言行，从心性的发轫点下手，从日常生活中磨练，加强更高级别的智慧修养的锻炼。

四、补充说明

关于呼吸操习练时间的长短，可以根据自己的身体健康状态而定。注意调节练与养的时间比例，一般情况下练与养结合比例是：3∶1、2∶2、1∶3。练呼吸操和养气的时间也是同样的比例。

如果身体出现不适的反应，那么练与养的时间比例可以自由调整。养气的方法主要是静坐，让神气自动内敛，从而达到养身的目的。练与养如何调整，请参阅本书《谈谈练与养》一文。

另外，关于康复健身和长功开智，在《智慧养生康复学》一书中会有更详尽的理法教授。

谈谈练与养

最近我观察到有的同学比较疲劳，因为大家都有工作，每天还要上班，以前还没有尝试过一天 5 小时的练功强度。所以，今天我就谈一下练与养的关系与如何协调。

针对练与养的问题，我是这样看的，如果你的身体感觉到疲劳，那么你就把一天 5 小时的做功时间酌量减少一些即可，练法也可以再简单一点，就练呼吸操和养气。

刚才讲到了，有的人做功后比较疲劳，比较疲劳的情况出现了之后就须要进行调整。调整的第一个方法，就是只练呼吸操，练几十分钟或一至两个小时，养气的时间与做呼吸操的时间相等即可。因为就大家现在的身体状态来看没有基础，没有内气作为基础，没有功夫作为基础，那么就会出现疲劳的现象。这个疲劳就需要我们通过养来解决。平时我们讲练与养的问题就是从这个角度上去认识的。

即便大家健身练功需要有良好的积极性，但是出现疲劳的现象，这个时候就需要少练多养，这样才能使人的生命活动达到平衡。什么叫多养？就是增加养气的时间，增加静养的时间。增加养气的时间可以迅速调整气血运化状态的平衡。人的身体是肉做的，生命活动需要正常的睡眠来维系，睡眠对于人自身来说其实也是养的内容和过程，睡眠充足了，我们的身体才有了获得健康的可能。

练与养的整体辩证关系

如何把练与养、养与练结合好？关于练与养，它们之间应该是整体辩证的关系。我们平常的每个人，由于不懂得智慧整体观和辩证法的原理，所以，有时就会从一个极端走到另一个极端去。对于练功中的练与养，就应该避免从只练不养的这一端，走向只养不练的另一端，这两种情况的出现都不能给我们的身体带来便利。所以大家应当注意，不仅要练适合自己的方法，而且还要把练和养结合好。只有这样，我们健身锻炼的成果才能被体现出来。

近段时间以来，没有让大家去调整，就是想让大家尝试一下。当我们提出来一天做功达到5小时的时候，其实做起来是非常难的，尽管有呼吸操帮忙，聚敛内气，但是大家这个生命活动的气化和化气的功能基础不够，所以会出现疲劳现象。

还有，就是当大家练呼吸操之后，身体出现疲劳和犯困等情况，也是由于身体通过这样的锻炼，其筋脉皮骨肉的气血流通量被加强了，通透度被加强了的缘故。尤其是五脏的通透度迅速打开以后，人的内气跟不上来，这样身体才会自然地出现疲劳、犯困的现象。既然知道了这个道理，那么当大家遇到这样的情况之后就不要紧张，只要调整一下，把做功的时间减少一些，养得多些也就好了，也就正常了。

但是当你的疲劳现象消失以后，对于练功内容的要求，请大家尽可能地去完成自己安排好的习练任务。也就是说，在健身活动的过程中，需要根据不同的情况来决定练与养的内容和时间。如果这段时期人的精神状态比较好，就以练为主，以养为辅；反之，就以养为主，以练为辅。关于练与养的内容，一定要灵活掌握。

很多人以前都练过一些不同的健身方法，相对来说形体的通透度比较好一些，但内气就会比较缺乏一些。所以，当丹田还没有形成的时候，就会出现这样的情况——疲劳的状态。因为通过呼吸操的习练，使五脏六腑得到了合理的运动，强化了五脏六腑的生理运化功能，这样就会有很多的空间被打开，自然就需要气血去营养、濡养。希望大家从这样的高度去认识我们的生理环境——五脏六腑气血的供给状态。

健身的锻炼活动每进行一段时间，就需要养，需要濡养一段时间，这个规律已经被我们十几年的实践活动所证明。大家一定要从这样一些方面去认识它。当我们真正地懂得了练与养的整体辩证关系时，就应该学会自觉地去把握练与养的尺度，并调节好这些内容。只有像这样去做好练养结合这件事，这样获得身心活动整体健康的智慧之花才有可能绽放。

生活中的练养结合

这里还要提出一个新的课题：能否把健身的内容融入到学习、工作和生活当中去，随时做到练与养的结合？也就是符合练功生活化、生活练功化的内容。怎么去做？我们讲了一个非常简单的方法，那就是念口诀——混元灵通。“混元灵通”不是我发明的，那是庞明先生编传的。对这样一个口诀，我是念了若干年的。所以我在“三年的路”开班之际，把“混元灵通”作为传承的内容，连同能量和信息一道传给了大家，那么大家在生活中练起来就非常方便了，这样做起练功生活化、生活练功化的内容就比较容易了。

如果在传承口诀时只有信息而没有能量，那么练起来身体里面是不容易出变化和感受的。现在不一样了，现在我把自己的这个生命能量信息通过传承与大家连在了一块儿，形成了一个整体，只要你们念动它，那么在你们的身体里面就会产生变化。像这样念口诀的方法，就为我们的实际生活提供了极大的方便。

大家应该把健身锻炼融入到工作、生活和学习的过程中，无论是在上下班的路途中，车上与车下，还是骑车和开车，一样都可以念口诀。在这些方面做得较好的人，在我们这儿有好几位，其中就有田老师和高老师等，她们基本上都能够做到念念相续、念念不断。现在社会上不是很流行念诵“阿弥陀佛”的名号吗？但要达到念念相续、念念不断也是非常困难的。我把能量信息一同传承给大家，就是为了方便大家修养身心和长功夫。我想大家借助于这样的方法来练功，就已经非常方便了。

我们不要仅仅只是认为每天有5小时的锻炼时间，把它随便叭啦叭啦就完成任务、就没事了。其实我们强调5小时的锻炼时间，是为了能够改变大家目前的身体健康状态，打好修身养性、开发智慧的生理基础。

在每天的24小时中，希望大家能够做到念口诀，而且尽可能地在念诀的过程中度过，要求大家把念诀运用到生活、学习、工作和专业练功的过程当中。只有你不断地念口诀，身体里面的气脉才能发生巨大的变化，这可以说是一条健身锻炼的捷径。这样三年内大家所要达到的目标就不是幻想，也不会是妄想，一定会成为可能，一定会成为现实。如果大家仅仅只做到了5小时专业时间的锻炼内容，而不注意平常的念口诀的这样一个方法，那也是出不了功夫的。

如果我们把念诀贯穿于自己的生活过程当中，那么人的消耗就迅速地减低了。因为你要念口诀，杂念就减少；杂念减少了，消耗就减少了。平时我们的意识已经习惯向外开放，习惯注意周围环境，这样就很容易消耗生命能量。当我们把修养身心的方法运用到实际的生活中去时，那么常念口诀就会使自己形成一种习惯，而这种常念口诀的习惯能将能量牢牢地固定在自己的身体内，所以大家要这样去认识。念口诀既是一种健身活动的方便法，也是一种净化意识的途径，同时可以与生活中的具体内容相结合，形成一种生活模式，这样它便成为我们强身健体的生活模式了。把这种生活模式贯穿于工作、学习和生活当中，那身体的变化一定是会天翻地覆的。

这里打个比方好让大家能够理解。就好像我们以前烧煤球的炉子，没有封火的时候炉子是敞开烧的，敞开烧的炉子比喻我们练功几个小时；然后不用这个明火了，就把它闭起来，但是又不能让它熄灭，怎么办？念口诀。我们这个地方叫封炉子，我不知道北方怎么说。我们平常的生活当中练口诀，就好像是封好了的炉子一样，里面没有明火，但又不熄灭。这个在过去来说，在净土宗来说叫念念不断、念念相续。念念相续、念念不断，念到最后意识不乱，达到一真法界。简单地说，持咒念口诀就是通过见证不练（念）而练（念）的境界来净化心灵世界。只要见证到了一真法界，那也是非常了不起的。每一个人学会把健身的功夫做在生活当中、学习当中、工作当中，那么人的成长就成为了现实。

另一个方面，由于我们练了口诀，减少了杂念，那么同时也就减少了分别、执著和妄想心。如果我们在座的每一个人都能够按照这样的方式去行，就完成了我们生命改造的0.01%，那么我们生命健康的基础保障就有了；另外的99.99%的任务，就是我们一直强调的修养意识这个根本。今天我们谈到练与养的这样一个问题，大家要学会时常地在日常生活当中去调节自己，不要练死法，而要整体辩证地去认识自己的生命活动。每一个人只有这样去认识，关于人获得身心整体健康的任务才有可能完成。

这个生命改造的0.01%，不是说生命活动的基础不重要，而是需要大家明白，没有健康的生命活动基础，哪有净化自我意识活动的根本存在？但是，如果说想获得真正的身心健康，想开发根本智慧，那么改造我们人的意识活动、改变思维参照模式就显得非常重要了。这个问题我下面还会再讲的。

在练与养这个问题上，涉及符合辩证法原理的思维模式，就是要把练与养、养与练结合好。练养结合是把练的功夫和养的功夫，练生命活动和养育生命活动、沐浴我们的生命活动的这些内容，合理地结合起来。

虽然现在的大家是以练为主，以养为辅的。但是在健身锻炼的过程中，应该根据自己的生理状态和心理状态来合理地调节。我们把练养结合的理说明确了以后，大家可以依照这样的道理去做。意识活动的改变，也存在着修与养的问题。每一个人都应该把自己日常生活当中的练和养、修与养结合起来，这个是非常必要的内容。

比如说，我们健身锻炼、做功夫，有练功、养功和沐浴之分。在以养为主的过程当中，如果自己这一段时间非常疲劳，那么可以养三个小时、练两个小时等，将练养比例调整一下，强化养的内容，把所练的气血融入到身体里面。

养的过程是一个积累的过程，练的过程是一个开拓的过程。练的过程，开拓我们人的生命疆域，就是打开通透度；养的过程，是把气血充养到已经打开了的生命活动的机能之中，就这么简单。所以，每个人都要学会这样一个健身的内容，把握这样的健身过程。方法有了，辩证关系有了，道理讲明白了，只要大家照着去做就行。

意识根本的修与养

那么在修养意识的过程当中，有没有修与养的内容呢？也有。我们通过戒律，在生命活动过程当中来控制自己、约束自己的意识活动和行为规范。这就是修与练的过程。

戒律是制约人在违背身心健康活动的那些方面的内容。当戒律达到了戒律的目的的时候，就没有戒律了，是不戒而戒的境界，那就是人的生命活动规律与自我意识活动相互结合起来成为了统一体。所以，戒律就好像是我们修正意识过程当中的一个法律条款。当我们的思维参照模式发生偏差的时候，当我们还没有建立起警惕性的时候，在警觉点不够的情况下，这个时候我们脑子里边应该闪现的是戒律的条款。戒律的本身绝对不是僵化的制度，也不是约束生命活动的一种固定模式。人在执行它的时候应该是需要贯穿辩证法的精神在里面的。

只要是修身养性的人，都需要学会在生活、学习和工作当中去改变意识。当意识活动处在平静之中时就是养的过程，这是一种没有压力的、顺其自然的状态，是一种喜悦的状态。那么人生无论是处在顺境、还是处在逆境中的时候，都需要学会忍辱行、报怨行。

忍辱行与报怨行都是身心修养的内容和过程。所以，每一个人把意识活动的修与养认识清楚，修身养性的过程就成为简单而自然的生活模式了。

现在大家的问题，就是把握不住在生活当中如何去约束自己的行为活动，如何驾驭自己的思想意识活动，这方面的能力不够，无法使自己的身心行为都符合生命存在的运化规律。

我看了你们写的修养日记，在这里也说一说，说得不对的地方我们一起互相交流。讲课的时候，我是你们的老师；下课后，我是你们的朋友；你们需要帮忙时，我就是你们的保姆；拉你们一程的时候，我就是一个车夫；推你们一把的时候，我就是一个仆人。其实每个人在生活当中有很多角色，不同的时空里面含藏的内容不一样。人物不一样，视角不一样，处理的方式方法就不一样，这是非常重要的。所以，每个人都应该在脑子里面建立起这样一个整体辩证的思维参照模式。

为什么我们要这样去讲练与养、修与养的道理？就是让大家明确地知道自己如何去修养。从古至今的高功大德，在修养意识方面都是像这样要求的。为什么大家没有学会？因为古时候很多老师需要修心养性的人自己去悟，也有的教育法是让你在事中去磨。怎么磨？没有思路，没有条理，撞成什么样就是什么样。而今天的社会已经是高度发展了，我们不能再像那样去做。关于如何践行见证生命活动运化规律的智慧教育文化，我们已经讲了很多的理法和参照标准——思维模式里面的参照标准，那些内容都是辩证法的灵活运用，否则大家还是搞不明白如何修正意识。

打个比方，前天看了几个同学的身心修养日记，其中一位的日记中有关于吃面的内容，因为面是偏辣的，里边还有海鲜，他做了一番思想斗争，后来还是吃了。而另一位同学针对这些内容回复了自己的感想，说“在那样的情况下，我宁愿不吃那碗面，也不让那碗面影响我的身心修养过程”，还说“那个属于生杀戒”，他在那儿搬教条。我们不是这样看问题的。把这个例子讲出来，是让大家学会用无住无碍的思维方式去辨别我们的生活、工作、学习过程当中需要参照的内容。但是，即便是在我们这里，很多人也还远远没有建立起修养心性的这样一种思维参照模式。

所以我就写了自己的看法，说了这样一句话："浪费食物就等于犯罪。"为什么会这样写呢？我们修身养性绝不是为了自己。你哪里是你自己？你的胳膊是自己，还是你的腿是你自己？是心脏是你自己，还是肝脏是你自己？哪一样都不是你自己。说心脏是你自己，如果心脏坏了，做一个手术换一个心脏，人还是可以活。肝脏也是一样，肾脏也是一样。

不过我们还应该懂得，人的肝、心、脾、肺、肾这五藏，是形成自己生命运化功能的关键内容，是形成和藏涵人之生命运化规律的基础。那到底什么是自己？只有真心自性那个主人翁才是自己。应该如何去认识、见证那个主人翁，这才是需要我们去了悟人生的根本。

所以，我们讲的这些内容都是关于智慧教育文化的基础内容。说得更直接一些，更尖锐一些，那就是现在没有智慧教育文化的内容了，也没有智慧教育文化的传承了，没有人能够教育大家如何去修心养性，如何践证觉悟智慧。我们在座的诸位，这些年来听了很多关于生命的神奇故事，也知道了一些养生文化与健身方法，唯独没有学习过智慧教育文化，真正如何修证自己的传承教育文化，没有！

虽然老子的《道德经》、庄子的《南华经》，还有《易经》与《黄帝内经》及儒学文化中精华的部分内容，以及佛学般若部的内容，等等，都属于古智慧传承教育文化方面的内容，但是现在的人们已经无法读懂其中的智慧性涵义了，显然这些智慧的传承教育文化已经断代了。虽然现在有些老师提纲挈领地讲了一些智慧文化知识性的内容，比如说，讲如何克除我执的方法，对此讲了几个方面的内容，可谓是讲得比较全面了，但是大家在学习之后还是不会做，不能和现实的生命活动结合起来运用，又没有老师在日常生活中去指导如何做。像这样修养意识的文化，可以帮助人们获得修心养性方面的知识，但就实际的修身生活而言其意义是不大的。对于这样的现象，就只能说明大家自己没有学懂，这是人在净化意识的过程中不能很好地完成改造的根本原因之所在，也是这些年不出智慧人才的根本原因之所在。

这些年我们一路走来，并对这些修身养性实践方面的经历进行了总结，同时也提高了我们自己的认识。现在把这些经历过的体会讲给大家听，为后来修身养性的人们提供一个简洁、方便、快捷的理论体系。如果大家把这些东西学懂了，那就好比是上了修养身心的高速公路一样。

现在我们回头再来分析一下刚才的案例。暂且把能不能浪费粮食的问题放一边，修养意识的过程——净化意识的当下，主要是看当事者的起心动念。那位回复的同学的起心是一种什么样的境界?“我宁愿不吃那碗面，也不让那碗面影响了我的修养过程”大家可以看看这句话，其起心动念是不是一个以自我为中心的心念活动内容呢？修养意识最根本的内容就是修起心动念，所以，我们修养身心的人在社会生活的方方面面都需要注意，警惕自己脑子里面闪的第一个念头，是否是以自我为中心的念头。

那位同学的错不在戒律写的是什么，生杀什么东西，而在于你起心的时候是以自我为中心的，认为“辛辣的东西妨碍了我的健身修养活动、我的生命活动”，你是以自我为中心的，你的观点也是非常狭隘的个人观点，你这是外求而不是内求，所以这个是从根本点上错的。讲这位同学的心理思路的内容，是为了帮助大家理解才讲给我们大家听的，镜子是既可以照人，又可以照己的。

如果说刘老师能够站在“老师”的这个层面上去教育帮助大家，那你就知道老师的觉悟智慧在哪里了。老师看到的是事物的本质！然而人家后来把那碗辛辣的面条吃了，他是在怕浪费的过程当中泯灭掉自己的个性，这个就是本质！不是他浪费的概念起作用，而是这个行为的本身，是什么？是泯灭掉了自我，自己的性格，自己的观念，自我的存在。

所以，人处于社会的现实生活中，是从小处现道心，不是大处现德性，而是当下即是！严谨地说，当下是无大小事之分别的。要能够体会古人所说的“当下即是道”的境界。一个人有道没道，就应该在生活的点滴细行之中见，即在点滴细行之中现道心，现出觉悟智慧来！不是你把那个大道理讲得有多好，多么规范而有条理，那些都是没有用的，那些写出来的只是个文化性的东西。但是，道理不讲不明，不写又不行，它属于智慧教育文化方面的内容。我们今天讲的是属于智慧教育传承方面的内容，是手把手教的过程，所以要这样去认识。

那么对戒的认识还是戒吗？戒律还是戒律吗？所有的戒律都是要戒掉你那个以我为中心的假我的存在！大家要理解戒律与智慧境界之间的相互关系是怎样的。

正确认识修身养性

当一个人的思想在进行斗争的时候，在探讨什么的时候，那是炼已筑基的过程；当结果出现的时候，意识活动的呈现过程，就是一个养的过程，叫沐浴。什么叫践行“精神魂魄意为药”？于心生意之时起觉，这样践证才能符合“精神魂魄意为药”的内涵。人想获得健康，或练出功夫，不仅仅只是开个丹田的事，但是想达到健身长功这样的目的，那也是一定要开丹田的。如果我们把开丹田、松腰、开中脉当成了是我们修身养性追求的目的，那就大错了，那就迷失了健身达成养生之目的的方向。

人不仅是需要获得身心健康的，而且还需要走向觉醒，开发出大智慧。如其不然，那目标就错了，像那样练功夫只能是改造自己的这个肉身。肉身不就是那个有形有相的我吗？刚才我们讲了，胳膊掉了可以不要，心脏有问题可以拿掉换个新的。你开了丹田，它不也是你生命活动的一部分内容吗？开丹田、松腰、开中脉，它不是生命探索的终极，而是生命探索的基础。所以，开丹田一定要有，开脉一定要有，但同时也要认识到这些只是生命活动的基础，净化人意识活动的修养才是根本内容。

有的人就说，“这个东西不好想”。对！很多人学混元整体理论，学了好多年，殊不知混元整体理论就是建立在阴阳五行学说的基础之上的。如果大家在那儿谈混元，却不懂阴阳五行规律的涵义，你所谈的混元，就不可能符合混元整体观了。如果说“我们谈的是道气，一气混元”，如此就更不行了。有很多人自己都不知道道是什么，还一个劲地在那谈一气混元。连阴阳你都没有搞清楚，五行都搞不明白，上哪儿找混元？

如果人在自我生命活动实践的基础上，能够把阴阳搞清楚，那功夫就非常了不得了，你的辩证思维就因此建立起来了，修身养性的整体辩证的意识模式也就建立起来了。如果把五行的内容践证了，那么关于修炼人的“精神魂魄意为药”的内涵就会了然于心，也就知道该怎么做了。所以，大家不要大言不惭地去说“我这混元整体理论学得好”，可不要这样去说！混元整体理论的形成，整体观的形成，它是建立在阴阳五行之上的一个学问。因为混元整体理论是依据混元功诀——“混元一五行，无形亦有形，中寓阴阳造化机，开合聚散万物生”编创的。

讲到这里，可能还会有人说，我没有学习现代的修行理论而是修佛。那我问你，佛为何物？佛有什么涵义？佛与觉悟智慧有什么关系？佛与修养意识、净化自我的渊源何在？佛与人的身心有何关系？佛与我们现实的生活、工作和学习存在哪些关联，知道吗？这些都是需要大家去了解和认识的，也是需要大家通过自身的生命活动实践去见证的。

所以学习理论，除了学习混元整体理论，还要结合一些古大德的东西学习才行。不是要大家去通古博今，也不是要大家厚古薄今，而是要求大家借古御今、稽古践今。我们可不要把祖师们多少千年总结的智慧精华给丢掉了。人类文化知识的整体是什么？是自然科学知识和社会科学知识的总和，是历史文化和当代文化的总和。如果我们只注重于现代文化，而放弃了对古有的历史智慧文化的了解，那无疑是谬误的。这不符合智慧整体辩证观！你所谓的整体就是谬误，像那样认识事物仍然是分裂的、片面的、谬误的。所以，每一个人重在纠正自我意识中的偏执性，好好去践行修养意识的活动，全然投入到这个净化身心活动的伟大工程中去。

前天，有个学员给我打电话，他说："你怎么把我的电话号码搞掉了，你不再理我了？"常人的意识活动，十几年、几十年来没有一丝一毫的变化。我就发现了一个问题，大家把学到的智慧教育文化的内容当作自己的衣服在穿，而自己的意识活动和生命活动根本就没有和智慧教育文化的内容结合上去，所以才有了拿着老师的书当镜子照别人的现象，而且这还是非常普遍的现象。殊不知，镜子的功能是既可以照别人，同时也可以照见自己，人家身上的污垢，就是你身上愚昧无知的痕迹。

大家做人一定要有警觉性才行，不要张口就指责人，道他人的长短。做人绝对不是这样的，因为你这个意识是外求的。如果总是把意识活动置于自己的生命活动之外，如一开口就是你、你、你……"是你不对，你不适合我"，总认为所遇到的人、事、物不符合自己习惯了的世俗想法，这难道不是问题吗？每一个人修身养性都是修自己，不是修别人！总是在指责人家的过程当中，在外求的生命活动的过程当中，损耗掉自己的生命力，那你怎么可能获得健康的成长呢？

常人的心里总是有千千结未解，解不开，就会感到困惑。困惑，不就是对你的那个自我人格的困惑吗？人就是这样的，不符合自己的心意，你就会感觉到困惑。你那个脑子里面，始终在那儿转悠转悠的，任何的事情都要求符合自己的感官要求，对这些你不要觉得人家不知道，你自己的意识活动和其他人的意识活动都是一样的，都是属于社会群体意识活动当中常见的意识产品，除了圣人以外，社会中所有的人都脱离不开社会意识形态的影响和束缚。

你不要认为人家不知道你的想法，知道的，都知道的。你有，他也有，大家都有。你的缺点也是他的缺点，他的缺点也是我们自身所共同存在的问题。我们如果能这样去认识自我，主动去做批评与自我批评，那才能够促成自我意识的净化，使自己成长起来。批评不要批评别人，而是应该去评价、去批评自我主观的思想观念，以达到净化自身意识形态的目的，因此使自己在反思的过程中得到那些感悟，这就是批评与自我批评的内涵要求。

打比方说，有个学员既开了丹田又开了脉，这样好不好？好。这样是不是终极目标？不是。意识活动还没有怎么改变，那有什么用。净化意识活动的修为是需要长达几十年来做到的。即使是跟着老师一块儿，有老师手把手地教，至少也得 5 年至 8 年以上。即使是一个人当下觉悟了，但没有待在老师身边，他也有可能退化。我们每一个人要在这样的高度去认识。意识活动也是有练有养的。

拿谁打比方都是希望谁有进步的。讲这些例子都希望大家借鉴，而不要想："刘老师没讲我，哎哟，你看见没有，我比人家做得好。"当你有这个念头现出来的时候，那就是你自我存在的那个现象。我们这儿有几个同学自信心是非常强的，自信心太强是什么？是盲目自信的一种表现，就是以自我为中心的表现形式，像这样的自我就是假我。

所以，每一个热爱生命、热爱健康的人，不仅仅只是修炼强化了自己的生命活动，更重要的是修正自己的意识活动。修正自己的意识活动的最根本点在哪里？改变自己的思维参照模式。改变自己意识活动模式的最根本点在哪里？在修正参照系的内容。这个内容怎么去改变？要有一种衡量事物的准则，这个准则就是道的属性特征。而人们在社会生活中对道体德用的认识，是需要以整体辩证观为基础的方法论进行的。什么叫练起心动念？就是归结到我们人产生思想意识活动的那个源头，从这个根上去修正偏执的思想观念。

今天我讲了这些内容，希望每一个人应该去反省反省，大家能否做得好，关键是别把目标搞错了。如果仅仅只是为了打开丹田，那么半年也就够了，就可以毕业了。三年太长了，开几个丹田何必要熬那么长的时间？其实就是需要你们自己去通过自我修正意识的这一关。

自我反省 如履薄冰

修身养性是一个课题，是一个砺炼人生的课题。现在我这堂课讲完了，下面我也该检讨检讨我自己，一个礼拜以来我自己有哪个地方做得不对。一个礼拜以来，我和大家在一起学习、练功，我自己也有问题需要解决。为什么这样说？如果帮助大家在生命活动方面改变得太快，而大家修养意识净化自我的功课内容跟不上来，这样很容易使大家产生错觉与误解，那就成了罪过！如果一个当老师的不能清醒的认识到自己的行为可能使大家产生这样的后果，那就不是个称职的老师。所以我非常诚恳地做自我检讨，检查自己在这方面所出的问题。

有同学说："老师，您有什么问题，您还不是一心为大家好吗？"对，可是没有把握好尺度也是错，因为让大家的身体变化太快了，而修养意识却是需要时间的。当然，大家虽然现在对刘老师这个人产生了一点信任，但这个信任不是发自内心的，只是对某种事物的神奇现象的认识。这也说明大家对如何修身养性还没有正确了解，对智慧教育文化还没有认识。所以我回过头来反思自己，觉得像这样来帮助大家是会有问题的。办一个"三年之路"的慎独行养生班，是希望把大家引到自觉自由的康庄大道上去，不是把大家引到修命不修性的死胡同里去的。

作为老师是有这个责任的。如果你在这儿折腾了半天，还把大家引入到不明理的方向去了，按过去的说法，这是要堕无间地狱的。一个人如果做错了什么事，那是会遭报应的。报什么应？堕无间地狱的报应。所以，老师也是如履薄冰，如临深渊哪！在修身养性的过程当中，不只是你们在完全地改造自己，老师也在这个过程中自己改造着自己。它不是某个人的生命活动的问题，它也是关系到大家的身心整体健康的问题；不是一个自己关系到自己个体生命活动的问题，而是关系到自己和这个群体的身心健康和智慧的整体和谐性的问题。

所以大家想想，有责任心不是那么容易的，修身养性是如履薄冰的。因此，一当发现大家整个目标发生偏颇，观念已经偏激，执著于自己的形了，执著于自己的气或能量了，那就是我的过失。如果半年内大家的这种偏执性的意识倾向不能够抑制，半年以后这个班就该结束了。如果大家不能修养好意识，不能把净化意识作为生命改造的根本，那么像这样搞下去不会有好的效果。

在修身养性的领域中，人的意识活动不变、没有净化，那可是了不得的一件大事。大家练了呼吸操，能量都增长得比较快，而自己的神又驾驭不了自己的生命活动，那一定会出问题。如果那样，就一定是刘老师的错。所以，做老师是一定要有觉悟的，需要警觉到问题马上就能反省，反省自己存在的问题。并且还要告诉大家这些外求的倾向，把问题的严肃性和重要性告诉大家，以使得大家能够明确自己的发展方向，这可不仅仅只是能不能获得健康长寿的问题，而是会形成弊病，是会自遗其祸的。如果这样，生命的改造就不是走向自觉自由了，而会变成走向自觉自由的障碍。

虽然说大家现在身体的变化是非常惊人的，有很多人都出现了很大的变化。但是，如果大家热衷于这些方面的学习和追求，那就完了，就把方向搞错了。如果这样，那生命的改造就不是走向自由解放了，而成为走向自由的枷锁了。大家如果外求，那么外求的一切内容都会成为自己障碍自己生命活动的枷锁，大家知道吗？

我们每一个人，都应该积极主动地去认识和见证那个真正的主人翁，而那个主人翁能够灵明地映现出自身存在的各种问题。所以对自身存在的问题，就要大胆地讲出来，没有什么不能表达的。我也在反省着自己的行为，时时刻刻都在反省。人的一生既短暂又漫长，而生命活动的存在过程就像一条河流，人的身心行为就像这河流中的水和水波一样，连续不断，所以，人的自我改造和意识净化也同样需要坚持不懈地进行下去。一个悟了道的人，只能是比大家有觉悟一些，有智慧一些，也还是一个非常普通的人。如果说一个人有觉悟，那么关键就在于他是否能够认识到自己的问题，并能够随时改变。

如果一个做老师的人，不能认识到自己的言行给大家带来的这种影响，那就会给大家带来各种矛盾、困惑甚至灾殃。我们每个人都应该不断地认真去反省自己，这就是大家现在需要认识的问题。

过去学修行、做学徒，是师看徒三年，徒看师三年，徒跟师再学三年。师看徒三年，老师看看这个学生能不能有学修行的资格；徒看师三年，就是看师父有没有这个本事来教学生；然后徒弟再跟师父学三年。这个九年，无疑地就是考察培养学生修养的水平。对于技能、功法的学习其实是很简单的内容，在这些内容之中最关键的就是传承，有很多内容在言传身教的传承过程当中就已经教给学生了。

对待修身养性，每一个人都得是这样反思、反省的。我这样做，只是告诉大家，老师也在反思反省。现在大家应该怎样修？从修起心动念开始。有人说："老师，你的心起的是好的。"可是好心有时能办成好事吗？很多人由于不明真理，做好事却产生了坏结果。有心想好，那么你能够办成好事、有好的结果吗？觉悟了的人就知道这些东西的来龙去脉。当自己觉察到所谓的好心没有好的结果时，在这个过程当中就需要主动去调整，去遵循事物运化发展的规律，并按照符合事物运化发展的要求去做，于当下纠偏，这才是"曲则全，枉则正"的过程，这才是行在当下的觉悟智慧的体现。

做老师是会影响一群人的，所以老师必须具备敏锐的洞察力。如果说人生命的自由解放是个体的行为，那么我们就没有必要开班了。现在开班还是想为大家帮忙，为真正的生命科学奠定一些基础，储备一些人才。因为生命科学不是一个人的科学，它是一群人的学问，是一群人实践的科学，是全人类共同的科学。只有刘老师一个人搞智慧生命科学有什么用？所以大家一定要记住，每一个人都应该这样认识自我，否则的话，连个健康都不可能获得。如果你不改掉自己偏颇的意识活动，功夫有了，脾气却变大了，平常显得没有事，一旦事情来临，整个意识崩溃，性命就没有了，生命活动就没有了，消失了。

大家努力，我们一起努力，我们共同进步。大家把思维方式调整过来。如果我能帮大家，就是希望大家把意识的思维活动调整过来。开丹田是我们探索生命活动过程中的一个必然的产物，但可不是终极目的，不是根本。每个人都得这样去认识，我也是这样，我们大家都是这样。关于完成意识的净化和思维参照模式的转换的内容，对此我会不断地讲，经常地讲，大家得认识到这个内容的重要性才行。当自己长了功夫，智慧也长了，那就好了。

我会经常看大家写的修养日记，希望大家每天都写。你的思想动态我看了就能够知道，知道怎样去调整这个场的信息和能量，培养起大家修养意识的警觉点，调整大家的心理动态，加强自我意识净化，使之符合生命的运化规律。如果大家都不写，那我就不知道了。有的人说：“刘老师，你不是有功能可以查吗？”没有哪个老师是通过功能来展示自己的生命活动、展示自己智慧的，没有。希望大家用常态的方式去表达自己的认识。我们一起把三年的路走好，一块儿去把未来的事做好，这是没有问题的。

我们现在运用的是比较传统的传承教育方式，过去师父带徒弟的方法，是传道、授业、解惑的传承方法，是传、帮、带的教育方法。不过少了很多形式，也少了对大家的责骂，多了很多理论来帮助大家、教育大家。

正确对待练功反应

今天我们讲一讲关于练功反应方面的问题。尽管很多人练过一些健身法，理论上也多少知道一点如何对待这个问题，但是当健身练功的反应真正来临时，或者处在反应之中时，有些人的思想就偏离了正确的航向。所以，如何正确对待健身练功方面的反应，这个问题我们得讲，而且以后还得经常讲。

生理与情志反应

练呼吸操很容易出现各种各样的练功反应，主要有生理上和情志上这两种反应。

第一，生理上的练功反应。比如打嗝，这是因为胃气向上逆行；身上出红疹子、小红疙瘩，发痒；发烧，尿频，拉肚子或便秘；有时吃得很多，有时吃得少或不想吃；还有的人五脏六腑有病的位置会出现退病的反应，疼痛、麻木等。

练习呼吸操的人，可能会有一段时间突然睡眠增多，睡不醒，很想睡，睡了一天又一天；有时候精神很好，一天只睡两三个小时，甚至晚上也没有瞌睡，但第二天还照常工作，一切正常，甚至比正常睡眠后精神还好。

有的人在医院里做过化疗和放疗，练呼吸操一段时间后，就会出现化疗和放疗时生理上的反应现象，极其难受，但反应之后身体会出现明显的好转。

像这样的反应在有的人身上会出现多次，只不过一次比一次轻。这些都是健身锻炼之后的练功反应，练练呼吸操都会出现，这样的反应都属于正常情况。

第二，练了呼吸操还会出现情志上的反应。比如肝脏出反应，烦躁、易怒，和家人、周围的人发生不愉快，吵嘴什么的；心脏出反应，有时候会无端地笑起来，一个人在那儿高兴，笑个不停，出现想笑的反应现象。这些现象应该属于生命活动的收敛涵藏之性还未强化起来，或自己的智能效应功能还未形成高水平的收敛涵藏参照模式，因此生命运化功能自然会出现收敛不住气的现象。当脾脏出现反应的时候，人就会多思虑，烦恼抑郁；肺脏反应时，就会无故忧伤，好像有一股悲怨之情解不开，总是想哭；如果是肾脏出反应，就会常常恐惧惊慌，很容易受惊吓。

实际上这些都属于五脏气机变化时所出现的心理反应，这是我们现在必须认识的问题。如果对五脏的气机变化认识不足，那么当我们出现反应时就不能够正确对待了。所以要学会如何收敛，这就是练习保持“中和之性”和“中和之气”的方法。

何谓中和

什么是“中和”？《中庸》里讲到：“喜怒哀乐之未发谓之中，发而皆中节谓之和。”就是说，人在应对事物的时候，如果能够不受这些事物的影响，未产生情志活动，而保持平静，即为中正；这时人生理活动的气血循环处于自然流畅的状态，心理处于平静安和的状态，对这种自然有序的身心整体态，就叫“中”。喜怒哀乐之未发的状态，是中正不偏的。如果人的情志活动一出现变化，就是“发”的状态，那么人有了情绪波动，其思想意识就会相应发生偏颇，心理活动状态就会因此失衡；这样人的气机也会跟着偏颇的情绪活动跑，而且生命活动中的气血循环也会随着情绪波动的延续而逐渐地变得混乱无序。

有人会问：人不能一点情志活动都不产生吧？如果产生了情绪波动怎么办？可以这样讲，没有人能够做到使自己的情志活动一点都不受外界因素影响，完全把自己的情绪控制到“滴水不漏”的状态是很难做到的。如果产生了情绪波动，那就得用“和”来治。什么是“和”？这个所谓的和，就好比是和气致祥、和气生财的这个和。怎样才能在情绪发生变化以后，把人的这种“和气”呈现出来呢？那就是“发而皆中节”所要表达的内容。当人在社会生活中出现了情志活动的变化，即喜怒哀乐发起之时，应该如何应对呢？这就是需要我们学习的地方。首先需要明白当下知止。什么是当下知止？比方说，油壶倒在地上了，油“咕嘟咕嘟”地往外冒，你于发现的那个当下，迅速地行动，把倒地的油壶扶正，把油壶及洒在地上的油渍清理干净，这整个过程就是当下知止。当下知止，就不会造成更大的浪费。如果说油壶倒地，你视而不见，那么油壶中的油就会越漏越多，直至漏尽，油也就全部浪费掉了。这里只是打这么个比方。

如果把这个例子翻过来用，就相似于我们现在要讲的“皆中节”的内容，也是对“和”字的要求。当人出现了情绪波动，即情志活动出现了偏颇的反应时，就需要懂得知止，需要建立“知止”的警惕性。怎样才能建立这种警觉意识？从做人的道理中学，从自我的人生经历中去学，从行住坐卧的现实生活中去践行，只有像这样去明理，才会懂得运用“皆中节”这个理，能“节”即是止。这样当人的身心行为处在情绪波动的状态下时，能够做到行于知止，即符合这个节的要求，能节则和气生，这是“知止不殆”的一部分道理，这也是进行自我情绪调节的过程。

当人建立了这种警惕性，即能够发现自我情志活动的偏颇，那就会知止于当下，这样人的情志活动便在明灵的警觉意识中变成了和气，这也是把偏颇的情志活动修正过来的心理活动的演化过程。人在陶冶性情的过程中就是这样归于“中”的。“皆中节”的意思就是：知止于警觉一切情志活动开始萌生的那个当下。我们懂得了这个道理以后，要像这样去节制和调节自我的思想言行才行。你不要越调越偏，要向“中”去调。这个从偏到中的调节过程和内容，就叫“和”。

中和之气与中和之性

什么叫练习保持中和之性？我们在平常的生活、学习、工作当中，在人与人之间交往的过程中，在处理各种事务时，当自己出现情志活动的变化时，你能够约束它、控制它、驾驭它，这才叫练习保持中和之性。其实，人能够保持中和之性也就保持了中和之气的动态平衡，就是古之所谓“曲则全，枉则正”的内容。比如，当你遇到了问题的时候，你的情志活动还能保持稳定吗？当你思念亲人的时候，当你悲哀的心情流露出来的时候，你还有警觉点吗？如果有，这就是在做保持中和之性的功课。

现在对大家提出来的要求就是保持好中和之气。习练呼吸操的过程中所出现的气化反应都属于情志之气的反应。你收敛得好，也只是算中和之气。比如，自己无端地笑起来，或心情烦躁，或不停地叹气，好像是叹一下就舒服了，这些都是因为自身的气没有中正，五行之气没有和合，和谐性还不够。保持中和之性与保持中和之气这两个方面的内容是交替进行着的。中和之气的保持，中和之性的陶冶，这两者都得在修养身心的实践活动过程中去做，都得在行住坐卧的日常生活中去做才行。

肝、心、脾、肺、肾，怒、喜、思、忧、恐，五种气机和五种情志活动的变化，需要大家在健身锻炼的过程当中正确对待。当肝脏的气升起来时，你约束不住它，你向别人发脾气，那你的气也散了，性也偏了。所以每个人都要注意，要建立起自觉自性的警惕性，要在点滴细行的过程中形成警觉点。练功绝对不是一件简单的事。练一练身体会好的，可当出现身心活动的各种反应时，只要自己随意发泄烦躁、忧伤或悲愤等情绪，气机就容易被搅乱。比如，当自己处在悲伤的情绪时，没事在家里哭了一场又一场，那就出现了耗气现象。为什么？因为悲则气消。所以大家要学会收敛，学会于警觉到的那个当下知止。

当你出现了烦躁的情绪活动时，那就是因肝脏的气机生发过度而造成的。如果你通过主观的意识来强压自己的烦躁情绪，就会出现郁闷的现象。如果经常出现类似的情绪活动反应，那就很容易形成肝病，严重的话还有可能造成肝癌。所以在现实的生活中，不要因心胸狭隘而变得压抑，压抑的后果是很严重的。压抑之后，不得肝病就有可能得糖尿病等疾病。肺主悲，当你有悲的情志活动的时候，你也要意识到那是肺部的气机在变化。

如果练呼吸操的单位时间比较少，比如只有二十分钟，那么情志活动就会很小，而且也来得比较缓慢。不过当习练呼吸操的单位时间超过了一个小时以上，在一至两个小时之间时，就容易出现情志活动了，比如愤怒、喜悦、思虑、悲哀、恐惧等“怒喜思忧恐”之复合性的情绪变化。这五种情志活动的复合表现，自然会演绎出如悲喜交加，忧恐万分等情绪活动。在习练呼吸操的期间，如果出现了无端地总是考虑某个问题的现象，那就说明自己的气机行到了脾之中宫部位。当人的气机行走到脾这个地方时，自然会引起类似思虑或怀疑的心理活动状态。

我讲这些现象的目的，是为了引起习练者的注意。只要掌握了生命活动的运化规律，就容易做到驾驭自己的身心行为活动了。

首先大家要认识到，因健身锻炼所引起的反应，不仅属于正常现象，而且还是好事。当各种各样的反应过去之后，身心活动的健康平衡态就会上升一个层面。对于身体出现的各种反应而言，越往后反应就会越轻。随着五脏通透度的加强，中和之气的平衡度也会随之提高，这样以后的反应就会轻很多。有了这样的反应经历，身心素养得到了提高，在社会上生活不管是遭遇到了矛盾，还是遇到各种问题，就都能够做到沉着应对了，这样自己也会变得有胸怀，在自己遇到坎坷时就自然能够吞吐事物、宽容他人了。

一个人如果在行住坐卧的各种应对中，遇到任何矛盾都能做到处之泰然，心胸就会变得宽广，就能做到在无形中化解各种矛盾，就能于吞吐事物、宽容他人的过程中，与其他人、事、物达成动态的平衡关系。如果人通过做“弱其志”的功夫而夯实了“实其腹”（《道德经》）这个生命活动的基础，那么在吞吐、化解各种难解的矛盾和问题时就没有障碍了，在谅解、宽容他人时就没有痕迹。而这样的身心活动状态，正好符合人的中和之性。当然，能够常保中和之性的动态平衡也是“与善仁，言善信，政善治，事善能，动善时”（《道德经》）的根本要求。

中和之气，是五种气机形成整体性和谐运化的和合存在状态，即见证到五气朝元的那种境界。心主喜，主宣通，喜则气缓；肺主悲，主肃降，悲则气消；脾主思虑，主运化，中宫之气，思则气结；肝之气主疏泄条达，怒则气上；肾气主恐，具蛰藏之性，肾气惊则气乱，恐则气下。肝和肾的气在生命活动当中属先天气。肾气具有蛰藏的特性，因此其气需要藏涵于两肾与命门处。肾气是往里面走的，它必须往里边走，这是一个生命内化的过程，这样生命的全息才能出来。它要符合一个人整体的生命成长的全息信息，所以肾气必须是往里收敛着、涵藏着。这些都是由人之生命活动的运化规律所决定的。

五脏循行法

人之生命活动的运化规律，具有精神魂魄意这五种神性的属性特征。肝藏魂，心藏神，脾藏意，肺藏魄，肾藏精；肝属木，心属火，脾属土，肺属金，肾属水。肝主怒，在色为绿；心主喜，在色为红；脾主思，在色为黄；肺主忧，在色为白；肾主恐，在色为黑。肝、心、脾、肺、肾五脏气机的顺生循行的方向是：木生火—火生土—土生金—金生水—水生木，像这样周环无端地循行。一定要注意，只要能够坚持常做五脏循行法，自然能够起到炼精化气的作用。

当出现了情志活动的时候，我们要学会调节它。当怒气来的时候，意想心脏与喜悦之情，然后笑一笑，并把舌尖抵一抵门齿缝，就会把怒气化解于无形之中。为什么？因为生怒之肝气生发到心火之中去了，这样人的气机也就自然平和了，这就是运用了“木生火”这一环节的顺生原理。

当出现了过喜的情绪活动时，就可以通过意想鼻尖并让舌头在口腔里搅一搅的方式来化解喜气过度的现象，这样做自然能够起到导气归脾的作用，这个调节过程符合“火生土”的要求。

如果总是想着某个问题，那就属于思虑过重的情绪活动现象。我们知道，思则气结，气结则会导致湿重痰生，因此体现在身心行为活动上，自然会表现为爱钻牛角尖、顾虑重重、犹疑不定。当人出现这种思则气结的现象时，只需要拍拍头顶、想想蓝天白云就可以化解了。意想蓝天白云或白色，其意义就在于让脾气上行去养肺，这样做自然就符合了“土生金”的要求。

当人出现悲哀、忧伤的情志活动时，意想以蓝黑色的海水为背景，这样做自然能够使肺气肃降至肾，那么情志活动就很容易得到调整，这就符合了“金生水”的要求。

如果受到了惊吓，或感觉到惊恐，就可以意想身处花草树木或草原的绿色环境中，这样所受的惊吓、产生的恐惧情绪很快就会被调节过来，这就符合了“水生木”的要求。

这样调整才能使五行之气和合，顺生则为和气。我们通过这样的方法，走一个顺生五行的生化圈，来符合生长化收藏之生命运化法则的属性特征。因为你平常习练呼吸操，五脏脏体的通透度提高了，所以你的意念一动，按照五行的顺生方向循环几圈马上就好了，不利于身心健康的情志活动马上就可以消除。只要自身的五行之气能够形成和合的整体，像这样循环往复地运行下去，则会自然呈现出生生不息之生机。

对治之本在意识修养

我们今天重点讲如何对治各种各样情志反应的方法。要求大家在平常的工作、生活、学习以及健身锻炼的过程中，用这个方法来保持中和之性。大家不要这样想："我的中和之气还没有练好，要把中和之性练好，不可能吧。"其实这两个方面的内容，实质上是一个内容的两个层面。

我们今天已经把生命活动中的五行规律大致说了一下，对于健身过程中出现的反应，保持中和之性是属于心理上的反应，保持中和之气还应把它归结为生理上的反应。比方说，拉肚子、腰疼、腿疼、起疹子、发热、经络的感应等等现象，气混化过程当中的舒服和不舒服等，这些都是生理上的反应。包括现在讲的情志活动的现象，是五脏气机变化偏正中和的过程中产生的，都属于人生理上的反应而带动了心理反应。而保持中和之性，是属于心理上的反应，源于人的思想意识活动。中和之气与中和之性，二者又相互影响、相互制约。

如何正确对待这样的反应，如何明确这个规律在自己身体上发生的变化，明确其在人与人交往——在工作中、生活中的运用，尤其是把保持中和之性做好，这就是了不得的事了，是人获得身心整体健康的保证。我们像这样去要求大家，也相当于过去修天元大丹的内容。所谓的天元大丹，就是以天地为炉鼎，以人的精、神、魂、魄、意为药来练中和之性的。保持中和之性是达成天元大丹的具体方法。

从道家修行理论的角度来看这个问题，天元大丹讲的是以天为炉，以地为鼎，把人的精神活动——把我们人的精、神、魂、魄、意当作药，当作炼丹的药，放在天地之间进行混化、锻炼。怎么化？别人说你很讨人嫌，你别在意，而是心里高兴，这样就把它化了。如果你嘴上说没什么，心里想这家伙该死，这就没有混化好，没有混化好就会产生淤滞点。完全的混化是什么样的状态？不起反应。你夸我，我没反应；你批评我，我也没反应，都以平常心面对。

宽容不是宽容的本身，宽容是没有什么需要你宽容了，要达到这样的境界。佛家六度波罗蜜里讲修忍辱，什么是忍辱？简单讲就是人家欺负了我，我知道受人家欺负了，可我心里边还是高高兴兴的，没有受人家欺负的想法；人家不断地表扬我、赞美我，而内心不受其影响，没有一丝痕迹，那个才叫真正的忍，那个叫无生法忍，那个叫忍辱波罗蜜。别人一说你，你心里想我忍、我忍，可是心胸却郁闷，这不是忍，这是压抑，还不是全然的放下，因为心里还在生气，像这样是要生病的。

所以说什么是宽容？心里没有什么需要你宽容了，那就是真正的宽容。下面打个比方，不一定恰当，只是为了帮助大家认识和理解。我认识一位朋友，是房县的，在神农架的边上，那个地方很穷。他跟我一般大的年龄。他小的时候，家里给他的配额就是一年一双鞋、两件衣服、两条裤子，不管什么季节就这些可穿。那个地方是山区，很冷，冬天有 -20℃左右。他家的房子能透过屋顶的瓦片看到天，到处都有眼，刮风的时候，风就顺着墙缝刮到屋里。他就是在这样的环境中成长起来的。

因为我们有缘在一起工作，所以对他的情况有所了解。1993 年，他回家住了一个月，挑了一百担粪，一担粪要挑六七里路。在他小的时候，家里边吃的东西就是一点米，没有菜，只是洒点盐，给一些开水就吃了。没菜吃怎么身体还长得挺好？山上的野果多，一年四季都有野果，他们的营养可能都是从野果里来的。我问他苦不苦，他说："不苦，也没有感觉苦。"可是，大家听了或许都会说苦吧。

苦是什么？是人脑子里边的那个概念，是因人对事物起分别而不能够平常视之，所以才有这样甜、那样苦的概念产生。人要忍让什么事的时候，不是让你脑子里边有个忍让的概念起作用，而是要连那个忍让的概念都没有；在宽容的时候，要连那个宽容的概念都不能有。如果有了这样的概念，那就不是忍让和宽容，而是受压抑了。如果压抑久了，那可不是不发，一发就是山洪暴发、倾盆大雨、电闪雷鸣，那就不得了了，是会要命的。

宽容需要有胸怀。宽容的胸怀是什么？简单地说是五脏没有毛病，五脏六腑的气充盈，而且你的心眼还得打开，胸怀才能开阔起来。但是，具备了这些条件还是不够的，还需要脾、肺、肝、肾的生理健康条件具足。这些生理条件都准备好了，最后还需要注意最本质的内容，从心理上明了修养意识的根本之理才行。

这样大家就知道了，人的改变可不是一朝一夕的事，必须从人的思想意识的参照内容变起。尽管你的心窍打开了，如果在你的思想意识中没有认识到改变意识的重要性，或是生命活动的参照系标准没有变，那也是没有用的！从生理活动上需要五行气和合，并打开心窍；从思想言行内容与过程的参照内容来看，那要变换参照的标准和思维模式。这也是需要把两个方面的内容结合起来的，把它整合为一体，那就是忍辱波罗蜜了，那是一种大智慧的境界，修炼的是智慧功夫！

有的人胸怀狭隘，别人还没妨碍他，他就会出现不舒服了。刚才有位朋友讲话，你们心里就犯嘀咕："讲了这么半天我们也没听懂，讲得乱七八糟的，也不知讲了什么东西。"只要一犯嘀咕，就知道你那个心眼有多小，不用说家里边的事，更不用说还有天下事。人的一生该有多少事从眼前看过，从耳边流过。学文化、受教育时，耳朵尽可能不要当耳旁风，但是做人的时候，做事的时候，你这个"耳旁风"一定要有，从这边进去，那边出，这样最好。可是大家总是搞反，利于自己的时候是耳旁风，不利时就不是耳旁风，而是吵嘴、生气、心里不舒服的矛盾之风来了。

说"调和"都是假的，人劝人都是个假话。有的人挺会劝人，可事到了自己身上却搞不定了，因为你自己的思维参照模式跟平常人是一样的。搞不定是因为你计较他，他也计较你，所以就搞不定了。如果两个人中有一个人不计较，那么另外的一个人能计较吗？你计较你的，我自在我的，随你计较好了。你不愿和我讲话，我主动跟你讲；你不理解我时，我主动去理解你，是不是应该这样？矛盾不是矛盾的本身，矛盾既可以是促进事物发展的动力——促进事物发展的增上缘，也可以是破坏事物发展的阻力与障碍，全看你如何认识和应对矛盾。

大家都会认为老师说得对，但就是不会自己去做；明明知道这个东西有道理，但是在自己的心里却有另一个想法。这些现象是怎样形成的呢？那是因为在这个想法还没有出来以前，在你的意识活动中，就已经有了一个习惯性的僵化了的信息在思维模式中起反应。像这样的现象在佛学里叫无记业，说这种习惯是你经久以来的业力，就是说由很多辈子形成的，是由很多辈子积攒下来的不好的愚昧之业还在身上。

"业"分三种，一种是恶业，一种是善业，还有一种是不善不恶的无记业。我们现在不讲业，一说业力大家会感觉很恐怖，不理解。说我多少辈子攒到今天的东西，一下子能改吗？能改。其实我们说这个业就是个习惯，是你思维活动的一种习惯，它总是从这一点要绕个弯弯到这边来。我们现在不用这样了，我们从脑中心直接到这个地方来解决问题，我们要建立这个智慧的思维参照模式，直心便是德啊！所以，习惯是可以改变的，只要你愿意改，哪怕是所谓经久以来的业力，你都可以消。

理、法、事于生活结合

我讲了这么长时间，讲这么多的课，全部是来帮大家消业的，来帮助大家改变僵化的偏颇的生活习惯、思维习惯；改变这个习惯，也正是修正意识的过程。怎么样去改？正确对待健身反应，我们得从这个层面上去改，把今天讲的内容作为我们意识参照的标准，来检查自己的意识活动是正品还是次品。一想自己感觉不舒服，感觉不舒服就是次品，想发脾气就是废品。"人家一欺负我，我就想哭"，你想哭，就是生产出次品的意识活动了。

人都是事还没来就怕，你“怕”的这个念头是肾脏的反应。你知道了这个理就不会怕了，如果你还害怕，那就是废品的意识活动了。如果你出来的这个念头是废品，废品怎么样？坚决不要“消费”。你消费出去了，就是矛盾。我们得学会用现代人的文化观念来解释这个心理上的问题，我们得学会经典消费吧。

正确地对待自身出来的毛病，得首先确立一个标准。当生理上的这些反应的标准确立起来，并能付诸实践的时候，我们就说你的养生意识建立起来了；当你参照模式的内容标准，变成了符合生命规律标准的时候，同时也能按照这个标准去修正自己，在工作当中、学习当中、生活当中把它运用起来，并能够自觉地进行不断地修正，我们说你修养心性的警觉意识已经建立起来了。

正确地对待健身反应，一方面，是从生命活动升起的生理反应上讲的；另一方面，是从生命存在的心理活动的本质上来讲的。所以，我们要提高自己的认识，提高自己的觉悟，提高自己对生命活动在健身锻炼、在社会生活各方面的正确认识。你有了这样的内容作为参照的标准，那建立起警觉意识、随时随地修正自己就是很简单的事了。

可能在我这里讲的时候是非常简单的，大家听了以后也会觉得清晰明了，可是回去之后再自己做的时候就不那么容易了，是不是这样的？这不要紧，反复地学，认真地去做，按照我说的一步一步走，不要打折扣。其实你们平时很小气，但是对于这样的比金子还珍贵、比钻石还宝贵的智慧教育文化的内容，你们总是把它挥霍掉。该重视的不要，该保留的不要，你们在做人的时候总是个反的，这就是不明理造成的。我讲的这些内容都是非常简单、非常宝贵的，就像《道德经》中所说的那样：“吾言甚易知，甚易行。”你们照着做就行，就这么简单；可现在大家的境界却是“天下莫能知，莫能行”。

人的自性本体是客观存在的，人见证的智慧觉悟也是客观存在的。所谓得道，就是人已经见证到了觉悟智慧，道体的存在是绝对的。如果大家能够按照这样的一个规律去做，按我所教的一步一步地去做，自然而然地就得道了，就到了这一步，就不会有问题了。

可是，大家心里边总是有个小我在那儿盘算，一个小九九，今天一个，明天一个，如果老师没发现，还会再生一个。你越觉得老师没发现你的问题，这个小九九就越多。其实哪有不知道的？过去修佛的老师们常说，觉悟者要能装下三千大千世界。你们这几个人还够不上三千大千世界大吧，应该能装下，没有问题。只是你们需要学会如何装下“自身的一切存在”，这才是必须解决的开阔胸怀的问题，是你们如何装下一个“大家”的问题。

对于健身锻炼过程中出现的反应，你们可能还有些警觉点，比较能够正确对待，但在学习养生文化的过程中，在工作、生活和做人的过程中，当自己的情绪，自觉和不自觉地流露出来时，那个时候的警觉点才是最关键的。一个人有没有警觉点是在那个时候见的！所以，把自己的意识放在社会这个大熔炉里去锻炼，才是真正的修天元大丹。

我们修身养性修的是什么道？是金光大道。如果说道是个圆的，那就是三百六十度，每一度都是一条道，每一分都是一条道，每一秒还是一条道；如果是一个球体，那就无限了。大家应该知道，所有的说法都是帮助人的下手法，道是没有道可循的，所谓的金光也是没有光的，所以才叫金光大道，有道便不是道！如果真正练到呈现中和之气，呈现中和之性了，这样才能够为真正做到破除我执，为真正在更高层面上见证到无我的智慧境界以及分别应化智的大我境界奠定基础。

正确对待健身反应，正确对待与人交往过程当中的情志活动和思想意识的发动之机，是我们正确对待健身反应的全部内容，包括生理、心理方面的，包括与人、事、物交往方面的。原来我们不懂这个，现在证明了，每一步、每一步践证过来，可以说是一天一个境界。大家在提高，刘老师也在提高。水涨的时候船就高一点，你们在长，我就高一点。所以说我们一起共同进步。

智慧混元中脉九点

智慧混元中脉，不同于道家的中脉，不同于佛家的中脉，也不同于密宗的中脉。我们练的中脉在体内共有九个点。这九个点的位置（从上至下）分别为：

1. 顶轮：头顶天门处一个小球，一半在体内，一半在体外。

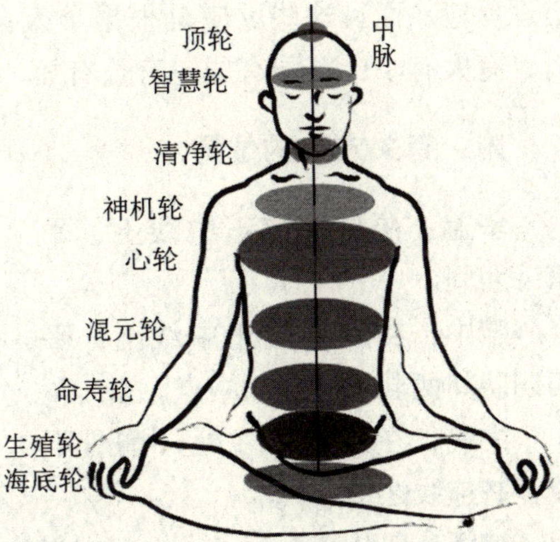

2. 智慧轮：脑中心（智慧祖窍）。

3. 清净轮：喉结窍部位。

4. 神机轮：平华盖穴向内靠近脊柱处。

5. 心轮：平膻中穴向内中丹田处。

6. 混元轮：平中脘穴向内靠近脊柱处。

7. 命寿轮：平神阙穴（肚脐）向内靠近脊柱处。

8. 生殖轮：平关元穴向内靠近骶骨处。

9. 海底轮：会阴穴部位。

在我们这个场中有关于这个智慧混元中脉的信息。练中脉时，只要依顺序（从上至下或从下至上）轮着意守这九个点，先把这九个点的气或说能量练足，功夫达到一定层次时，中脉自然就打开了。

而且随着中脉混元的深化，中脉会出现坠向四肢的现象。

我们这个生命体在中脉打开了之后，就会出现：左右旁脉、或螺旋式的左右二旁脉，自然畅通任督二脉、卯酉周天和脊髓管中中枢神经中央孔中的金刚脉等现象。不过，在这种现象出现之后，我们还会继续强化中脉与五藏及任督二脉的关系。到那时，我们的中脉还会按照生命运化规律的要求来进行调整，即把中脉调整至人生命体的中间——生理中脉的区域，以方便自己见证三花聚顶的功夫境界；同时还会按照五藏的运化法则来强化生命活动，并达到见证五气朝元的功夫境界。而这才符合我们践行见证老子讲的“载营魄抱一”之身心活动状态的基本功要求。这时，人的身体机能和身心健康素质都会发生巨大的质变。

注意：中脉开的过程中，相伴地会出现各种各样的生理反应和心理反应，而且这些反应是根据个人自己的具体健康状态呈现出来的，有大有小，有强有弱，有长有短，有内有外等。

附：有关穴位的位置

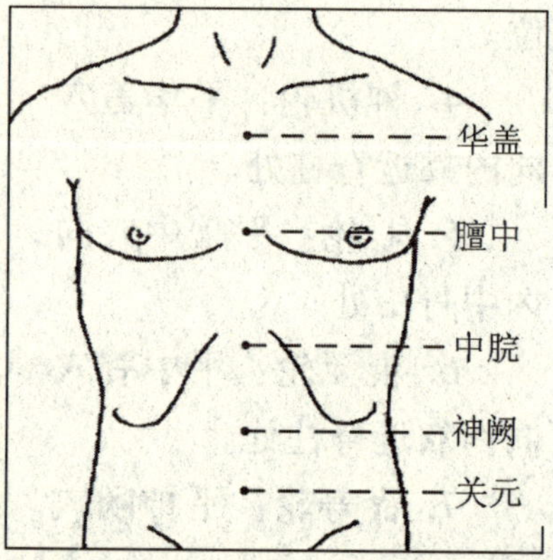

华盖：在胸部前正中线上，平第一肋间。

膻中：在胸部前正中线上，平第四肋间两乳头连线的中点。

中脘：在脐上 4 寸处（胸骨下端至脐连线之中点）。

神阙：即肚脐。

关元：在脐下 3 寸处（肚脐正下方四指宽处）。

组场调治口令词

组场口令词是自我调治的一种锻炼的方法，其具体的内容如下：

端身正坐，百会上领，下颌内收，目平视前方，定住一点，安安静静地向前看（一至两分钟）；目光匀速回收，两眼轻轻闭合，全身放松。

头部放松，颈项部放松，胸背部放松，腰腹部放松，肩、肘、腕、掌、指放松，胯、膝、脚腕、脚掌、脚趾放松，全身放松。安静，安静，安静，放松……

请大家和我一起想六合（即前后左右上下）的虚空、想体内，想虚空、想体内，想虚空、想体内；体内、体外混元气充足。人在气中，气在人中，我们周身融融，周身融融！

现在请大家注意头部。头部真气要充足，大脑、小脑的真气要充足，经络气血要通畅。脑血管要通畅、要软化、要舒张；头部所有的疾病要消除、要消散，脑细胞、脑神经、脑血管的功能要恢复正常，功能都要恢复正常。

现在注意自己的眼睛。两眼真气要充足，经络气血要通畅，眼睛的各种病要消除，眼睛要明亮，视力要提高，功能恢复正常。

注意自己的鼻腔。鼻腔真气要充足，经络气血要通畅，鼻腔的各种炎症与疾病要消除，嗅觉功能要恢复正常。

注意自己的口腔。口腔内牙齿、牙龈、上下腭、咽喉、舌头，真气要充足，经络气血要通畅，口腔内各部位炎症和疾病都要消除，功能要恢复正常。

注意自己的两耳。两耳真气要充足，经络气血要通畅，炎症与疾病要消除，听觉功能要恢复正常。

请大家注意自己的颈项部。颈项部真气要充足，经络气血要通畅，颈项部淋巴、甲状腺的功能要恢复正常；颈项部的各种肿瘤肿物要软化要消散，要软化要消散，要消失得无影无踪。

注意背部和脊柱。背部和脊柱真气要充足，经络气血要通畅，背部和脊柱的功能要恢复正常。脊髓要充盈，脊髓液要清澈明亮；脊柱关节要灵活；脊柱的骨刺、骨质增生要软化，要软化，要消散，消散，消散！颈椎、胸椎、腰椎、骶椎、尾椎，各部关节要灵活，关节的运动功能要恢复正常。请大家注意自己的脊柱脊髓神经，我们一起发“通”字音。请大家吸气，发音：通……；吸气，通……；吸气，通……；吸气，通……；吸气，通……。

现在注意自己的胸部和乳房。真气要充足，经络气血要通畅，乳腺的炎症与肿物要消除，胸部、乳房的功能要恢复正常；乳房真气要充足，经络气血要通畅，各种肿瘤肿物要软化消散，要软化消散，要软化消散，功能要恢复正常。

现在请大家注意自己的两肋部，肝脏部位。肝脏真气要充足，经络气血要通畅，胆囊的气要充足，肝脏、胆囊的炎症都要消除。胆囊、肝管、胆管、胆总管要扩张、要舒张，胆囊、胆管、胆总管结石要粉碎，要排出；结石要粉碎，要排出；结石要粉碎，要排出；结石要粉碎，要排出；结石要粉碎，要排出。肝部的肿瘤肿物要消散，要消散，要消失得无影无踪，肝脏、胆囊的功能都要恢复正常。

现在注意自己的心脏部位。心脏、心包真气要充足，经络气血要通畅，功能要恢复正常；心脏、心血管、冠状动脉、心肌、心包以及瓣膜的功能都要恢复正常；心血管要通畅，要软化，要舒张。

现在注意自己的胰脏部位。胰脏以及胰脏周围的网膜，真气要充足，经络气血要通畅，胰脏的病要消除，胰脏的整体功能要恢复正常，胰腺分泌胰岛素的功能都要恢复正常；胰脏部位的肿瘤肿物，要软化消散，要软化消散，要软化消散。

现在注意自己的两肺。两肺真气要充足，胸腔的气要充足，支气管、纵隔的气要充足。经络气血要通畅，支气管、肺气泡、两肺的功能都要恢复正常，肺气要充足，气血要流通，功能恢复正常；肺部的肿瘤肿物，都要软化消散，要软化消散，都要软化要消散，要消散得无影无踪。

现在注意自己的两肾。两肾真气要充足，命门的气要充足，经络气血要通畅，肾脏、肾上腺、输尿管的气要充足，疾病要消除，功能要恢复正常。肾脏的结石要粉碎，要排出；结石要粉碎，要排出；结石要粉碎，要排出；结石要粉碎，要排出。肾脏部位的肿瘤肿物，要软化消散，要软化消散，要软化消散。

现在注意自己的膀胱。膀胱真气要充足，经络气血要通畅，膀胱的炎症要消除，功能要恢复正常。

现在注意自己的食道、胃、小肠、大肠。真气要充足，经络气血要通畅，食道、胃、小肠、大肠的风寒、炎症要消除，功能要恢复正常，整个消化道炎症要消除，疾病要消散，功能要正常，消化功能、吸收功能都要恢复正常。食道、胃、小肠、大肠的肿瘤肿物，要软化消散，要软化消散，要软化消散。我们一起发“通”字音。请大家吸气，发音：通……；吸气，通……；吸气，通……；吸气，通……；吸气，通……。

现在注意自己的生殖系统。男性的前列腺、尿道和睾丸，女性的子宫，卵巢、输卵管等附件，真气要充足，经络气血要通畅，各种疾病要消除，功能要恢复正常。生殖系统的肿瘤肿物，都要软化消散，要软化消散，要软化消散，要消失得无影无踪。

现在注意自己的两上肢。肩关节、大臂、肘关节、小臂、手腕、手掌、手指，真气要充足，经络气血通畅，上肢的关节要灵活，风寒湿和各种炎症要消除；真气充足，经络气血要通畅，关节的运动功能要恢复正常。请大家活动一下自己的上肢。

现在注意自己的两下肢。胯关节、大腿、膝关节、小腿、脚腕、脚掌、脚趾，真气要充足，经络气血要通畅，关节各种炎症、风寒湿都要消除消散，下肢的功能要恢复正常；关节要灵活，关节的运动功能要恢复正常。请大家活动一下自己的下肢。

现在注意周身的骨骼、关节、运动系统，真气要充足，脊髓的气、骨髓的气要充足，功能都要恢复正常。血液循环系统、神经系统、消化系统、泌尿系统、免疫系统及脊髓液、脑脊液的循环，真气要充足，经络气血要通畅，各种疾病要消除，功能要恢复正常。

现在再次对头部、颈项部、五脏六腑，以及周身各个部位发气，气要充足，这些部位的经络气血都要通畅，各种肿瘤肿物都要软化，要软化，要消散，要消散；要软化，要软化，要消散，要消散。各种肿瘤肿物都要软化，要消散，要消失得无影无踪，散、散、散。周身的气要充足，神经系统的气要充足，免疫系统、呼吸系统的气要充足，经络气血要通畅，各种疾病要消除，各系统的功能都要恢复正常。

现在对上、中、下三个丹田发气。三个丹田的气充足，气充足，气充足，气充足，气充足，气充足。

好，请大家两手敷于肚脐，静养，安安静静，收气。体会一下丹田里面的变化，神入体中，气自归。丹田气充足、充足、静养。(每次静养都需要 10 分钟)。

两手还原体侧，两眼慢慢睁开；两眼轻轻闭合，安静，两眼慢慢睁开。好，请大家活动一下四肢。

（注意：运用组场调治方法的原则应为全身调理。本口令词已比较全面详细，但在实际组场的应用过程中，组场者可以根据对象的具体疾病，酌情导引调治。比如场中没有肿瘤或结石等疾病患者，可以不必调治。）

内气与松腰

关于如何增长内气的这个问题，非常关键！如果一个健身锻炼者的内气充足，那你就能很快松腰；如果你能松腰，那内气增长的速度就更快了，这二者是相辅相成的。但是你们锻炼十几年了，松了腰的又有几个人？这个问题大家最好认真地想想。

充盈内气助松腰

我编创的健身呼吸操，几年来经过众多人的实践才公布于众的，它确实能给大家带来很大的方便。我再次呼吁大家，你们哪怕是用5分钟、10分钟的时间来实践它，你都会从中获得5分钟、10分钟的效益。这个方法对我们大家的健康真的是太有益了，因为它能迅速地改变我们这么多年来身体缺乏内气的现象。

呼吸操是按照国家推广的广播体操那样通俗的方式来编排的，没有刻意去强化三个丹田，没有对气的要求，更没有对意念活动的要求，所以大家不要担心练呼吸操会不会出问题。我们已经呼吸了这么多年，从生下来就已经开始呼吸了，为什么还害怕呼吸操会给我们带来什么障碍或不良的影响呢？

我们在座的人中，有年轻的二十多岁，年龄大点的四十多岁快五十岁了，五十多岁的可能也有。关于健身锻炼，大家谈得最多的是如何松腰，其实松腰是一件很简单的事。不过在以前，对松腰我也认为是很难做到的，但是经历了松腰以后，自己已经走入了更高的功夫境界，就摸索到了松腰的规律。只要应用正确的方法、树立起正确的观念，那松腰就不会是一件难事了。

我个人认为，靠自己瞎练，松腰是很慢的。我们聊天室有专门松腰的信息能量场来练松腰，以呼吸操和升阳固本操为主。一般来说，每天呼吸操一个半小时，升阳固本操一个半小时，其中平转腰胯做半个小时，扣翘尾闾做一个小时，像这样连续地练三个小时，然后养气一个多小时，这样练，要不了多久就能松腰。这个练法包含着很多内容在里面，通过这样练能产生多大效益，大家去体会一下就知道了。但松腰不是健身者真正想要的结果和目的。我们为什么要锻炼？想想自己的目的，敬请大家注意。

松腰的目的，是为了要把整个脊柱关节都松开。松腰只是前提，腰椎关节对于整个脊柱来说是最容易松的地方。所以，今后锻炼想要把身心健康起来，而且还要练出点本事来，不但腰椎要松，胸椎要松、颈椎要松、骶椎要松、尾椎也要松，而且还要把命门内的混元神室化开，化开的时候还会出现内景。

我们要把松腰的过程简单化。呼吸操和升阳固本操，上班时也可以抽空做一做。特别是扣翘尾闾，做多了不但能够帮助松腰，还为将来的开中脉奠定基础。所以，呼吸操与升阳固本操结合得好，就能够帮助开发“黄金通道”。像这样的组合方式是非常好的。

松腰的前提，首先是得把内气增长起来，充盈内气是松腰的关键。我们说呼吸操结合升阳固本操可以松腰，你就一直这么去练，不要练更多的功法，一直到你的腰突然有一天“咯”一下松开，往下一垮就松开了。到那个时候为止，你才可以变更锻炼的方法。如果大家不把练功的这个“理”与练功的这个“事”统一成为一个整体，那么我们学再多的理，练再多的法，花再多年的时间也会一事无成。

从 1992 年到 1996 年，我练了五年松腰，很刻苦，但也没有松腰，为什么？内气不足。内气不足怎么可能松腰？如果脊柱关节里面没有气血充养进去，你想用力把它拉开，能拉开吗？如果可以拉开，那就到医院里面搞搞牵引不就行了吗？那还用你练吗？

大家如果从理论上真正提高了认识，循着这条路去走、去做，我想没有问题，松腰会是很快的。腰松以后，气就可以进脊髓了。那是脊髓，而不是骨髓，是脊柱里的髓体组织。松了腰以后，气能进入骨髓和脊髓，练功就好练了，可以直接练洗髓了。

呼吸操一个半小时，平转腰胯半个小时，扣翘尾闾一个小时，于命门的地方养气一个多小时，这样人的膝关节、踝关节也就都运动到了。如果升阳固本操一个半小时没有出汗，说明你没好好练。如果你真正练了升阳固本操，不用说时间长了，十来分钟周身就热了；尤其是做扣翘尾闾，几分钟全身就热了，做的技巧就是不要用力。

松腰的问题实际很简单。如果说讲功法，我已经讲得非常透了，大家可以通过自己这样去练把腰松开自然就知道了，也就自然地见证到我现在所说的这些理。但是你得验证我的话才行，去实践才行！认真地练，半年至一年就可以松了，只要你们能够一心一意、专心致志去做，培补好基础，那么一般情况下，一年左右的时间就可以松了。不过这其中很关键的内容就是需要注意养，把练与养结合好。当然，如果身体太弱、基础不够那还是不行的，但是只要你天天练这个，气足了，也一定能把腰松了。

真知灼见 理法如一

你能证明老师说的理论是真知灼见的道理，那么你就证明了所行的事与所学的理合一，那个叫什么？那个叫法。佛法难闻的那个“法”，就是能够使大家发生转变的东西、质变的东西，能够被人证明的东西，那才叫法。讲再多的方法，那都不是法；理和事要结合一块儿，不能分离了，那才叫法。

松腰的内容实际就这么多。当你练一练以后，你还会发现和总结自己的心得，它可能就成为你们的松腰理论了。你们松腰以后总结出来再讲松腰，讲得可能比我更好，那个自己实践见证的心得，就是松腰的法。到了一定阶段，你践行见证到了，等你们做老师了，讲的理论就是法，理法不二，法理圆融。

我说了多少东西，其实这些既是理也是法。我讲的都是一个理，没有讲其他的内容。现在所讲的理论，你能够主动去践行，并因此而践证了理论的真实性，那就是法。如果你能按照我所说的方法去做，它就是法；做好了，你就证明了这个法的存在。你要这样理解才对。如果你能够做到一念照到大七星，那只是个开始。一念能把五脏六腑、四肢百骸全都照透了，那个才是大七星功夫的体现。

虽然我现在的功夫还不够深，但是现在我说三个丹田共振，一念照透三个丹田、照透五脏六腑，这个没有问题，我可以照得到。可是大家锻炼，你照顾不过来，你那个神是散的，经常会出现走神的现象，经常会出现意守这里而神却跑到别的地方去了的现象。所以说，功夫需要实证！

大家一定要注意，所学的理论如果是“了义”的内容，那么既是理，也是法。

如果说一个念头能把督脉都贯通了，那也了不起。有人说练功夫不强调经络，大家千万不要这样想。不强调经络，难道经络就没有了，就不存在了吗？经络的生理功能就消失了吗？不是这样的，它一定存在。任何层次的气或说能量的混化都离不开经络。

有的功法不强调练经络，不等于不练经络，练功夫这东西一步也落不下，没有基础绝对不行。以前有位老师曾讲过一句话，大意是说练功夫练到什么地步可以改练别的功法，就是当你的身体发生了质变才行，到那时就可以改练别的方法了。我就是因为自己的身体发生了质变，才学了别的东西。你没有质变，就没有见地，就没有鉴别其它理法的能力。

这就又得说回到呼吸操了，按照整体观理论的内涵来看，呼吸操是由非常精华的内容组成。只要大家实践了，你想身体不发生变化都不行。所以告诉大家，只要你们想强身健体，呼吸操就是你们最好的选择。

修养意识与培补内气

那么，大家为什么练了十几年没长进呢？跟自己的练功意识有关系，跟自己的主观意识有关系，因为常人的自我思想意识的偏颇是很大的。这样在学习的过程中，就会按照自以为是的方式去学习，结果就自然地显现出来了，也就远离了所学事物的内涵。

现在希望大家千万不要执著。哪怕是人偏执某个概念，或者是只执守一个观点，都会给自己带来烦恼、困惑、曲折与矛盾等麻烦。因为人的任何一个念头都会像一座山那样障碍着自己。我不是告诉过大家吗？一相一重山，一色一条河。“色”是什么？是人反应的不同存在的各层面的各种物质；“相”就是人与事物发生关系而形成的概念、观念。如果我们脑子里面概念太多了，有那么多重山压在你身上，你就像那个孙猴子一样被压在五指山的山洞里，能跑出来吗？

我们讲着讲着就到了《西游记》里边了。如来佛的掌心一扣，把猴子压在了五行山下，那是说你的世俗的念头太重了。什么叫五行山？像这样的教育法就是人类早期智慧文明的形象教育法，通俗易懂，深入浅出。不是有一个词叫“心猿意马”吗？猿好动，很不好把握；马善跑，四处驰骋。平常人的思想言行与诸感官心意活动有关，只要不能驾驭自己的诸感官功能，那就会被心猿意马中的猿和马拉着乱跑。在古智慧文化里，常用猿与马之生命活动的属性特征来喻指人的外驰放纵的身心活动状态，比喻被自己的观念、观点和概念所束缚、所障碍了的状态。

有一个需要补充说明的是：当做呼吸操把下丹田练开以后，你做升阳固本操的时候，你在静养的时候，裆部、外阴部位可能有瘙痒的现象，那都是在退体内的寒、湿、热之气，这是很正常的现象。很多人都有体会，如果强化下丹田，就很容易出现性兴奋，男女都会有这样的现象。尤其是开任脉的下端——肚脐、气海穴、关元穴时，性欲是特别强的，请大家务必要注意。这个时候要轻轻地用意识，从脚心经会阴往上提，提到小脑这个地方。

如果大家不习惯这样做，运用吸提撮闭的方法也还是可以的，但是那样很容易上火，很容易造成大便干结。大家可以按照五脏的五行气循行法来化精气。如果能把这样的方法用到练功中，每天睡觉之前做几次就好了，以后是习惯成自然。这些方式方法，我想对于大家形成健康的养生观是非常重要的，对于养成炼精化气的良好习惯有非常重大的意义。

只要践行者于内气不断增长的同时，也提高意识的修养水平，那么我就可以很负责任地告诉你：三年就是一小成！不用说远的，我身边的这些人，跟我一块儿练功夫最长的也不过三年，三年的时间把三个丹田都练开了。当然这是需要老师帮一把，自己刻苦地练一把，意识开放一把，思想活动净化一把，我想是不会有问题的，一定能够取得“三年一小成”的养生成就。不要说古人练的怎样，起码我们这里，三个丹田打开练开的、出现中脉的、已经行在修道的这个层面上的人，至少也有三五个了。过去说三年一小成，即完成筑基、慎独之功，这就是一小成。在我们这里完成筑基的，已经不是一个人了。

我们这里有位学员，水平还不算高。一天练十来个小时不感觉到累，而且能天天坚持。一天就睡一两个小时，半个月或一个月中，偶尔有一天或两天睡两到三个小时。在24小时中，睡一两个小时，连零头都不到。大家想一想，是靠什么？神足不思眠！像这样的情况，她出现有一年多的时间了，不是偶尔这样做一下，而是一年多来都是这样的。现在她不但身体越来越好，皮肤越来越光滑细腻，而且腰也松了。所以我想，我们取得这样的成绩，最应该感谢的应该是教过我的老师们，无论是理论的指导，还是能量信息的传承，对我的帮助实在是太大了。

因为大家通过习练呼吸操而使身体中的气血变得充盈起来了，在这样的条件下启开丹田就变成了一件比较容易的事。人在开了丹田之后，紧接着就会继续积累能量，等到气血能量更充足以后，身体之中就会出现自然开脉的现象。当然也有的人是会出现先开脉而后开丹田的现象，这需要看各人的具体情况，没有一定之规。像明清以来的修炼家、武术家等祖辈老师们都是这样说的。

过去的几百年以来，师傅教徒弟都是通过在老师身边学习、接受老师的传承教育而获得的功夫，像这样借助于老师的能量场，在场中死磨硬泡也能泡出一点功夫来。这里的同道中人，就是我们在一起接触时间长了，就自然地在行住坐卧的点滴细行中接受了教育，不仅学到了一些做功夫的理论，而且还学习了一些启智开慧的方法，以及懂得了一些为人处事、待人接物的道理。人一旦有了身心健康这个基础，那么他们走向身心整体健康的步伐就快了一些。

就我来看，现在在座的人基本上都只能感觉或内察到身体中的气血等能量信息的变化。为什么这样说？因为这样的智能出来后，人的思维功能能够拣择到的就是意识与气血结合的信息内容，形成了对形体之气的参照印象，但是对玄关层面以及最高的道的层面的信息却完全没有认识，没有建立起这种参照标准，没有最根本的参照标准，所以人的思维功能就不可能照察到那个层面上去。

我们再看看这位老李同志，他开窍后练功夫的时间也能延长了。从5月坚持到现在11月末，65岁的人了，每天早晨练呼吸操5个小时，连续性的一次练完；中午睡个午觉，下午升阳固本操3个小时，晚上静坐4个小时。在座的大家想一想，如果内气不足，他能坚持这么长时间吗？他以前练功是绝对练不了这么长时间的，我们并没有要求他这样刻苦，是他自己慢慢练就练成这样的。这样的情况算不算奇迹？我可以告诉大家，这在我们这里根本就算不上奇迹。

当头棒喝的方便法

有的人会说，所开的窍是意识造型造出来的。我想跟大家谈一下，什么叫意识造型。意识造型也是功夫，这个功夫是怎样练成的呢？意念观想一个具体的形象或画面，反复默想，直至所想之形象或画面成形，并显现出来。如果大家都认为刘老师搞的是意识造型，那么也请这些人效仿一下，演示一出，展示一下像这样所谓的意识造型的功夫内容来，那该有多好啊！告诉大家如果像这样的人能够多起来，那也就了不得了。

有没有一种意识造型的功夫能在当下完成当头棒喝，那样在刹那间完成？没有。如果假设有，那么历史上马祖道一的“吼”，德山的“棒”和临济的“喝”，就是最早的开发根本智慧的意识造型功夫了。如果现在的那些开口便讲意识造型的人，也有能够做当头棒喝的智慧功夫，那就可以为世人做大好事了。

可以告诉大家这样一个好消息：当头棒喝——这是古人非常了不得的、开发人的根本智慧的方法，我们通过自己的实践已经把它的规律掌握了，10 年或 20 年后我们再展现它。

2003 年在九江，当在我的棒喝试验中第一个人的智慧祖窍被打开的时候，我就说这个规律已经掌握了。在此之后四次活动中，每一次都灵验、都成功。我们就是跟着这个规律去做的，是在一刹那间或说是当下展现出来的。

首先，关于意识造型的说法，那是庞老师在讲课的过程中提出来的一种观点。可以这样简单地说，在以整体观思想指导下的练功夫的人中，根本就没有谁练过这种意识造型的功夫内容，也没有谁能懂得这种所谓的意识造型之练法。当头棒喝，是在棒喝的刹那间产生的变化，根本就没有时间去完成所谓的意识造型。不过，纵观我们多年以来的经验，能够出当头棒喝这样的奇迹，我们也没有觉得有什么了不起的。

关于内气与松腰的内容就讲这么多，关键就在于大家的自我践行。增长内气与松腰都只是改变人的生理基础的东西，改变观念、修养意识才是大道！

合生命之常的奥妙

学生：做呼吸操比我们以前练的功法缩短了做神入气中功夫的时间，是否还要快一些？

那肯定快，因为内气是基础。为什么快呢？我讲过的，做呼吸操手指点在人中穴，帮助醒神。过去练静功都要意守鼻尖的，守鼻尖可以使神和脾主的这个意结合起来。那么呼吸操，左鼻孔右鼻孔来回换，神意能不集中吗？你不用有意去守，它直接就结合了。而且呼吸操运动的不是人的四肢形体，而是五脏六腑；那么人的身心健康自然就会向更高级的层面发展了。在一般的情况下，你们以前练的功法做得再好也运动不到五脏里面去，是不是这样？除非你在玄关窍的那个层面上练。

学生：特别是呼吸转换的时候，守住那一点，呼和吸之间的停顿，说这是最高级的功法。停顿是在转换的时候突然停了。

那是说，从意识上进入，从这个空间进入。

学生：自然就停了。

就是停了，前一个念头没有了，后一个念头还没起，这中间的这个空。

学生：呼吸操也很容易出现这个东西，气停下来了。

是啊，虽然时间很短，只是不到一刹那，但神也净寂了。

学生：呼吸操直接练五脏，它是通过音声引气震动五脏，还是通过五个手指头？

呼吸操不是通过音声震动来引五脏之气的，而是以人体最本然的呼吸功能来引动形体的脏真之气，它是通过运动五脏形体来调动脏真之气的。

学生：那怎么知道呼吸操是可以把气引到五脏里边的？

你看看，我们这个呼吸本身，它可以使肺部开合。而且顺腹式呼吸、单个鼻孔呼吸，使肺部的开合比平时要大得多了，然后这个开合还带着横膈肌运动，是不是这样？

学生：这个我知道。我是说这是从理上讲的，还是从功法上讲的？

这就是从功法上讲的，也是从理上讲的，更是从生命活动实践的效应上讲的。

学生：不仅有横膈肌，还有心肝脾肺肾。

呼吸操强化了膈肌上下运动，可以按摩肝胆、心与心包、脾与胃、肺和肾……这个气血，经过呼吸来回抽动，强化了它的流通量和混化度。所以说，一个呼吸操把五脏六腑的功能都运动到了，也都加强了。我告诉你们，我现在做的、教大家的理论和实践经验都是很先进的东西。

学生：为什么您说练呼吸操可以走中脉？像您刚才说的，您曾经练功出偏，是不是练呼吸操练出偏的？还是您有秘密的方法没有告诉大家？

习练呼吸操是不会出偏的。关于练功出偏的情况，那是我1994年以前单练某个功法的发音练出毛病了的。我并不觉得练发音不好，我当时练了5年，结果后来是不敢再练了。因为那时的我，下丹田也没有练开，练发音之后就把能量集中到脾之中宫了。正是由于下丹田未开，所以集中到中宫的能量就无法化开，这样一练就出现了不舒服的状态。因为总练发音，发过去、发过来，最后出现了胆囊壁增厚的现象。胆囊壁增厚以后，还出现了大便稀溏的现象，右肋部这个地方不舒服，发展到后来，一吃鸡蛋上腹部就胀气。因此如果我吃了鸡蛋，需要躺在床上才能舒服。后来我不敢练发音了，这样停练发音就好了。

做呼吸操，你只要把顺腹式呼吸掌握了就行。你不特意去憋气、闭气，它不可能出偏。大家从出生就开始呼吸，呼吸了这么多年，有谁出偏？

呼吸操为什么能够走中脉，我告诉大家，我们通过顺腹式呼吸，一呼一吸，直接把肺部充实起来，运行开来。肺部一运行开来，往上下、左右、前后一张开，是不是就对胸腔中纵隔有了挤压？纵隔有了压力，它就挤压人的心脏，就把心脏按摩了。这个纵隔一开，横膈肌往下降，横膈肌往下一降，首先按摩什么？按摩人的肝脏和脾脏，还有肾脏。这些脏器随着膈肌向下挤压，它们也往下滑动，它们的下边是小肠大肠，胃在前面，后面把肾挤压住了。这个肾脏，吸气它一松，呼气它一挤，这一挤压、一开合，等于就是说你把脏器这个血管压住，血没进来，你一放松，血“唰”地就冲进来了，这样不就有了开合出入的运动吗？

当挤压的时候，我们的血管压力还是一定的，但是脏器相互挤压了以后，它这个血就停在哪个地方？你们能不能想出来它停在哪个地方？停在大动脉上，承载更大的压力。就像自行车轮胎一样，这个气打足一点，你把别的地方捏着就是气球。就像三个连体气球，小孩玩的，这么一揪紧了把两边的一挤，中间气球是不是变大了？“噗”一下变大了。不仅主动脉这个地方的压力增大了，而且它还向两肾强行地延伸。咱们呼吸操这个气为什么从中间升起呢？原理就在这儿。这个练法气想往外散都散不开。

学生：您是怎么发现呼吸操可以帮助练中脉？

两年前发现的。大家都练，在实践中就发现这个功效了。哎，好家伙，发现它还可以帮助练中脉。我们这边随便哪个老师给大家调理，这个气都是从中间往上升起的，它不会从旁边往外走。而且在练了一段之后，就会出现一种感觉，能够感觉到身体的中间会出现一条线。

我所讲的这些内容不是推理出来的，而是实践出来的东西。既有理论的依据，又有实践的证明，这才是科学的内容。在大家练呼吸操的过程中，我们也在逐步地加深对它的认识，很多功效和规律都是大家做了以后，根据自己的身体变化总结出来的。

但是大家想一想，这个发现是偶然的吗？开始创编呼吸操的时候，是想为女儿开智，为解决培补内气的问题；后来发现它对康复、长功、开丹田、开窍开脉等等具有快速、稳定、高效的优势。看似偶然，实则偶然中有必然。因为，我们的呼吸操是符合人生命活动的运化规律的，符合生命发展的要求，所以呈现这样的现象和效果是必然的。只是对这个必然性所涵盖的生命运化不同层面的认识，需要通过实践过程中一个个偶然性的现象来总结。

学生：他们本身知道不知道在强化中脉呢？

问问这位老妈妈就知道了。您哪个地方发热？

老妈妈：后背发热最厉害。

学生：我通过这两天的体会，呼吸操确实非常好。第一，它对补气效果非常好；第二，它确实能把下丹田、中丹田、上丹田都照顾到。就是您说帮助练中脉，我还是想不通。

你想不通，我讲了这么半天，你这个脑子就是想不转。人的血液在血管里边，从哪儿分支呢？不管是动脉还是静脉，它都在人体的脊柱骨头前边，这里有大动脉和大静脉。现在咱们把五脏都捏起来了，五脏本身需要血充养的，你一吸气它往那一鼓，肠子什么都挤压了，那血管它张也张不开，这样以后血还不到脏器里边，因为压住了，它往中间挤压。另外，血为气之母。

你继续练，时间到了你会自己感觉出来。这个东西是不能靠想象去想通的，而是你练着练着就会自然感觉到就是这样的。

学生：您开始练呼吸操时也不知道它是走中脉的？

当时不知道。

学生：您是两年前才发现的？很多的人练了以后？

对。那在我编的时候也不知道，我只知道这个东西好，手往下一导，这个银白色的气就沿着中间下来了，往下一导这个银白色的气“唰”就到脚心了。

学生：是练呼吸操第三节吗？

不是第三节。就是练了呼吸操后，做了一下动功，它这个气就可以这样。

学生：那你这个呼吸操也是根据庞老师的调息秘要编的吗？

没有。但是我对老师讲的理论有印象。老师讲过阴阳呼吸法，这个方法也是古人传下来的。只不过当时老师讲的时候并没有把阴阳呼吸法作为重点让大家了解，只是理论上介绍了一下，说这个东西挺好，但很复杂。我就有这么一个印象。我觉得让我小孩练比较好，它可以开智慧，我自己也可以练一练，当时想回家以后就练这个。但是1994年从秦皇岛回来后，家里边出了事，把事处理完了就办那个康复中心，结果就没有时间搞了，到了2000年才把现在大家练的这个呼吸操搞出来。

我在编这个呼吸操的时候，并没有什么资料可以参考，不像现在一上网可以搜出一堆东西，那时就只抓住“阴阳呼吸”这个灵感，这也是听庞老师讲课时才留下的那么一点印象而已。我有中医理论的基础，有混元整体理论的基础，还懂一些其他传统养生方面的内容，还有我自身生命实践这么多年的修炼经验，当时就想怎么能把“阴阳呼吸”用最简便、最安全的方式给演出来呢？

那时有个非常重要的原因，也可以说是目的，就是为了给我女儿开智用，所以很注意这个安全性和简易性。就这样编出来呼吸操第一节，并且强调不用意念活动，家人做起来效果还非常好，自己都没想到出效果那么快，所以开始在更多的人身上推广。也是在好几年后，才有朋友帮我查到传统的阴阳呼吸法的内容，好像是密宗的一个习练方法，但是那个很复杂，意识主导并不适合一般的人练习，那要修到一定的功夫程度才可以练，而且还需要有老师带着才行。

呼吸操开始只有这个第一节，后来在临床和实践中为了满足更多人的要求，又编了第二节和第三节。这样一来就很系统了，全面了很多，功效也大了很多。

学生：您不是说呼吸操是从实践当中搞出来的东西吗？

是从实践中摸索出来的。其中的第二节是在给人治疗呼吸系统疾病的过程中完善起来的。当然也包括鼻炎、鼻窦炎、鼻中隔弯曲、鼻息肉等。

学生：王先生的肿瘤是练呼吸操好的吗？

他的病能好，不仅与他练呼吸操有关系，而且与他开了智慧玄关祖窍有关系。不过，说某个肿瘤病人能否康复，其中所涉及到的因素非常复杂，而且不确定的因素有很多。例如生理基础、心理状态、饮食习惯、生活态度、性格特征、修养水平、人生观、是非得失的价值观等内在的因素，外在的条件包括家庭环境、经济收入、亲友关系、住宅条件、饮食起居等因素，都是很重要的条件。

各种重症患者能否康复或痊愈，是会受各种因素影响的。因为任何人都生存、生活在这样错综复杂的环境里，所以说人的康复过程既要受外在的各种原因影响，还要受内在的不同因素影响。

学生：看来您对呼吸操、开窍穴都有研究啊？

肯定是有研究的。如果没有研究就练不出我今天的这个本事了，练不出来。一定有，但是这些方法不能随便传给大家。不是我藏私，而是你们对智慧教育文化的了解太少，认识的水平太低，身体条件和意识修养都还无法满足学这个的条件。如果有谁满足了要求，我会毫无保留地传出去。我研究的一切都是为了利益大家的，如果谁能学了这个帮助更多的人，我才真的高兴。所以，大家要好好练功夫、修养意识，能力到了一定水平，就都有机会了。

学生：刘老师的中脉是 2000 年出来的，混元窍是 1996 年就开了。

应该准确说，我的混元窍是 1995 年底开的。要说混元窍这个地方有动静，那 1992 年就有了。下丹田还是 1998 年开的，上丹田是 1996 年开的，你看我这个开法也是稀奇古怪的。中脉是 2000 年开的，而且是从混元窍的中心上下开，它是这样出现的。所以，我们这里有位非常年轻的新学员，还有那位姓顾的学员，都是中间这一下开的。

学生：像您说一个从上，一个从下，这在以前搞健身锻炼的老师中很多都有过这种现象。

混元窍的中心刹那间上下同时开，现在不知道有没有人出这样的现象，如果有，那为什么到现在也没有出开中脉的人呢？

学生：混元窍一亮，就算是开中脉吧？

如果混元窍一亮，那也不奇怪，但出那样的现象，与开中脉也没有必然的关系。我当时开的时候是一条非常明亮的银线，是银色的亮光；开的时候就是中间一点亮，“啪”一下，一个银线展开的，是一根非常亮的银色光柱子。你说的那些人的现象都只是形体的气的闪现，那个现象不能说明什么问题，是没有用的，因为那个气是散的。

学生：那您的中脉是通过呼吸操练开的？

那段时间比较忙，没练呼吸操。我练功夫的脑子是特别灵活的，想怎么练就怎么练，法无定法。

学生：您开悟之前就有中脉呢，还是开悟之后？

中脉是开悟之后开的。

学生：你是说中丹田？混元窍？还是中脉？

中脉。这条线是这样开的，是头部里边开了以后开的中脉。

学生：问题是，您练呼吸操可以出来的，那别人练能不能出来？您这些学生当中有没有开中脉的？

他们出中脉还少了？随便找一个人出来，他的能量都是会在中脉的位置上的，不是在旁边的，一定是在中间，哪能不开中脉啊？一定会开，必须得开。有这个场在，你不想开都不行，只要大家愿意练，那就会自然开。你问这些过来人，他们都知道。在他们中间可不只有一两个人开了中脉。

在座的大家，他们是做呼吸操打下的基础。而我却是练了十几年才开的中脉，他们比我快太多了，有的不到一年就开了。这其中最关键的是我带的这个中脉信息能量场在起作用。

学生：真正有中脉应该本人能看到，您的学生当中有没有能看到中脉是什么样的？

有啊，只要是开了中脉的人，都能够看到或照察到内景的变化。中脉，那个田老师有，咱们罗老师也有，还有那个小王、明月，他（她）们都有。

学生：有了你就感觉到了，感觉不到就没有。

我对小王说，你已经有中脉了，我朝她的胸口一指，过了几天她体会到了。

学生：刘老师肯定是能先感觉到谁有中脉的，然后他一说你自己就可以体会。像明月就是很典型的，她自己就知道。

像你们以前的那样练法，再练十年，或再练二十年，你这个中脉也出不来。你要不信那就走着看。

学生：您有了好的方法，咱们来虚心向您学。

我说的是一个真知灼见的道理，就是有的功法是练不出中脉的。如果练法的本身，这个理论的本身有问题，它就没办法使能量聚集到中脉的生理区域，不能使气在中间停下来，那就形成不了中脉。现在我给你讲的内容，因为你理论水平不够，你没听懂。呼吸操之所以能够使能量走到中间去，是因为它这个练法本身就是把能量挤到中间去了，你想不形成中脉都不行。这个意思懂了吧？它是受练法规定的。

学生：刘老师那个能量很细腻，穿透你的身体一点问题都没有。

学生：这个我知道，老师在给我加持。

呼吸操的原理本身就是使能量往中间走的，大家都会感觉到命门发热。还有转腰涮胯你记不记得，大家以前是转的时间多，前扣后翘的时间少，转两三个小时，前扣后翘搞几下算了，就收功了。现在我给它颠倒过来，转不是根本，前扣后翘是根本。我为什么要这样做？和呼吸操配套做，以后能起到帮助开中脉的作用。

学生：前扣后翘，我看小张在练，小张练过这个功没有？

小张：以前练得少，也没练过前扣后翘。后来老师说多练练，我就多练了练。哎！练了两个星期我就感觉在走中脉了。因为我练呼吸操一呼气，全身都往外排气，后背往外排气，胸部往外排气，腹部也往外排气；一吸气，就这一收，收到中间上去。那个气也直接往里边挤了，挤到中间去了，就是那样的。

人家那个是气的整体性，头一动脚也在动。

学生：他一讲那个信息量就进入到我的身体里边了，他讲的是真的，他才练几个月啊。

哪有几个月，他才有一个月多一点。

小张：两个月都不到，每天晚上练三个多小时呼吸操，雷也打不动的。

健康篇

饮食与健康

排痰与生命净化

病从口入莫恃欲

改变偏颇的生活习性

用养生文化指导生活

排痰与生命净化

练呼吸操的人，嗓子里面经常有痰生出，这可能是个普遍现象。即使有的人嗓子没痰，没痰不等于就没有痰排，它可以从口腔里吐出来，还可以与粪便一起排出去。

人体中的痰有时候会在肺里，有时候会走到其他的脏腑和组织器官的肌体中，经络或神经系统比较敏感的人是可以感应感知到的。总之，在人的身体之中，只要有痰，就会显现出障碍人生理活动的现象，导致身体出现不健康的状况。大家一定要明确，排痰是个比较漫长的过程。咱们做呼吸操，一开始没痰，做一段时间有痰，再做一段没痰，后来又有痰了……这种现象反应了人的生理活动不断净化的内容与过程。

有痰怎么办呢？有痰的情况下，我们少吃点肉。大家记住这句话：肉生痰，鱼生火。吃肉吃多了就很容易生痰，吃鱼吃多了就很容易上火。有的人非常喜欢吃鱼，家里一餐没有鱼不行，现在鱼还蛮便宜，也愿意买，但是殊不知吃鱼吃多了能生火。上火对身体的健康同样不利。

病从口入莫恃欲

有的人还喜欢吃海鲜，吃起来就吃个饱，直到完全满足了自己的味觉口欲。沿海地区的人吃这些东西在生理上已经适应了，我们内地人的生理素质没人家那样好的适应性，所以吃多了就会对身体不利，影响健康。如果你特别喜欢吃这些东西，可以少尝一点点，可不要逮住就饱吃一顿。因为虾、蟹的蛋白虽然含量很高，但在这些海产品之中有很多属异性蛋白，人体吸收不了的。

吃海鲜的过程就相当于你自已过了嘴巴瘾，觉得好吃，但却给人的肝脏带来了负担。在我国的沿海地区，其中有很多人是有肝病的，如像甲、乙、丙、丁、戊五种肝炎的发病率是比较高的。为什么会出现这样的现象？就是海边的人喜欢吃虾蟹、海鱼等等。

还有现在的甲鱼、乌龟、鳝鱼和泥鳅等，也希望大家少吃，或根本就不要吃，因为那些大都是家养繁殖的，人工喂养的。为了经济效益，就需要这些产品生长得快一些，所以在养殖的过程中，人们就在饲料中加一些能够促进鱼类生长的物质，如催长素等，当然有很多像催长素这样一类的东西在生产饲料的过程中就大都已经加进去了。可是有些人还觉得这样生长太慢，就直接给鱼喂化肥。

像鸡鸭鱼肉与海鲜都是这样的生产过程。所以一般鸡和鸭都是30天出笼，30天长那么大，能够长1.5斤重以上，你说这鸡能不能吃？鸭也是一样的，30天到45天之间卖了。甲鱼、乌龟、鳝鱼等的生产都是一样的。这些都是使用各种催长素类物质造成的结果。

在西方社会有很多肥胖者，他们为什么会长胖，或得肥胖症？其中的根本因素，就是受到了像这样的饮食文化的影响。还有蔬菜的生产过程也是这样的，为了提高亩产量，有很多的农作物生产不仅用上了像催长素这样的东西，而且还研究转基因的农作物，如大豆、小麦等。正是因为他们不懂得人与自然之间存在的人天相应的整体观，所以自然会按照这种商业科技的研究方式来推行商业化的农业生产模式，而不会考虑长期使用催长素与转基因技术是否会破坏人的生命活动与自然环境的相互适应性。对此类产品来说，有很多人是不适宜吃的，但是现在又有谁能够分得清楚呢？所以现在的人类世界，生活环境是无处不污染啊！

当然像这样的生存环境谁也逃脱不了，那么我们应该如何来面对呢？我个人建议，希望大家对各种肉类少吃一些。不是说让大家不吃，而是说你们一定要少吃。特别是年纪大的人，肝脏解毒的功能比较差，不仅是解毒的功能差了，而且身体的其他功能也相继减弱了。如果对食用的食物在进食过程中不能注意，那么就会使你们大家的身体还多增长了什么？增长了点对身体有害的激素类物质。像这样的东西在身体里面积累多了是不容易化解的，而且还容易形成毒素、产生病变，如像糖尿病、高血压、青光眼、冠心病、各种肿瘤和癌症等现代文明病。

因为现在喂养的这些鸡鸭鱼虾基本上都是吃激素长大的。就跟人一样，得了甲亢，为了抑制，医生给你什么吃？就给你激素稳定内分泌系统的平衡。但是这类东西吃多了对人的生理和心理因素的影响是很大的。吃激素的人颈项部、大椎部位的肉特别厚，长的蛮厚、蛮胖，为什么？就是吃了激素以后，吃饭特别香，猛吃，然后肉就横着长，这样就造成我们身体里面气机的不通畅，应该竖着长的肉它横着长。这样就不好了，对身体的健康非常不利，而且还会直接诱发各种现代文明病。

现在人们的经济条件好了。但是在条件转好的同时，整个生活环境的污染也增大了。环境污染无处不在，遍及我们人生活的各个领域。那么人为了能够正确地面对这样的环境，就必须从“口入”的方面加以调整和控制，还得需要通过一定禁忌来改善一部分生理的环境。另外，大家还应该主动地想办法做一些运动的内容来调整我们的生理活动，增强吸收、排泄、解毒等生理功能，呼吸操和梳头操等健身方法就是其中比较好的健身内容。更重要的是，大家一定要加强性情的陶冶，提高思想意识的修养，以此来保证身心整体的健康状态。

以上所讲的内容都是真实的。吃鱼，像黄花鱼这样的海鱼都还是可以吃，鱿鱼、虾蟹最好只尝尝味道就行了。你吃得越多肝脏负担越大，有肿瘤的人吃虾蟹很容易引发肿瘤的迅速增长，癌细胞迅速转移扩散。大家可千万要记住了！

有些西医的医生说："你想吃什么就吃什么，想吃什么就是缺什么。"其实在我们的现实生活中实际情况不是这样的。我在以前曾多次讲过，想吃的你可以吃，吃的时间长了就应该注意少吃，因为要注意人对任何营养的摄入都是一定的，不能过量，过量则造成生理负担。所以非常想吃的，你就一定不要吃了；如果是自己不喜欢吃的东西，那么你就得开始尝试着吃起来，不然的话就容易使人出现营养不平衡的现象，缺少那一部分营养的内容。

像虾蟹这样的海鲜，如果吃多了是会上火和生痰的，因为它不利于消化，是异性蛋白。如果吃到身体里面，人的消化系统所生产的消化酶对这些东西无法分解并合成身体需要的营养物质内容。海鲜类的蛋白，它可以暂时补充人体需要的蛋白，但是在两三天以后，这些蛋白将随大便排出。所以，我们吃海鲜几乎是没有用的，只是口感蛮舒服，因为海鲜像味精一样能够生成鲜味素。因此，关于这些东西最好是少吃一点为好。

改变偏颇的生活习性

平常人认识不到这个问题，是因为没有学过这些现代的养生知识。如果大家能够从理上明了这些原理，那么就可以改变这些生活习惯，或是修正某些不良的生活内容。比如，海边的人请客主要是吃海鲜，可是山东人请客主要是强调无鸡不成席，江浙一代生活的人喜欢甜食，湖南、湖北、江西的人喜欢吃辣的，云、贵、川的人则喜欢吃麻辣的食物……像这些饮食习惯，都需要随人年龄的增长而进行调整和改变。只有将这些不符合生命活动规律的生活习性改变了，人的健康状态才能得以保证。

人常常为了面子招待亲朋好友、或商业伙伴等，这样在外面请吃饭时自然要叫个鸡或者来盘海鲜什么的，以此来证明自己重视朋友、重视亲戚、对买卖交易有诚意，像这样去招待朋友、亲人和客人的做法，是不符合生命活动的正常要求的，这个饮食习惯太不好了。还有北方人喜欢吃大葱，而且生吃。大葱、大蒜、洋葱、韭菜等，我说过：人现在如果得了高血压、高血脂、冠心病、青光眼、脑梗阻等疾病，你怎么还能吃这个？大家思考过这些问题吗？如果这些患者不吃这些东西的话，头脑会清醒很多的，眼睛也会亮起来的。

大家应该知道，以上的很多饮食习惯都是从过去延续下来的，是从五十年以前延续下来的。那时是由于生活贫困，请客时吃好的，而在平时的生活中是捞不着吃的。可是现在已经不是那个贫穷的生活年代了，人们的生活水平大大地提高了，那么我们人的生活内容也应该按照如今的生活标准来过才对啊。希望大家对现在的饮食内容进行适当的调节。过去是因为贫穷而没有好的东西吃，所以在请客的时候以礼贵待于人；现在是各种各样富营养价值的食品，满街都是，而且现在的人都能够消费得起，所以应该改变对好生活的衡量标准，不需要营养堆积，而是应当调节适度。

但是往往人会依赖于自己的习惯生活，而不愿意改变这些旧有的观念；只是一味地符合自己的所谓感官功能的主观要求来安排生活，而不能顺随自己的生活能力和生理需求来改变。其实我们人的生活习惯，改变起来还真不是一件容易的事。

关于痰多的问题，就是要求我们大家尽量吃得清淡一点，那么在做呼吸操锻炼的过程中，痰就能够自动地排出来。对于排痰的过程请大家不要担心，它会一个阶段、一个阶段地往外排。你说我没有怎么吃肉，为什么还老是有痰呢？是啊，要知道你肺部的痰清完了，那么在组织、器官和经络里面还有啊；如果经络里面的痰排完了，还有肌肉组织里面的。这些都是一步一步转运出来的，一点一点排出来的。痰排了一段时间后，人的皮肤就会白一些。你要学会观察自己身体的变化，痰多时一定要注意调节平常的饮食。

大家一定要注意，可别多喝酒。有的人会想："我一次得喝四两酒，吃肉时会大块大块地吃，谁劝我都不会改的。人活一辈子就是来享受的，有什么关系。”可是当你中风了怎么办呢？大蒜、大葱、洋葱头和韭菜，有人会认为可以杀菌消炎，可是我们不用它杀菌消炎行不行？用别的杀菌消炎不也可以吗？为什么建议大家不要选择这些东西吃？因为这些东西是发物，容易引气往上行，尤其是高血压、青光眼、糖尿病和三高症的患者等，它一下就把你们的气引上来了，引起血压、眼压升高的疾病现象，也有时候引起其他的指标居高不下。还有如脾虚的情况，那就应该健脾，你就得吃容易消化的东西。人的身心健康就是应该像这样符合生命活动的自然运化法则来保养。

有的人说：“这也不吃，那也不吃，可在身体里面存在有那么多的细菌怎么办？”只要你是一种正常的生活状态，有点细菌也是正常的，是好事。任何的生命都是共存的，像这样的道理大家要知道，如果把细菌都杀死了，留你一个人能留得住吗？“水至清则无鱼，人至察则无徒”，生命的存在都是和谐共生的，相互补充的。有些细菌对身体也是有益的，对吧。我们知道身体里面存在有害菌，也存在有益菌，而且“有害”与“有益”也是相对的，这些细菌在体内维系着一种平衡的运化状态。如果你人为地去消灭它，就破坏了这个平衡，疾病也就自然地来了。

大家知道吗？有些医生、护士的家庭里反而病号多，原因在哪里？没事就消毒，一遍一遍地消毒。我姐姐在儿童医院工作，她家的小孩从打一个月起就发烧，一个月一次两次三次的，为什么？她家的切菜板是用开水洗，反复洗，洗完了要用布盖上，用之前还要再洗一遍；筷子、碗擦完了放好又弄，没事就洗，结果小孩总生病。

卫生本来是应该讲究的，但过分了就不好。在生活中对于各类的细菌存在不要太在意，还得有一点。它到身体里面可以产生免疫力，你都把它消灭光，没有了，那么你身体里的免疫力也就差了，人的免疫系统就不会去免疫细菌了。如果真到有事的时候就免疫不了，人就总是发烧得病，一会儿是什么病毒性的，一会儿是什么细菌性……弄不明白，搞不完。

用养生文化指导生活

我讲的这些道理，有人听后会说“你们不懂才这样讲”。人往往有逆反心理，越是不能这样，他就偏这样。我所讲的这些现象，在现实的生活中真是这样显现出来的。

生命是由各种不同物质在一块儿共存而形成和维系的。我们现在在讲话，吸一口气不知道有多少微生物被吸进去了，它得在身体里面和我这个个体生命为伍，形成生命活动的统一战线，这是好事，不是坏事。不要害怕细菌，你提高免疫力就行了，提高身体的抗病能力就行了。为什么对非典 SARS 病毒，不健身锻炼的人就抗不住，而通过健身活动、练功夫来锻炼的人，他们在一定程度上能够免疫，为什么？就是免疫体系功能的问题，我们锻炼就可以强化人的生理各方面、各系统的功能。

还有的人没事就补钙，补各种营养保健品，其结果是越补越亏，骨质疏松还加速了，生理的功能还变差了。补一点还可以，多了就麻烦了。你吸收不了这些物质，反而它到了身体里面成为负担。所以怎么办？我们就锻炼，练练呼吸操。要是实在觉得缺钙严重，缺少各种营养，必须得补的情况下，那也不能用这些生物化学合成的营养片去补。

其实我们可以通过习练呼吸操来提高身体的各种功能，包括消化吸收功能。要补钙的话，你可以买点骨头煮汤喝，加一个猪蹄也行。猪蹄是滋阴的，含丰富的胶质蛋白，人体的骨骼里需要胶质，汤里面含各种人体需要的营养，也含钙，你们吃进去以后它就很容易被吸收，这样慢慢地这些营养物质就会渗透到骨头里面。这个胶质是骨头和皮肤里面非常需要的东西，缺少了它就容易引起骨质疏松，引起皮肤脱水松弛等生理现象，如果不缺少这种胶质是不会出现这样的现象的。

我们要懂得养生，就需要学会了解养生文化。像猪脚炖黄豆，再加放筒子骨一起煲汤，也可以少吃排骨汤，多吃脊骨汤，脊骨比排骨还便宜。脊柱骨头里最有营养的部位在尾椎那一段，单用尾椎骨煲来吃就行了，这样补比较好。但是要注意，这些汤每周喝两三次就够了，不要多喝，否则就容易生痰，所以再好的东西都要讲究个适量。老年人也可以吃这些东西。但是你不要天天吃肉，天天吃肉，痰就生得多。

我们大家要注意饮食结构，合理安排好饮食起居生活，要掌握这个养生文化。

入乡随俗

顺应环境 入乡随俗

用包容与接受达成和谐

共融性呈现的智慧力量

将心比心 学会放下

依赖与懒散的愚昧之源

内心无碍 打开生活空间

顺应环境 入乡随俗

“入乡随俗”这句话我们都会解释，可是运用到生活中时，每个人都还是按照自己的主见、自己的习惯、自己的生活方式去面对、应对事物，而把这句话给忘了，这是最困难的问题。

每个人都是这样，把多少年养成的生活习惯强加于自己所处的这个环境之中。但是如果我们走到任何一个环境，都把自己的生活习惯、思维模式强加于其上，这就是既违背了适者生存的法则，又违背了人我和谐运化的原则，这是非常错误的行为和思想。大家一定要把认识提高到这个高度上来才行。

应该说人的适应性是很强的。我观察了很多现实中的事，比如说，一个不喜欢吃花椒的人到了山区，他会自然接受食用花椒这种当地的饮食习惯。大家知道，花椒能够去风寒，而山区那个地方又湿又寒，自然而然，花椒就成为当地人生活必需的调味品。那么外地人到了这样的环境中，因为身体的需要，也就很自然地像当地人一样去吃花椒，去适应这个环境，这就叫入乡随俗。因为只有这样做，你的身体才不会受环境的影响或伤害。

如果一个人要顺应环境，那就必须得做到入乡随俗。不管什么地方，其所形成的风土人情、生活文化环境，都是人们长期在这一地域生活而形成的符合天时、地利、人和之条件的习惯和规律。我们从甲地到乙地以后，如果还按自己在甲地的生活方式和思维模式去生活，这样你在乙地就会遇到种种的不适应，久而久之，包括心理和生理等方方面面，你都会感到不安。这样一来，你在乙地就会自然地被淘汰。要知道，不是你自己淘汰人家那个环境，而是那个环境淘汰了你。其实不管是自己不适应而淘汰了这个生存的环境，还是这个自然的环境来淘汰你，说到底，都是因自己僵化的思维参照模式而被这个环境所淘汰。

人如果与自然的生存环境相抗衡，那就一定会得疾病的。如果你偏不按当地的人文环境、生活习俗来办，结果怎样？自己遭到惩罚，自己得另起炉灶，自己得重新调动能量来对抗这个当地的生活信息。那大家想想，不舒服的是谁啊？如果我们到了一个新的环境，一个大的环境下，自己不主动地去适应它，自己就被这个环境所淘汰、所唾弃。

用包容与接受达成和谐

我们随便举个例子，在座的各位来我们这里最短的少说也有两个月，可是看看大家，每一个人都在选择生活。你选择生活，生活就选择你。因为心胸狭隘，容不下这个，看不惯那个，总是讲条件，那么你的生存空间就会变得很狭窄，也很难获得更多的信息和能量，你的生命力就会变弱。所以，人常常于不知不觉间做一些糊涂事！人愚昧就愚昧在这儿。

过去的人说得好，“一方水土养一方人”。可是在我们这里，一方水土养的不是一方人，每个人都有每个人自己的生活习惯。天津来的是天津的生活习惯，东北来的是东北的生活习惯，在南方住了好多年的是南方的生活习惯，湖北来的是湖北当地的生活习惯……如果大家不能相互融洽，那么我们这个生活环境就没办法搞好。为什么这样说？因为大家都生活在这个狭小的空间里边，如果没有各自的改变和彼此的宽容，不能进行统一的、协调的生活，那肯定是矛盾重重，这样生活是进行不下去的。

不能统一思想的人群，是不能居住在一个环境里边的。高妈妈有自己的想法，冯阿姨也有自己的想法，小丁和老余也有各自的想法，大家的想法各自都不一样，那么大家怎么能住在一块儿？每个人想法都不一样，你看，这么多人有这么多人的心，怎么能捏合拢来呢？人家说"团结就是力量"，可咱们这里不是团结，是每个人有一个利己自私的心态在作怪，而且还都不改，你们说那怎么办？如果我们每个人都不能融合到集体生活中来，那就会在这样一个生活圈里不断生出矛盾。因为不同的生活习惯，不同的思维方式，就决定了矛盾是不断在生起的。

所以，我们每一个人如果不主动去改变自己，我们将无法获得生活中精华的内容，顶多你只能持有一个粗糙的内容。过去，中国人有很多成语是把生活当中规律性的内容给你描述好了的，可是我们自己就是不会用。你看，过去有个成语叫爱屋及乌。什么叫爱屋及乌？爱这个房子，连房子上的乌鸦都连带着喜欢。当一个人真正展现爱的时候是不会讲条件的，就是包容、接受。我们大家在这里，有一个共同的爱好，有一个共同的发展方向，就是通过呼吸操等健身方法，通过修养意识来使人生发生改变，有病的康复起来，没病的保持健康，喜欢锻炼养生的长功夫，希望完满人生的见证智慧。那么我们就应该顺着自己的这个方向、这个心愿来爱因此而发生的一切的事物，行住坐卧、喜怒哀乐，来包容、接受、融合这一切，包括分歧、困难、挫折、失败和所有的不理解等。

可我们在座的每一个人是不是这样去想、去做的？不是这样。而是要么挑肥的，要么拣瘦的。挑肥拣瘦，就是一看我不喜欢这个，我就不能将就，不能容忍。本来应该是在这个环境里、在这个气氛下，形成了什么样的生活态度和方式，我们就要顺随这个生活态势而生活才行，是不要你们执著于任何的主见，但是你们却根本做不到。

有的人说我喜欢吃硬一点的，有的人喜欢吃软一点的，有的人喜欢吃脆一点的，有的人喜欢吃辣一点的，有的人喜欢吃淡一点的，有的人喜欢吃咸一点的……完了！因为每一个人执著于自己认可的所谓科学，好像在很科学地生活，实际上并不科学。例如，有的杂志上说吃大葱头能降血脂，很多人这样吃，结果高血压、心脏病都犯了；患有青光眼、高血脂的人他也这样吃，吃完眼睛就瞎得更厉害了。那也是科学吗？这就是在用僵化的教条来指导自己不断运动、变化、发展的生命活动。我们总是打着科学的旗号来否定自己这个自然的生命存在，否定这种顺应生活的自然态势，这是我们生活当中已经显现出来了的危机。可是，很多人惯着自己的毛病还不知道，真是愚昧无知啊！

从小我们的父母就告诉我们，前胸不要着凉了，后背不要着凉了，脚心、头心、手心不要凉了……为什么？因为这五“心”中如果有任何一心着凉，人就容易得病。可是我们生活了几十年，自己都不会照顾自己。你看我们王先生，五十多岁了不会照顾自己，这样身体能不出毛病吗？难道说我们在座的其他人都会照顾自己吗？就是说我们生活了几十年，究竟从社会生活中学到了什么？我们做了这么多年的人，连怎么样维护自己这台“机器”的思路都没有，这还不可悲啊？就为了满足自己的感官心意，可以不顾一切过网瘾、过烟瘾、过酒瘾等，身体有点发烧，扁桃体发炎了，大家健身锻炼了那么多年，健身理论与养生文化也学了不少，却不知道什么是气冲反应。

你们不管干什么，都要拿一件装饰品过来把自己武装一下。“你看我多美呀”！其实你什么都赶不上。每个人都是拿文化装饰自己：你看看，我这个多科学啊！当教授的可能会认为：我的文化有多高，我在社会上的地位有多高。可那都是身上穿的“衣服”，跟咱们生命活动的本质内涵没有多大的关系。

共融性呈现的智慧力量

所以说入乡随俗是随顺因缘，是符合生命运化规律的一种生活方式。我们在这个集体当中，大家都有这个共同的爱好，都有获得健康、开发智慧的共同目标，那我们就要在这个前提下，去爱这里的每一个人。自己在一个集体当中生活，就不要任由自己的性格，彰显自己的习气，知道吗？

大家应该学会养成新的性格，那就是集体生活中需要的智慧性格，这样才能达到团结就是力量的目的。一个集体就只需要一种智慧的性格，就像多股细线拧成的一股绳，那就形成了巨大的力量。如果一个群体里，八个心、十个心的，那就变成了水里按葫芦，七上八下。那样的生活状态哪有什么力量和智慧展现出来呢？那我们怎么能好病、能健康、能出智慧呢？

其实大家各自生活了这么多年，非常可悲，可悲在于自己连怎样生活都不知道。你看，我走到哪个地方都能顺随环境，无碍地生活。不管是到广东，还是到上海，不管是到东北，还是到西北，我都能顺应。那去海边，虽然我不吃海鲜，因为现在我的身体发生了质的变化，生命里确实不需要那样的蛋白来补充，但人家都吃的时候，我也能随大家一起吃一点，不执拗，这就是随顺生活环境的态度。如果你的生命活动中不需要补充这方面的营养，你可以少吃，可以通过交换意见的方式来达成与周围环境的和谐。

所以我们每一个人，应该怎样面对这样一个集体生活来改变自己的个性呢？那就需要学会放下。可是如果暂时还做不到放下，怎么办？起码你要有所“假”，你要向这个方向去努力，虽然开始时做不好，可能只是行动上表现得谦让一下、退一步，心里还起逆反，但只要通过自己努力，通过意识修养的不断精进，那么结果会是有所改变的，最终心行是会合一的。但是，你在现阶段这样的生活当中，要能够“假”下来。本来我看到这件事要发脾气，我就不发了，开始时心里会很别扭，有放不下来的感觉，可在行为上你自己必须顶得住、定得住，经过反复多次的调整，你的心态就容易变得平和了。

将心比心 学会放下

另外，我们为人处事一定要学会站在别人的角度去考虑问题才行，也就是平常所说的：将心比心。像这样去思考问题，时间长了，就会形成换位思考的习惯，那么自己的意识修养就在不知不觉的过程中得到了提高。如果这个做人的道理明白了，那么也可以以假作意，以后这个假义就会自然地演化为真义。到时候不但行为上放下了，而且心里也能放下，这就真了。

我们在成长的过程中，思想意识在转变的过程中，很可能会经历这样一个程序：先从理上去明，从行为上去改变，促成环境的和谐，最后达成觉行一如的觉悟境界。我们每个人要从这一方面去努力，这就是生活在道之中，这就是生活中的道。

人上哪里去得道？很多修道的人总是在幻想有一天会飞起来，以为那就是道。那不是道，那是精神病，那是精神病患者幻想的境界。所以说，学会在生活中去顺随因缘、随顺生活、顺应环境中的人、事、物，那他一定是个伟大的智慧者。你们说我讲得对不对？如果我总是说你不好，那你愿意吗？不行吧？集体生活要多些宽容，少一些计较。宽容什么，计较什么？因为你们是处在一个集体的生活中，你们的生命活动是一种社会的行为活动内容，那么就需要做到低调做人、宽以待人，这样人们之间才能和谐相处。

在集体的生活中，如果你们每个人都以自我为中心，张扬自己的个性，那么有序化的生活就展现不出来，就会出现矛盾迭起的现象。如果你们能够泯灭掉自我中的习气和所谓的个性，那么你们就没有不舒服了。我们现在不是一个人生活，不是在自己的家过日子，而这里是一个大家，大家的家。

有的同学还经常谈什么宇宙观，什么观？什么观也不是，能把家里的人搞好了，那就是多少宇宙的事了。一个人生命存在的内容包含着多少个三千大千世界啊，能把一家人搞团圆了，你就是多少个三千大千世界的主人，知道吗？能够自觉地做到这些，人的身心健康就有了，和谐的社会人际关系就有了，自然而然的生存环境就有了。

依赖与懒散的愚昧之源

可是，大家却都是一个人一个想法，一个人一个做法。你们说在这里都住了有两个月了，有几个人能把这个房间的开关摸清楚的？一共四个灯，哪个开关是管哪个灯的你们都搞不清楚。我们生活在这个家里边，都变成了白痴，说到底大家就是想依赖别人。依赖是人走向白痴、愚昧的捷径，你们有那么想往吗？依赖和懒散是障碍人走向智慧的坏习气。

以前我们在老宅住了两年，电扇开关在哪里，住了多长时间也没有人搞清楚；打一个煤气炉，那个调大火的开关不是往上调，而是往下调的，可是我们这里十个女同志就有十一个是往上调的。都说女性会持家，那么在具体的生活中，人的智慧在哪里显现出来？从这么一点小事中都可以看出，你们做一个正常人的思维都不合格。

这些事情，如果说得好听一点，那就是大家平常没注意细节，粗心大意；说得不好听，那就是因为人的懒惰习气在支配你的人格，知道吗？说不想学习、没有兴趣等，这就是我们平常讲课中说的愚昧品质。你们女同志天天都在炉子跟前转，从用煤气炉子到现在，用多少年了？应该有 20 年吧。从上个世纪 80 年代开始用煤气灶，你们用十五六年时间总有了吧？对于煤气炉子的驾驭能力都不够，用不好，这显然就说明了我们人的智能状况是高还是低呢？你们自己心里明白。

身边这些很小的事都做不好，都不会操作，你们说自己身上存在的问题该有多大？所以说，修身养性是学做人，做一个最起码的正常人，做一个能够把自己生活安排好的人。可是我们现在忙活了几十年，但是我们自己的生活还都搞不定，有很多的意识盲区，那怎么进步？

人需要自己去适应生存环境与生活方式，需要自己去拓展生活空间。赢得生活空间的关键在自己，而不在别人。谁给你一个敞亮的生活空间？没有谁。只要内心无碍，自己的生活空间才是最大的，就是比三千大千世界还要广阔的空间。做人得懂得这样一个道理，但是这么浅显的道理大家知道了可就是不会用。那么从今以后，我们需要改变自己固有偏执的生活方式，改变自己僵化狭隘的思维参照模式，这样人的思想意识活动才能被净化，只有把这些偏执的观念改了，真正懂得了怎么去合度量行，生活就自然地展开了。我们的生活本来是绚丽多彩的，如果我们抱着自己旧有的观念——狭隘的、自私的、独占的想法不放，那么自己的生活就显得紧巴巴的了，空间非常狭小，你们说是不是这样？

你们看这几天，我们都那么的团结，小刘锻炼反应比较厉害些，我们就把房间给她腾出来，好让她安静地养养。大家这么做多好？也没有矛盾产生。人哪，多做一些善事，多与人交流沟通才能达成协调一致的和谐关系，就不会给自己、给大家带来障碍。像咱们杜老师一来，这个地方协调一下，那个地方协调一下，谁有点困难他首先上前，这就叫美德。但是可能你叫他开煤气炉他不会开，这就是缺陷。一个人不圆满就叫缺陷，人不圆满才造成自身的疾病和愚昧。

内心无碍 打开生活空间

所以，我们若想把自己的生活空间拓展开，只需要做到入乡随俗、爱屋及乌就行了。既要爱屋，还要连这个房子上的乌鸦也要爱，两个都要爱。乌鸦是最讨人嫌的，但是它飞到这个房顶上了，那我连乌鸦都喜欢，这是因为我爱房子，我就爱与房子有关的一切事物；我爱这个环境，我就爱环境中存在的合己心或不合己心的一切人、事、物，这样才能与自己的生活环境和社会关系达成和谐的相互关系。这个成语就是说的这个事和理。

同样的道理，你爱健康，你爱智慧，那就要按照身心健康与智慧觉悟的要求去做，在这个要求中即使有不喜欢的事物也去包容。只要我们把生活空间打开就行了，就自由了。如果走到哪儿都不喜欢，那么因为不喜欢的这个观念，你就拒绝了生活，拒绝了生命力。怎么说明白这个理呢？比如，我今天不喜欢吃这道菜，我就缺失了这道菜的营养，那对我今天的生命力肯定就培补得不够，这样直接就影响到自身的健康；我不喜欢这个人，因这个人而引发的一切我都不喜欢，那就等于我拒绝了把自己胸怀打开的机会，而走向狭隘和愚昧。

“不喜欢”，是人走向愚昧的广告语，是给人带来无尽烦恼的口头禅。你们希望自己没事就说“我不喜欢”吗？如果你们之中有人喜欢这种生活的姿态，那这个人就一定活在愚昧无知的生活过程中。所以说，善待自己，就得顺应生活，就要入乡随俗。

身体不健康 啥都是毒

正气存内 邪不可干

适应能力是健康的关键

意识修养与身心健康

正气存内 邪不可干

对于人的身心健康而言，只要是不能适应周围的环境，那么其身体就会出现不健康的反应。如空气、水、各种饮食等，不管是吃的还是用的，也不管是住的还是穿的，只要是人自己适应不了，享用不了，那么肯定是与人的身心健康有关系。如果人的身心不健康，那么吃啥、用啥都可以是毒！

如果人的心理不健康，就会向外求法，想办法找其他的什么原因来解释自己的不足。像这样的现象，从根本上来讲，就是人自己的各种观念与各种概念障碍了自己的生命活动，使生命活动中的各种脏腑功能以及情志活动发生了障碍。还有一种情况，就是人的生理功能出现了问题，尤其是自己生命先天信息的影响，造成了生理功能的衰退或减弱等器质性障碍，这样也会影响人的心理健康。

因为人本然呈现的是身心整体的生命活动存在状态，而且是不可分割的，其生理与心理是相互影响、相互制约的。想用任何形式去将身心分离的想法和做法，都是背离人的生命运化规律的。

如果说毒素与饮食的关系，那么在大自然中啥事没毒，啥物没毒呀？我个人认为，对于任何食物的看法，无论是有毒的、还是没毒的，其实都是相对的，就看你生命的运化功能是承受不住而被其障碍、破坏，还是能够化解、抵御它。所以，中医强调人要顺应自身生命活动的运化法则，以及天地自然的运化规律，“正气存内，邪不可干”。《黄帝内经》中讲寒、热、燥、湿皆可成毒，那就要看你身心整体的生命运化功能是否有足够的平衡能力了。

一个生命运化功能强大的人，自然能够抵御外邪，对于拥有这样强大运化功能的人而言，自然界中存在的食物性质都是相对的，没什么毒不可以化；一个生命运化功能衰弱、身体不健康的人，遇到什么都抵御不了、化解不了、淤滞不通，那么对于这样一种人来说，任何事物都可以是毒。

所以从根本点上说，人需要通过一定方式的训练——无论是心理的还是生理方面的，以此来达成一种身心健康的状态，也就是使自己的生命活动达成动态平衡的运化状态。这样就需要我们能够主动去调动自己的主观能动性，或者说主观能动作用，以使自己于各种事物都能够去适应、去享用、去与之发生和谐的运化关系。那样一来，人生命活动的整体性运化功能得到了强化，身心活动也就自然会呈现出健康的状态。这样的健康体质自然会适应周围的生态环境，因此也就不会中毒了。

适应能力是健康的关键

有些事物可能会对身心产生影响，或者干脆是产生不好的结果，但其中肯定会有人能够适应、可以分解这些东西或危害的因素存在。比如，有些身体不是很好的人，喝一两酒就醉，甚至喝米酒也会醉，可是当他们通过一定的积极方式把自己的身心健康状态调整好以后，那么即使是喝半斤酒也不会醉的。有的人风一吹就伤风了，可有的人大风大雨中也不生病；有的人闻到了辣味就会上火，有的人吃一盘子辣椒也没事。所以，每个人的身心健康状况不同，抵抗能力就不同，对事物的适应能力就有强有弱。

这些道理说明了一个问题：只有自己把自己培养出来，锻炼出来，主动去适应现在的自然环境，适应现在的社会环境，才能使自身的身心活动变得符合自然属性与社会属性的基本要求，符合生命活动运化功能的属性特征。

可是平常人的身心活动状态是什么样的？头脑中存在那么多偏执的观念和固有的概念障碍着自己，那怎么可能健康？就跟那个高妈妈一样，我一下楼，她就发脾气说什么红萝卜和白萝卜不能一块儿吃。因为在某杂志里边说了，红萝卜与白萝卜不能一块儿煮，煮了以后吃了会得毛病，会影响身体，不健康！是呀，这样吃可能不好，可是现在你不这样吃，你的身体健康了吗？什么是健康？这其中最关键的是人的心理和生理的各种功能状态，是否符合身心活动的和谐整体性，这才是衡量人是否健康的基本标准！如果符合了这个标准，即使是白萝卜与红萝卜一起熬着吃，那也是不会影响人的健康状态的，没关系。

如果人的身体不符合这个标准，你不这么熬着吃也照样不健康。因此，我们必须从根本上去认识健康问题，必须去符合人生命活动的运化规律，这样去协调人的各种生理功能，协调生命活动运化功能的整体和谐性与各种事物之间的关系，那么人就会与自然环境、社会环境达成动态的平衡、有序、和谐的结果。

例如在中医药里，过去就曾经有人把剧毒砒霜也用来入药，当然用量很少。使用其功用的目的就是以毒攻毒，不但不能吃死人，还可以为人治疗疾病，这是因为掌握和顺应了人的生命与事物间的平衡关系，符合了治疗疾病这一事物的属性特征的要求。所以说，人的心理活动是否健康，生理运化功能是否正常，是关系到人的生命活动是否符合健康要求的根本与基础。

在我小的时候，妈妈讲了一个她们家乡的故事。有一个邻居，家里很穷，没吃的就去水沟弄点鱼回来吃。在旧中国的时候，一般人不会像这样弄鱼吃，只有比较穷的人家才像这样做。有一次，他们捉到一个很大的王八，可能有八寸方圆的大小。王八就是鳖鱼，那鳖鱼的背上面还刻着字，可能是明朝时放生的。结果他们把这个鳖鱼杀了吃了，这样就导致了全家的灾难。这一家除了一个人没有遭劫，其余的人都死了。为什么还有一个人活着呢？因为这家的媳妇出门了，回了娘家。除她之外，在家里的十来口人没有一个幸免，而且这些人的身上都烂到流水的程度。

为什么会出现这样的现象？因为这只鳖鱼的年岁已经很大了，其营养价值太高、太大，而营养匮乏的人享用不了这样的补品，虚弱的人吃了以后是受不了的。这一家人本身就贫穷，家里人的身体素质都很弱，身体中营养的底子很薄，虚不受补，突然一吃高级营养，就被补死了。为什么吃高级营养还会补死人呢？因人的体质不行，体弱多病，身体的运化功能差，才导致了急补至祸的结果。

意识修养与身心健康

所以，人的生命是非常复杂的，而且是一个巨系统。如果身心不健康，遇到什么事都会产生障碍，感到烦恼、生气，这是心理方面的病态；身体对很多东西就是接受不了，所以生病，这是生理方面的病态。比如说，有的人胃不好，见凉就疼，一喝凉水就胃出血；有的人呼吸系统不好，有点烟尘都喘不过气、休克；有的人脾气大，说他两句就受不了，最后造成脑出血、心肌梗塞……

可是身体正常健康的人就不会这样，为什么？因为病态的根源在于人的心胸狭隘！当你选择、挑剔事物时，事物也就选择和挑剔你，你能接受、容纳的东西越少，自身的能量获得就越少，这样人的生理和心理就必然会产生不同程度的失衡现象，形成各种疾病。这个时候，人的身心就无法承受和享受更多的事物，开始被事物所挑剔、所遗弃。本来好好的东西，别人能吸收、能享受，可是对于你来说就是吸收不了、接受不了的毒。

所以，人要做好身心健康的锻炼，其实这也是非常不容易的事。但有一点是非常明确的：人本具的消化、吸收、疏泄等功能是否正常，是否能够符合“生长化收藏”的生命运化规律而维系身心活动的动态平衡，这是人能否健康的生理条件；而人的思维参照模式的智能态，又决定了人思想意识和行为活动的消化、吸收、发放等功效。

梅花香自苦寒来

自强不息　超越自我

态度决定人的成长

涵养根本在培德

人生掌握在自己手中

挫折的经历是人生财富

自立　自主　自强

自强不息 超越自我

今天我讲一个人的成长经历。大家觉得田老师怎么样？

学生：很好。

其实田老师练功才一年多，以前不能叫练功，虽然学了功，但是不练，那就不叫练功。

她真正的练功是从2004年1月开始的。在这之前，她练呼吸操从练半个小时逐渐增加到一个小时，就花了几个月的时间过渡，可以说她练功并不是很刻苦，那是2003年的10月至12月的事情。到了2004年1月，她才开始以我为师进行修身养性方面的学习与锻炼，做智慧功夫方面的实修践证。我在她的智慧祖窍打开三个月之后，才同意她跟我学习智慧传承教育文化。从那以后，她才真正开始步入修养练功的轨道。从那时起到现在还不到一年半，离一年半还差一个月的时间，为什么她能取得这么大的成绩呢？我就从刻苦练功这个角度来讲。

她是教初中的物理老师，在2004年带初中二年级的三个班，晚上练呼吸操，我要求她达到1.5小时，还加上练庄法，那时她只能练2个小时。也就是说她从2004年1月开始练功的，一天只练2个小时。三个月以后我要求她练庄法1个小时，呼吸操2个小时，一天练功3个小时。那个时候，她除了备课教学以外，自己初二年级的孩子需要她补习功课，还有很多的家务事要做，她哪有那么多的时间练功呢？她就是挤自己睡眠休息的时间，起床时间一开始是5点多钟，后来变成5点、变成4点30分、变成4点。现在她在家里是3点30分起床，将近4点钟开始练功，练到7点——练3个小时庄法，然后白天再练2.5~3小时的呼吸操。

今年虽然比去年教学的任务稍轻松一点点，但是她要带两个毕业班，晚上还有晚自习，忙了晚自习以后还要备课。除了练功的时间，还有一个更艰巨的任务，就是广泛地学习智慧教育文化的理论。这其中还包括修炼功夫的理论，还有如何开悟、如何走向明心见性的有关修证觉悟智慧的理论内容，以及南师的一些书籍等。就这样，田老师在每一天的业余时间内，既要练五六个小时的功，还要挤时间学习，怎么办？其实一般的人是没有这样的意志力的，但是她那个脑中心的窍位打开以后，走向觉悟以后，就不仅有毅力，而且还有自制力了，她是在这样的情况下才练到今天的水平的。大家想一想，你们能做到吗？

其实，人需要自己有一个拼搏的精神，你不要这样认为——需要人家来帮助你、可怜你、同情你，需要人家来关心你，请大家不要有这样的想法，而是要学会自己帮助自己、怜惜自己、关心自己。她就是这样的一个人，所以，在不到一年半的时间里，她就开始出功夫了。

人的成长是需要靠艰苦奋斗来获得的，所以能够取得相应的成绩也是非常艰难的。她每天最缺少的就是睡眠，在讲台上的大多数时间她都难以站立，往往得坐着讲课。她每次讲课都是通过组场来进行的。她在同类老师的教学成绩中，是花的时间最少、带班的成绩较好、效率很高的一位老师。在这一年多的时间中，她就像个铁人似的。所以，修证智慧、练功夫是个吃苦的事，是个奋发图强的事。

其实你们有病的人要想好病也必须能够吃苦，这是跟自己的疾病作斗争的一个过程。我们的患者学员，同时还要跟自己的环境——自然环境、社会环境，以及这些环境中各种人、事、物的矛盾关系作斗争。我们希望长功夫的同学们也是一样，人家是康复，你是长功夫、长智慧，那你就得战胜自己！战胜自己的那些偏执的观念，克服自己对社会环境认识上的不足与分别，特别是自己对人生认识的不足和妄想。人只有永不停息地战胜自己，你才能真正地超越自我。

大家觉得田老师带场的功夫不错，我们在座的其他几位老师带场的功夫都还不错。可是为了帮助这些人成长，我与他们都是做出了非常大的努力的。因为在我带的学生里面，田老师的水平相对来说是最好的，我曾对她说："需要在三年的时间里，把你培养成一位全面发展的智慧型人才。"为此，我们在她工作单位的附近租用了一套房子，便于她学习与练功。我主动地在自己力所能及的方面去帮助她，这就是修行的老师对待学生应该具有的情感，当然学生也要有值得老师培养的条件才行。

大家以为一个人才的出现和培养是那么简单的？只要能够刻苦练功就行了？其实你再怎样去刻苦地练功也不行。你刻苦练功可以长一些能量，但是涵养道德长不了，修养的水平提不高，功夫水平从根本上是长不上去的。在培养她的初期，只要她下了班有时间练功，我就尽力地帮助她，做饭给她吃。像这样培养人的过程古已有之，我们就是应该学会运用古人的教育法来帮助这些需要获得帮助的人，只有这样全然地去帮助他们，才会有他们今天这样的水平。

态度决定人的成长

一个人的成长，是透在点点滴滴的事物应对之中的，我是通过生活的细节、学习的每一个环节去启发她的。所以我在给大家讲课时说，如果一个人能够做到一天到晚 24 小时都在功态中，这也算不上什么，不值得表扬，关键是我们的心态，人的思想觉悟境界怎样，是否符合智慧修证者的要求；在点滴细行的方面，能否符合成就觉悟智慧的修身养性要求。

一般情况下，当我说出她的缺点的时候，她从来不表示异议。因为一开始在她头脑里有一个想法的时候，我就把她的这个想法拎出来了。她这个想法还没有说出来，只是想了一下，只是在脑子里面动了一个念头，我就把这个念头提取出来，告诉她你有这个念头。起初她说没有，然后我就叫她回家以后反省。通过反省，她有时是能够感觉到自己的问题存在，并会理解老师所说的内容，这样她的思想意识的改变速度就快了。

这其中最关键的是她的态度，态度决定了她的成长内容和成长过程。她不仅愿意改变自己，而且还觉得必须改变自己。经历了这些过程以后，老师会指出她身上存在的许多问题与不足，并针对她出现的问题或不足，提出相应的改变方式和应对措施，以帮助她成长起来。这也是她能够提高很快的最大的一个方面的因素，这些都是属于修养意识过程中的内容。

所以，一个人的意识修养水平、涵养道德的水平怎样提高？就是需要以这样的方式，来建立起净化自我的意识修养模式，通过这样的修证方式，把自我参照系中的那些需要改变的内容修正了，使之符合身心整体健康的生命运化规律的参照标准，只有这样，人才有可能完成自我意识的净化，成就觉悟智慧。

当然，这其中也结合了一些方便教育法、教学的方法。大家都认为混元整体理论好，可有谁又能够真正地按照这个理论去做呢？即使是做了一些，那么根据自己的身心变化又能肯定自己做了多少？有的人是会做的，也做了一些方面的内容，但是在是否能够获得真正的改变的这个问题上，基本上是没有人能够做得彻底的。在帮一个人成长的时候，不只是帮他了解或掌握功理功法，或告诉他怎么去练功夫，最关键的是教他如何学习做人。

学习做人，是人净化自我过程中非常重要的、不可或缺的内容。人的成长、功夫的成长、功力的提高，与做人的这个修养水平的提高有非常大的关系。社会中大多数人是带着自我的，即都是以假我为中心的个体、自私的个体、需要人家呵护你的这个个体、狭隘的个体意识形态，是带着这样的一种境界来到我们中间的。如果我讲完了以后，你还不能认识到自己这样或那样的一些缺陷是需要改变的，那么你的人生境界将很难得到提高。尽管你的疾病可以慢慢好起来，但是从身心整体健康的层面来看，是不会从根本上好起来的。

人通过锻炼可以有个暂时的健康现象出现，但假我的存在却影响了人获得长久的健康利益，不良的生活习性与思维参照标准没有改变，就不可能有真正的、长久的健康，因此你获得长久身心健康的利益机会就自然地消失了。如果说从现在开始改变自己、净化自我，从点点滴滴做起，从产生意识的源头修起，那么你就一定会获得永久的身心健康，获得成就觉悟智慧的利益，只有这样，人才能获得这永久的和谐、永久的快乐。

指导一个人的成长，还包括指导他生活的方方面面，比如，如何处理家庭矛盾，如何对待自己子女等。一个老师不是那么好当的，需要有见地、有本事、有爱心、有责任感才行，不过我们培养的学生大多数都经历了这样的磨炼。这里在座的学生中，大多都经历过这个阶段的磨炼，但是没有田老师来得那样细致和深入。现在有了她这样的一个榜样在前面，大家可以向她学习，根据自己的条件去学、去做，不要强为。

为了培养田老师，我承受了好多“光荣”的称号，大家可想而知，肯定会有人说这样或那样的一些闲话。但是当她能够真正地成长起来以后，所展示出来的那样一种人格魅力和觉悟智慧，肯定是会被大家接受的，以后也就自然地没有这些不和谐的声音了。

其实田老师的成长是会伴随着一个群体共同成长的。因为有了这样一个榜样，所以才有罗老师、高老师、李老师等人的成长，我很高兴能有这些学生一起相伴、共同成长。当然只有你愿意放下自我，放下以自我为中心的利益观念，这样你的智慧才有可能呈现出来，功夫才有可能提高，你的人格魅力和觉悟智慧的境界才有可能被大家所认可，你才有可能得到众多人的祝福。

其实有一个很划算的生意，做一个教人的老师不仅看上去要德性好，而且还要有经营的头脑，所以又是一个非常高级的商人。有时候通过拿钱买不回来的产品，可我“买”回来了。为什么这样说？其实每一个人都有德气，但是绝大多数人都不懂得珍惜，所以，有太多的人因不懂得这些根本的东西而随意挥霍，很不珍惜自己的德气。但是我们却知道珍惜这些，而且还很愿意去获得。当然这些都是通过做好事，通过帮助大家，与人为善，通过自己的行为与别人达成和谐的整体而获得的。像这样无欲无求地修，以后人家会从心底里感谢我们。不是需要别人说感谢的语言，关键是他人内心里面动念的那一下自然升起的感激之情，只要这样人与人的和谐产生之时，也就把他的德气与我们共同分享了，这些都是拿钱都买不回来的。

你们看，我做的这么划算的买卖你们做不做？你们大家的利益、欲望都关注在钱和情感上，我的心却系在这个虚无之道上，你们看不见，但我能拥有，对此我已经展示给大家这样一个层面了。我在启发他们，也是在告诫他们，要他们这样去做，要多做好事、善事。你不要计较自己，不要计较利益，不要计较情感，这样你才能获得“德”这个层面上的信息能量。可是大多数的搞健身锻炼的人、练功的人不会做这个买卖，因为他们不认识这些东西。

人总是喜欢停留在大家对自己的赞扬之中。赞美使一个人走上迷途，我也曾经这样走过。只有当自己有智慧的力量和能力时，才有可能把它纠正过来，才有今天的感受和感想。我们在座的学员有些功夫不错，在他那个练功圈子里面很有威信，受人尊重，产生了高人一等的这样一个心态，所以就把受人尊敬的这样的信息能量给损失掉了。

涵养根本在培德

什么叫涵养根本？这些内容就是涵养意识的根本内容，它是一种非常非常细腻而又均匀无别的德气。这样的德气它能营养我们的大脑，充实我们的身体，给生命带来愉悦，给身心带来整体和谐的健康，就像《道德经》中所讲的："虚其心，实其腹，弱其志，强其骨。"

我这是讲根本，讲做人的根本。是不是练功夫的人就都能做到这样？不是。很多功夫练得不错的人，不注重意识修养，所以同样达不到收聚德气、濡养身心的目的。那是不是只有修身养性的人才能做到呢？也不是，很多平常的人们也做得很好，做了很多的好事，他的修养水平很高，他就能把符合自然道德的信息能量收回来。但是平常人在做好事的时候，因为智慧境界和能力太有限，所以常常做不到量行合度地应对事物，最终导致好心办坏事的结果，这样也是有损德气的。善心与善行，必须建立在真心自性的智慧力量的基础上。

今天在这里把这个秘密告诉大家，希望大家能接收这样的信息，在未来的日子里面克服掉自身的毛病，展示一个真正的、有觉悟智慧的真我。

如果说治病，那么我现在就已经帮助大家治好了多半，可能有些人还没有理解到这些内容，也没有什么其他的感受，但是人生命活动的改变已经发生了。我们要对自己有诚心、有信心、有决心、有耐心、有恒心，就是不要太热心。有些人为什么体会不到身体变化，没有感受呢？是由于自己的那颗心没有沉下来，是因为自我的心态太重，得失的心态太重的原因。我今天就说过这样一句话：人要快乐地对待自己的每一天，对待自己的生命。在我们有生机的日子里面，我们应该正确的面对自己，活出一个欢快的自我，不要总是愁眉苦脸的。

有时候听老师讲课，感觉什么事在老师的嘴巴里面讲出来就那样的有道理，可是同样的事在有些人的脑筋里面为什么就处理得那么不和谐呢？就是因为我们的胸怀不一样。前几天讲过，有些人的胸怀就是太狭隘，太计较个人的得失，那么这些人就很不容易康复和提高功夫。如果你把自己的胸怀打开，全方位地接受信息，全然地爱，无私地奉献，那么一切将自然而然。不管是年龄大一些的还是小一些的，不管是来康复的还是来提高的、想长功的人，首先就是不要有得失的想法，这样人就会在不知不觉中获得进步、长功，想康复的人自然也会活在健康的过程中了。

今天中午在和有些学员聊天的过程当中，我就回忆起过去我的老师在讲课当中讲到的一个问题，就是你现在刻苦地练功，你把基础打好，以后如果有高功夫的师父、好的老师，你就有了好的机会。一切机遇都是给那些准备好了的人，这是不需要进行分别的，不管是康复还是成长，道理都是一样的。

大家知道吗？棒喝时对于长功与康复，为什么都是运用一样的形式？为什么长功夫是那么一声响，康复还是那么一声响？因为真理就是一个！在我们修养身心的理论中，没有第二个真理。也许在有些人的头脑里面有若干个真理存在，可是在我们这儿，不管是我自己的人生，以及内在的生命活动，还是自己与社会及自然的环境当中，我都会遵循大自然中最根本的绝对真理。任何人如果对真理有太多自己的理解与认为，那么就会自然地住在那个境界之中分裂自己、障碍自己了。我希望每个人都能够重新认识觉悟智慧的内涵，生命是需要你自己珍惜自己的，而且是应该认真地全面地珍惜你自己，爱护你自己。

人生掌握在自己手中

我们要敢于面对现实的生活。从1994年以后，我就坚定了自己的信念，准备走一条自己的人生之路。前天有一个朋友来这里，他以前参加过师资班的学习，他有一个观点，认为大环境变了，练功练不下去了。可是，我们这里在座的很多人现在还能每天练四五个小时、五六个小时，但这个朋友却说受大环境的影响，没有办法刻苦练功，一天只练一个小时。然后他还举例子说明：那个地方有个生活的场，那个地方有个政治的场……

我想告诉这些人，现在无论有什么权力的场、生意的场、长功的场、康复的场等等，我都不需要知道，因为我都经历过了。如果一个人有觉悟、有目标，难道环境能左右自己的人生吗？我的回答是，肯定不会受其影响！但是大多数人则会认为环境能够影响人、改变人。是的，环境可以影响一个弱者的人生，但是不会左右一个强者的志向和意志，不会影响一个修身养性实践者的智慧人生。我们在座的都是热爱健康生命的群体，没有谁是会被左右和影响的。

所以总说自己受环境影响的人，只不过是个借口而已，你已经失去了努力的方向和信念。当我们有坚定的信念的时候，就会全身心地投入，不受任何外在环境的干扰。要知道，外因只是事物发展的条件，内因才是事物发展的根本。像河北来的学员练功是很刻苦的，据她讲练混元卧功一次都练好几个小时，那位姓顾的学员每天能够练四五个小时。武汉的姓彭的学员也是比较刻苦的。年纪比较大的李先生在家里面练功时，晚上不到12点是不会睡觉的，至少一天也练四五个小时，而且他以前是脑溢血患者，现在为什么还能开智慧祖窍、开智慧？就是因为能够坚持练功，等到机缘和合，他就能在我们的棒喝下开窍开智。

你们之中还没有做好准备工作的人，希望以后能够珍惜自己的健康。关于棒喝的机会，只要大家能够持之以恒地刻苦练功还是会有的，机会永远就属于那种刻苦、勤奋、坚定的人。大家应该知道，各种健身锻炼的方法不是万能的，中西医也不是万能的，人自己的自信才是万能的。但是自信不要过度了，过度了那就叫盲目的自信，人只有不是盲目的自信，那才是觉悟，才能因此觉悟而获得大智慧。

在我们练功的很多人中，为什么练了这么多年还是没有人出真正的功夫，而田老师只练了一年多的时间就开始出功夫了？那就是源于走了一条正确的道路，不盲目的崇信。人真正的自信源于真心自性！那个发轫点就在道上，在善意和善行上。善意就是符合人、事、物自然运化法则的想法，善行就是把这个善的想法在实际的生活当中展开。健康也好，长功也罢，都需要你具备这样一个前提条件，这就是自信，充分的自信，全然的自信。

我以前遇到过好多病人，其中在秦皇岛的时候就有一个杨老太太，她与她楼上的一个老妈妈同一天中风，两个人同送一家医院。杨老太太住了一个月医院就要求出院了，而楼上的那个老妈妈则要求继续地住下去。出院的杨老太太回家的时候还流鼻涕，而且语言不清晰，经常出现时笑时哭的现象。听别人说我们这里的健身方法可以康复，当时杨老太太来到秦皇岛康复中心，到了我的班上。最初我根本就听不懂杨老太太讲话，因为她的嘴唇都张不开，牙齿也张不开，需要喂饭喂水，不能行走。像这样的一个老太太，在三个月的康复时间里面就能够行走自理，能够大致地明白她说话的含义了。

人的生命就在于自己掌握，这个很重要，不是靠人家，而是靠自己。这个杨老太太住院后要回家，然后主动地要求去康复；而与她一同发病的那位老妈妈后来又第二次中风，不到一年就去世了。杨老太太第二年又到我们那里康复，练了一年的功身体很好，越来越好。两个人的命运由两样的心态主使着。我记得非常清楚，那是一个连说话都得靠家人翻译的人，她初来时由她儿子陪护，她说话时她儿子要靠到她的嘴边去听，然后给我当翻译。通过三个月的治疗，她好起来了，第二年她又来到我们的中间。

这个老太太有很曲折的青年和中年生活，到老了还中风，但是她顽强的生命力帮了她，顽强的自主精神帮了她。如果我们想康复，没有这样的精神条件就不可能走向健康；如果我们是想长功的人，没有积极主动的人生观，没有这一份自信，没有刻苦的思想准备，就不可能真正获得想达到的目标。

希望我们大家对于改造生命的追求不要只停留在口头上，而应该把这一次感受的意义引申、延续下去，并结合到自己修身养性的过程中去。丝毫不要有任何夸张的想法，不要把自我张扬地表现出来，人总是要涵蓄一些。

挫折的经历是人生财富

培养一个人是非常非常不容易的，一个人的成长可能会遇到社会上很多人的反对、嫉妒，甚至于有时候是自己的亲人、朋友、同事、同学等，他们都会希望你按照他们的意愿去做。即使你是一个健康的人，在你需要成长的时候同样也是会遇到这样的情况，你会受到你家人的约束和束缚。因为他们脑筋里面想的是：你是我的儿子，是我的女儿，是我的朋友……你应该像我这样成长，或是像我给你设想的那样成长。如果在这种环境之中，你还能够不受影响而走自己的路，坚持下去，那就需要我们有非凡的人格和品质。

他们有他们的人生发展方向，而我们自己并不需要按照他们的思路去践行自己的人生。但是人们总是喜欢主宰或是包办别人的想法和行为，而当自己遇到问题时，同样会出现束手无策的状态。过去我们总是听老人们说“包办的婚姻”，如果没有这样的经历，还是不能理解其中的感受。但是现在我们如果走修身养性之路，受到了这些来自于亲人、朋友的阻挠和反对的时候，那就能够理解了，人们总是喜欢为他人包办思想观念、包办人生观……

其实在日常生活当中，我们每一个人的绝大多数时间都是由那个假我在统帅、在控制的，所以自己的身心健康是经由那个假我来包办的。灾难不是来自外部，而是来自自己的核心——感官心意。我们要反省自己，这样才能提高自己的觉悟。“思想觉悟”这个词，在上世纪50至70年代用得很多，我们40岁以上的人都亲身地经历过，为什么不回忆一下那个很匆忙、很平静、很贫瘠的青年时期？在座的有60岁的、70岁的学员，退回去30年就是青壮年，回忆一下那个时候的心态，这个是非常关键的。回忆痛苦的过去能增加对今天的满足，给自己带来快慰；回忆过去的幸福，能给自己带来喜悦。通过回忆过去的故事、过去的经历、过去的人生，会展现一个良好的自我。但不要痴迷于对往事的回忆中。

有的人不堪回首或不敢回首过去，其实痛苦的过去为你积累了人生经验，那是财富。在座的不是一个人，而是一个群体，像我这个年龄是生在红旗下、长在红旗下的人。在1983年以前，一切是那样的宁静。

我对自己童年的回忆是非常美好的，人的经历就是一种财富。那时在小学一年级的时候，我就开始学做饭。武汉人做饭跟其他地方的方式方法有点不一样。在小学一年级时，煮米饭的锅放在火炉上，当时的我还没有放在炉子上的那个锅高，要垫一个小板凳。今天的小孩与我的童年相比那已经是非常的幸福了。所以，人需要学会自立、自主、自强，这样人才能获得健康的成长。

我对自己的小孩是这样教育的，因为我们家庭的收入比较低，所以很少给孩子买玩具。有时候孩子要，我就会给她做思想工作，所以小孩从小长这么大，没有玩过什么玩具。我们在座的学员们，你们的孩子，或是你们的孙子，从小长大玩过多少玩具？我的小孩在商店里面想买东西吃的时候，我就会说爸爸没有带钱，我们家里经济条件差，然后她就说“那就明天吧”。

传承教育是使人成长的一种必不可少的重要方式，对待孩子的成长尤其是如此，不能常常去满足他们的欲望。我们自己就毁在自己愿意满足自己的欲望上，不断地满足自己的欲望就使自己走向不成熟，走向堕落，走向不健康。

我这几天讲了很多与你们不一样的人生观点。人的成长确实需要忆苦思甜的，不要觉得你的童年非常地艰难而放纵你的儿女子孙、娇惯你现在的自己，不要这样去做。你以为自己的过去很苦，今天好了，应该享福，这是在放纵自己。不论是在今天的中国，还是在发达的美国、英国、法国、德国，都是一样的。大家不要带着自我的主观思想观念去比较人与人、家与家、国与国的各种条件和各种环境，我们立足把自己和自己的家庭搞好、把本职工作做好就行了。

现在社会上很流行看管理学的书籍，其中卡耐基所讲的《成功学》是非常出名的。他很明确地提到了人的成长需要伴随着老师、父母给他的忆苦思甜。书中大量地运用了类似中国人传统的传承教育方法，其中所讲的不少内容虽然没有我们传统的教育文化内容经典，但这些书在我们国家销售量很好。

为什么出现这样的现象呢？就是我们这些做父母和做爷爷奶奶的人，没有做好对子女的教育工作，并且我们现在的国人有很多还在回避这些问题。当你娇惯自己儿女的时候，当你们做爷爷奶奶娇惯自己孙子的时候，也就等于娇惯了自己。为什么这样说？因为你认识不到自身的缺陷与不足，本身就是一个“盲人”，本身就是一个没有思想、没有觉悟的人，是一个愚昧无知的人，所以我们才有机缘在这里相会。

当然，现在懂得了这个道理也不算晚，觉悟就在眼前，觉悟就在当下，只要你愿意听，只要你愿意去做。大家总是有一句话，当我说这些的时候，他就说“我说过，可小孩不听”，不听也不要紧，一项科学实验的成功是经过千百万次的实验才获得成果的，人的成长也是通过不断的经验教训才能够健康地成长起来的。你要想把你自己武装得好一点，你就得忘我地像这样去做。

当你们能够培养出小孩的高尚品质的时候，也就培养了你们自己的情操与品行，这个过程就叫修养意识，也叫涵养道德。这是你们几十年人生经历当中不曾有过的，也不曾想过的。老师以40多岁的年龄给你们讲这个课，你们不要觉得有什么不好接受的，不要看年龄，要看老师的觉悟智慧能否帮助大家，你只要遵循原则去做就可以了。

自立 自主 自强

成长其实并不是很遥远，成长也并不是你需要很多的努力就可以了；成长需要你相信，需要你把你自己内心的世界坦荡地展示出来，展现在自己的家人面前，展现在自己周围环境中的朋友面前。只要你愿意开放，你就是身心健康的人，生命的气血就会充盈起来。

这就是刘老师2000年以来成长的经验。在2002年以前，我自己的智慧境界并不高，跟大家相差没有多远。在这几年当中，我确实体会和感受了人生，也发现了若干人生规律。因为我现在证到了这个结果，这个结果也就是现象与本质的统一，这个结果也就是形式与内容的统一，过程与结果的统一。因此当人见证了虚寂实相这个根本智慧以后，就能够做到不通过现象去看本质、不通过形式看内容、不通过过程看结果，而是直接地展示出自身与各种人、事、物之间相互关系的整体性。

有很多人在学习整体观理论后，首先就想着谈整体，但他根本就不知道整体观和辩证法是一分为二、二合为一的。当你谈到辩证法的时候他就摇头，而他还认为自己是非常高明的。像这样人就已经走到了旁门左道上，走到悬崖边去了。

我今天讲的这个课题，不仅在以前从未讲过，而且也没有准备演讲稿，只是在这种即兴的状态下，把自己见证的某些内容自然地、直接地给大家讲了出来，以方便大家理解学习智慧教育文化的重要性，没有其他的想法，仅此而已。如有讲错的地方，敬请大家谅解。

当然大家也不要以为自己做人做得很好了，其实你美好的人生还没有真正地开始过，你还不会做人。我以前告诉学员，如果有人问你们在学习些什么，你就告诉他，我们那个班学习的内容，就是学习做人的。有好多的学员他们都这么说，包括我们谢女士都知道。谢女士以 64 岁的年龄到我这里来学做人，还有 70 岁的……

为什么会这样说？不是说到了这个年龄就能认识人生的真谛，因为人还有很多的困惑，还有很多的无明。放下年龄的架子，放下学历的架子，放下以前受人尊重的架子，把自己放低一点，做人就有了成长的可能，就有了成长的空间。如果自认为自己高明，那就没有成长的空间了，万事万物的运化法则都是这样的。

不管你在社会上有多高的地位，也不管你拥有多少金钱，结果都是一样的。就像我们这里的某位领导，他以前当某部长的时候，他那么高的地位，不也还得求我这个一般的贫民百姓给他帮忙吗？为什么这样说？因为人与人之间是需要相互依存、相互帮助的，这跟万事万物的运动变化发展规律都是一样的。

练功夫稍稍有一点成绩的人不要骄傲，包括我在内。我讲一遍对大家有帮助，其实对我也有帮助，因为我还需要在更高的层面上去完美人生。话说给大家听，也是说给我自己听的。就跟刚才讲的话一样，你教育你的儿孙，其实也是教育了自己，通过这样的方法唤醒你内心的真我，这就是修身养性的方法。

其实讲了这么几天课，我只要是和大家在一块儿的时候，每时每刻都在传授法。大家要知道，如果你是学佛的人，那么我就在传授佛法给你；如果是学道的人，那么我就在传授道法给你；如果是在学习如何练功夫、证智慧的人，那么我就在这儿传授练功开智慧的方法给你。

大家不要产生分别心，智慧传承教育文化无古今，其本质内涵都是一样的、是一体的，只是智慧教育文化的起点及其表达的现象和形式有所差别而已。只要你能够归到核心内涵，那么结果都是一样的。当我在那一天证到真理现前的时候，我周身的世界，身心内外的世界，都是一个和谐的统一整体。如果我嘴上讲的和外在展示的内容是两个事，那就不会对大家产生这么强烈的震撼。这种震撼力、感染力不是体现在语言上，而是体现在智慧功夫上的。这也就真真切切地体现了“以理服人，以德感人，以功力取信于人”的实质。

智慧功夫的实质，在更高级的阶段，是没有理、没有德、更没有什么功力的，只是呈现了人的自性真我的分别应化智而已。这样大家就能够获得利益——身心整体健康的利益、觉悟智慧的利益、完满人生的利益，大家会因此生欢喜心，生快乐心。

希望大家不要满足于现在的人生，要始终通过修身养性来修正自我的意识，完善自己的身心。像这样去行、去做，那么人的未来就一定是非常美好的。大家不要错过，不要等待，只要行动就可以。

我们每一个人的成长都像梅花一样，是需要去经历的，苦也好，累也好，风霜雪雨也好，都必须经历，而且还要无怨无悔。只有这样，才能散发出梅花的馨香，梅花香自苦寒来！

杂谈答疑中篇

话点滴细行

呼吸操的法与意
智慧教育文化的发展
健身理法简答
修养意识是根本
见地只在行中藏

呼吸操的法与意

学生：老师您好，有个小问题，就是吃完饭以后，半个小时可不可以练呼吸操？

最好还是隔一个小时以上。吃完饭可以先练走圈消食操，40 分钟左右，再养一会儿气，就可以练呼吸操了。

学生：老师好，我是三年班的学员，三年里能练的功法主要是这个呼吸操？像我还有念诀。这三年里边是不是还有什么其他的功法？就是呼吸操和念诀吗？

练功生活化的一个比较好的方法就是念诀，锻炼方法就是这些，以呼吸操为主，以梳头操、升阳固本操等为辅，按照“康复与长功套餐”中安排的来习练就可以了。剩下的内容全部是修养意识的内容，再余下的是静坐养气。

学生：另外，再请教一下呼吸操和修正意识的关系，看我理解得对不对。通过习练呼吸操把五脏的气强化了，身体健康水平提高了，生理、心理的稳定性提高了，这样同时也使人的七情六欲变得趋于缓和了。我感觉人的好多疾病都是由于没有保持中和之性造成的吧？所以，修正意识可以从根本上化解七情六欲对人的影响，是不是这样？

可以这样说。因为练呼吸操能强化五脏之气，使五脏之气趋于平和、气血充盈，这样就会强化人的生命运化功能，就可以提高人的神性对身心行为活动的统帅和主导作用，还会因此使人的生命运化规律之“精、神、魂、魄、意”这五种属性特征，呈现整体的和谐状态，变得清净安定。而且，只要自己主动地去修正意识、净化自我，努力地去改变，是有助于自己驾驭感官心意的，有利于自己修养意识的。

学生：是相互促进的。

对，是相互促进的。

学生：您原来说过，我们练呼吸操或者念口诀，一天24小时在念，就算真正做到了，对于生命活动的改造和完善也只是做了0.01%，更关键的是改变思想意识，也就是修正我们的思维参照标准的思维模式。

对对对！

学生：就是从练意识、修养意识对人体的影响上来看，是不是说可以直接把脑垂体那个部位，或者是说把上丹田那个部位，通过修正意识把这个地方想得更加清亮。

修正意识不是针对身体的某一具体部位。你提的问题，那都是在健身的过程中如何运用意识活动的内容，如何做好意守的具体内容。这个运用意识的具体内容不是指一个空间，也不是有形的生理结构内容。要知道意守是指观注生理结构中的某一个空间的能量存在，或者说是内气的存在。你要想得清亮一些，也是可以的。但关键是你要能够想得进去才行，能够想得进去那就是法无定法了。

学生：原来说运用意识的观照，是把心脏后面到脊柱那一段想得要亮一些。

对，想亮也就行了。但这只是一个进入的方便法，而不是我们修正意识的内容，修正意识的功课还要在日常生活中去学习、去炼、去做。应该怎么做，我的很多讲课中都着重说了这个问题，你可以去看一下。

学生：我太高兴了！有几个问题想请教您，最近练呼吸操时间太短，有些地方不太清楚，可能大家都要见笑了。第一个问题就是做呼吸操第一节的时候，以前我做的时候都是左吸右呼，一直这样，后来发现气机不平衡，右边通的快，我就把它改成左吸右呼，然后右吸左呼，然后再左吸右呼，这样可以吗?

其实就是这样的。

学生：那我一开始理解错了。

是一开始做错了。

学生：是啊，后来我才知道了。第二个问题是做第二节的时候，换手之间我加两个自然呼吸好像好一点，就是不直接吸完了就呼，换手之间我想停一段时间，那个手再上来。可能是习惯这样做的，因为我一直不清楚到底应该怎么做。

是这样的，做的时候是吸完气，呼气的时候向下导引，呼气呼完了，手的姿势就导引到了肚脐，掌心对肚脐；然后另一只手上来，点迎香穴，捏住鼻子往上一抵，然后你松开吸气，掌心升至印堂；再然后向下导引——呼气的时候向下导引。(边讲解边示范)

学生：对啊，中间有停顿。

做的时候动作好像有停顿，呼吸之间应该是没有停顿的，是连绵不断的。也可以停顿，但是停顿的时间要短，不要特意闭气或憋气。

学生：行，我试一试。我刚才听您说要吃饭以后一个小时才能练，我没有时间啊。

对对，你的时间比较宝贵。

学生：吃完饭就做呼吸操不好，是吧?

是。吃完饭就做的话，显而易见的就是存在一个问题，胃里边还有食物，肠里边还有食物，所以，需要等它空一些的时候比较好一点。

学生：那就晚上少吃点?

晚上少吃点，你把时间合理地安排好就可以了。你那边是晚上，可到了我们这边却是早晨了，两地有时差。早晨练挺好的，我们都是早晨练，只不过你们是晚上练，都是可以的，这样我们时间是同步的。

学生：好的，那就晚上少吃一点。我知道跟您肯定是同步的。因为我觉得中午吃完饭后，气感是特别强的。我觉得好像是老师在做子时功。

你听过那个传承的录音吗？你要坚持念口诀，一定要坚持。有的人是听过的，有的人没听过，待会儿让大家把那一段放一放，放一放你听一下，然后你练功夫的时候就好练了，你再念“混元灵通”的时候就方便了。这口诀是属于传承的内容，其中含有能量。

学生：知道了。可是没有听过。

你听一下这是个传承的东西。你安安静静地听，接受传承的内容。在传承口诀的过程中，请大家注意这里边有几句话是非常关键的……能够坚持练就好。

学生：我一定坚持。

智慧教育文化的发展

不管是在中国还是在国外，不管是宗教界还是修行界，直到现在就是没有找到一个很好的锻炼方法，能让人在短时间内生理发生质的改变。从方法上讲，我们健身呼吸操的系统方法已经是做到了这一点。但是另外一个问题又突现出来了，那就是人的思想意识活动净化的问题，身体快速变化的同时，意识活动的改变跟不上来。

所以，希望那些无论是想康复，还是想修养身心的同学们，我觉得你们都应该认真去做意识修养的功课。有时候人做事是凭兴趣的，喜欢一行就想把这一行做好，哪怕仅仅只是个爱好。我是这样想的：希望大家能够把自己的修身养性的功夫做好，哪怕只是当成业余爱好，能把它做好就行了。就像你说的“谁是我，我是谁”是吧！

学生：您见笑了。

是这样的，能够通过反省来回光返照，在根尘脱落的一刹那，那就是“谁是我”的那个“我”！就是“我是谁”的那个“谁”！实质上“谁是我，我是谁”就是个现法身、法身现的过程，那个是过去叫修“身”的根本内容。这个“身”不指我们这个有形的身体，而是指法身，指三身成就。现在已经没有人提倡了，我的老师想提倡它，宗教界尤其是佛家的大德们要提倡它，而我们是要实践它。

关于棒喝的方法已经有了，我们已经掌握了棒喝的规律。但是社会文化的这种——国外叫氛围，中国叫气氛——氛围或气氛都不够，所以说，培养这种开发根本智慧的“气氛”需要用20年的时间才行。我们现在的这些人，包括我和你，还有在座的大家，有很多人都只是过客而已。

智慧传承教育文化的建立虽然有数万年的历史了，但是真正懂得修身养性的人却是寥寥无几的。修身养性的智慧教育文化在今天这个社会确实还没有形成。结合今天的这种社会文化现象，就要求形成符合这样社会意识形态的修身养性的理论和方法体系。过去的养生方法是那种自给自足的修行格局和模式，而今天是社会化大生产的模式了。全球就差不多成为地球村了，所以，传统的养生文化和健身理论及锻炼方法也得跟着变了。科技文明发展到今天这样的高度，我们不可以再用以前的那种牛车、驴车来赶路了。

关于这种需要改变的模式，对此我们还在探讨之中。我想我们再花20年的时间，用一代人的努力，在20年以后，我相信那个时候的智慧教育文化将是比较成型的了，也可以说是成熟一些的理论体系，或者说是方式方法的模式都可以。但是今天有这样的模式也是非常不错了，在中国有人在宣传，其实在印度也有人在宣传。智慧教育文化，它作为一种文化，是科技文化、社会文化、自然文化这个总的文化体系中的一部分。

智慧传承教育文化的形成，是会促进人类文明的发展和进步的，它的形成是具有重要意义的。我们对智慧教育文化的认识，就是这样认为的：智慧教育文化是人类社会发展的一个重要环节。我们今天就是搞这个，并不是有谁要我们这样做课题研究的，而是我们自己自发的、自愿的去这样做的。希望你在那个环境里边能够把这个事业做得更好，在那个异国他乡的地方，其信息要单纯得多，所以说应该练起来，感受比在家里、比在我们这里应该还要好得多。

学生：好像是要容易一些。

那里呈现出的人与人之间的关系不是勾心斗角，它那个社会的意识场性不一样，它不像我们这里有这样复杂的内容。所以说你那个客观的环境要好一些，就需要你要珍惜啊。

学生：我会的，我不是只20年，我跟老师走一辈子了。

我希望你好好的，今后有所成就。因为呼吸操应该是传播全世界的，它是一个最方便有效的锻炼身体的方法，并包含着健身活动最基础的也是最根本的内容，而且非常简单易行。

健身呼吸操应该是21世纪的绿色文化和自然文化的基础，是人们对这两种文化的回归和要求的产物，它不同于宗教的修炼，呼吸操非常实惠地给大家带来了方便。你真正学会了，就把它告诉你周围的朋友，也希望你像爱亲人一样爱他们，这是真正的中国文化。

学生：我有一个英文论坛，里面有六百多个会员。

能不能让你帮个忙？把我讲课当中有一些内容翻译成英文，把呼吸操翻译成英文，以及呼吸操的特点，放在你那个论坛里边，让不同国家的人都接触得到它，让更多的人从中受益。

学生：可以啊。

健身理法简答

学生：老师好！

你这一段怎么样?

学生：这一段气感变化特别地细腻，体内的气感一直在慢慢变化，这一周来感觉特别地明显；另外气感过去时，感觉到冲击力特别强，特别柔和。

通过这一段时间的练功，我大体做了一下总结，每天有5个小时练功。最近每一次练完功，算一下，一般是练4小时多一点、5个小时不到的功。练功达4小时以上时，心情感觉特孤单。我最近练功时，会经常出现身体的某个部位直接就感觉不到了的现象。整个身体只感觉到两只手的存在，或者是头存在着，其他部位怎么也感觉不到。有时候感觉不到中丹田、下丹田，有时候经常是全身。一般出现这种情况以后，睡觉有时候就做梦，有时候还做梦在天上飞翔。

在天上飞翔?我以前也做这种梦，意念可以控制一下就飞起来。

学生：对，当然还不敢飞太高，意念不敢飞太高。

这些都是正常的，没有关系，不要害怕。飞太高了就想一下回来。这只是你的感觉。

学生：我体会连续练功的效果，要比分两次练的效果好。练呼吸操这个过程对我来说是一种享受。练四五个小时，气的变化特别多、特别明显，气越来越细腻。如果我时间充足，一次练5个小时基本上感觉不到累。还一个情况就是稍微吃一点荤食就难受。

气足之后是会出现不思食的现象，也会出现厌恶荤食，因为吃荤食所化出来的气比较粗，这样的话你可以少吃一点。

学生：不是吃饭多难受，愿意吃素食，今天上午吃肉稍多一点点就不行了。

少吃一点就行了，或不吃。按你的身体情况来安排。

学生：最近睡觉也很少，一般四个多小时稍多一些。情况基本上就这样。这三个月练呼吸操以来，在修养意识方面也有心情烦躁的现象出现，不过十几分种、几分种也就过去了。还有一点，练呼吸操的过程中，我有时会感觉到如果在身体很弱的时候，练几分种的呼吸操也能起作用，是这样的。最后一个小问题是想问一问老师，喉结化应该怎么理解。这个“化”应该怎么理解，我对此有点模糊。

喉结化开，是指这个地方的骨头都发生变化了，它也是从量变发展到质变的一个现象。本来喉结是蛮大的，但是练时间长了，或者一段时间气足了，就会把这个骨头的结构合理化。当然这个骨头的本身是软骨，气血充盈之后把骨结构给合理化了，变成了像小孩子那样的喉结结构，恢复到小时候的喉结结构。这个过程是一个净化生理的过程，它不是一个退化的过程，是一个净化的过程。所以说喉结化了，这是人生理上发生质变的一个标志性内容，其实是这样的。“化”，就是转化、气化、混化、合化……各种层面上的含义都有。

学生：现在可以练子时功吗?

子时练功有时间就好好练。其实练呼吸操以后，你可以子时有时间就子时练，午时有时间就午时练，有时间就练，选时间练，没时间不要挑剔。

学生：我已经开始练升阳固本操了。

练平转腰胯的时候可以转慢一点，转腰不是关键，主要是扣翘尾闾。做扣翘尾闾不要用太大的力，用意念带着做前扣后翘就可以了，这样不消耗能量，还能长功。这样松腰速度就非常快。扣翘尾闾，它能起到化气的功用，那个是关键，要好好练。

学生：我在默念口诀的时候，有时感觉到丹田里边还有丹田。好像自己这个人是双层的人。

人本身就存在三大层面的内容——精、气、神。你现在感受到两个层面，还有一个层面——神的层面。

学生：有时候做呼吸操，做第一节，做长了以后，好像整个头部缩到腹部里边去了。

这是好现象。它不是头部缩到腹部里边去了，是神降到腹部了，这个过程是神要进入气中的过程。就是说你丹田开了，开得不错才会出现这样的情况，挺好的，好好练！

学生：炼精化气是不是着重练下丹田？

炼精化气，不能专门练下丹田，还得结合中丹田一起练才行。如果只练下丹田，想炼精化气是绝对不可能的。传统功法说练小丹，说三年把精气给化了，那是有老师带，老师的中丹田都打开了，任督二脉已经打开了，而且应该是开到脊髓管里面才行。有老师带，有那个场，气往上走，而且人家有一套功法，把督脉通到脊髓管里面，所以是在神意的参与下把气运行起来化的。气要运行起来，关键在中丹田把气化开，不只是下丹田，而且还要练中丹田，要不然的话那个气不能完全化开。

练开中丹田是非常关键的内容，不开中丹田，即使练开混元窍也不属于正开，因为开得不对，开的层次不够，一定要把中丹田打开以后再开混元窍。当下丹田或中丹田还没有开的时候，最好不要练习混元窍，如果强行意守混元窍部位是会引起很多后患的，甚至是疾病。关于这一点，只要懂得一些中医理论知识的人都应该知道。

修养意识是根本

学生：刘老师，我是这样想的。其实说练功夫，您对于改变意识是一直特别提倡的。可我有位朋友一直不明白什么是改变意识。老师说改变意识涉及生活中对点滴小事的认识和应对，可他觉得这是家长里短的，家长里短就是不值得一提的事，不是练功夫的内容。他理解的练功夫就是有气感，然后开悟了就完了，生活中的事根本就不应该、也不值得一提。

为什么我们的修养日记能写出来点东西，但是他不写？我认为他觉得不值得一提，他也不考虑这些问题，认为改不改有什么啊，有什么好改的。我觉得他内心里就是这样想的，所以与他交流的时候一说改变意识这个事他就烦。他说："改变意识？我就不改变意识，练了呼吸操就行了。"所以我就觉得，两个人一起锻炼其实是应该相互鼓励地、互相帮助地往前练，可是你有时候想与他交流，这些东西还没法交流。他愿意谈的就是练呼吸操之后身体产生的各种变化与感受，改变意识也不太愿意提这些，提了以后他不往这方面说。

我理解刘老师主要是提倡在小事上修养意识、一点一滴地去改变的道理。因为生活中大事很少嘛，一般的人也不会做出什么惊天动地的大事。而且我觉得这个意识不改变，锻炼真的没有意义，我现在就是这样想的。所以，有的时候特别羡慕夫妻俩一起走修身养性这条路，可以一起修正意识，可以相互支持、相互帮助，那多好啊。其实我觉得一个人修身养性，跟平常人生存过程中需要做的内容是一样的，都需要改变自己去适应周围环境，只要是人，需要改变的地方就特别多，否则哪来的健康的身体，哪来的人与人之间交往的和谐？真是这样的。

对，我觉得这几句话说得还蛮是那么回事。意识不变，想获得身心健康很难，想有所成就，那就更难了。因为现在你们还感觉不到意识对生命活动的主导作用，以后身心健康的层次达到一定程度，功夫长到一定程度，意识的作用就显现出来了、就变大了，那个时候意识一偏，身体就搞坏了。

而且修身养性就是修点点滴滴的内容和细节，没有什么大的东西可修的，所有大的事物都是由小事物构成的，人犯的大过错都是因小的过失而造成的。老子说："图难于易，为大于细。""为之于未有，治之于未乱。"若是修身养性，不修点点滴滴，那上哪儿修啊？所以，大家一定要警觉细节方面的生活内容！

我们班上有的人就认为别的老师蛮好，只锻炼身体，练个气什么的，不搞意识修养，说："现在提个什么修身养性，我就不爱听修行这两字。有什么是需要修的东西？我不听了。”其实这个人的想法说明了一个道理，人往往被自我的某种观念障碍住了，或者就是一个概念，什么样的概念？修养和锻炼的概念。其实这两者讲的是一个涵义。为什么一个涵义的事物就能够障碍住自己呢？难道这点事还不小吗？就因为这点事、这点分别，他可以不管身心修养了，为什么会这样？就是因为一个概念像一座大山一样拦在他的面前了，塞到了他的整个心里边，他装不下别的事物，所以肯定就没办法修了，没办法练了。

这就叫执著，执著于相，执著于这个概念，像这样不注重意识修养的人，统统可以离开我们这里，这是很简单、很正常的一件事。如果这个课堂到最后能有20个人坚持下来，那已经是万幸了，那就是非常圆满的成功了。

所以，我们身上业已存在的、偏执固化了的意识思维模式一定要改，生活中点点滴滴的内容，就算是一点小事，一个小观念，或者说一个观点，都会把人障碍死。例如，有的人看病就不相信中医，可是他如果用了中医有可能病就好了，但就是因为这个不相信中医的观点把自己给耽误了。当后来走投无路而认识到中医能改变他的身体和命运、接受中医治疗的时候，疾病已经到了无法医治的地步了，无可挽回。

像这样的实例在我们日常的生活中还少见吗？难道这不是人的自我观念在作怪吗？所以，人若执著于自己所谓的思想观念，那是有可能把自己障碍死的，哪怕是一个很小的观念，甚至于是一丁点儿的观点。比如有的人说，我就不喜欢吃甜的；有的人说，我不喜欢吃咸的，不喜欢吃面条……人们总是固执这样一些观点。但是一个人在实际生活中总是会遇到这样的环境——只有面条可吃，难道只有面条一种你就不吃了吗？你就不要生活了吗？所以事物障碍不到你，都是你自己的分别心在障碍自己。大家一定要记着这一句话——适者生存！

适应环境的人他才能生存下来，总是挑剔生活的人没办法生存下来。习练呼吸操等健身法，就是在帮助人提高适应环境、顺应环境的能力。但是，如果你不能从思想意识上、思维参照模式上也跟着去顺应环境和适应环境的话，那呼吸操又怎么能改变你的身心健康呢？做呼吸操，仅仅只是从生理上提高你的健康状态，可能会促进情绪的和谐，但不能改变人的意识。意识活动只有从意识活动本身的参照内容上去认识它，才能彻底地发生改变，才能改变成为符合生命运化规律的那种标准。所以说，做人千万别固执！

见地只在行中藏

学生：刘老师，我以前看有位老师的书，总是觉得特别的空洞。反正也不知道为什么，他写那个主动运用意识、内求，凭我当时的理解，以为就是内在的体察，后来再想可能不是，内求就是自己找自己毛病就可以了。那位老师也没有这么细致地讲在每一件事上怎么做、怎么改，所以也不知道这句话说了多少年了——说要主动运用意识、内求，但是根本就不知道从哪做起啊。

最近我跟功友聊天，说听刘老师讲课的时候有的内容比较实际、不空，我就想起来以前了。以前看那位老师的东西觉得有点空洞，那跟自己不挂钩，那些东西不属于我自己，因为我不懂它，我也不知道怎么做，所以感觉有点远离自己。

起码在“三年班”里边，好多东西就开始理解了，刘老师为什么一直强调说转变意识啊转变意识，怎么转变意识。虽然我当时也是不明白，但是后来我能理解到转变意识把自己以前的观念要改掉，改掉不符合生命规律的这种观念。比方说，出现的观念不符合“不动心”的这个标准，像我要是有了杂念我就动心了，它不符合不动心的标准或者诚信的这个标准。

老师我说得对不对？因为这个问题一直使我困惑了很长时

间吧，后来就是遇到您——刘老师，一直在一点一滴里边教导大家，老师会指出来哪做的对，哪做的不对。我就觉得其实练功夫的根本内容就是每一个起心动念，就是在每一个小事上面，在每一个小事上面能够净化下来。不练这个修养意识的根本，就不可能转变意识。人很容易在小事上、在念头上转圈圈。如果想让每一个念头都不障碍、束缚自己，这样真我之真心自性就会自然现前，得到了解放一样。因为你不再受各种念头的障碍，你思想不就被解放了吗？我理解就是这样的转变意识。

就是这样。

学生：想明白了以后，真的是这样，内心就不后怕了。再看整体，我会知道健身发生的反应，明白以后也就无所谓了，觉得很正常；我被外界的事情干扰了，发生情绪自己也知道，会很坦然的面对这些事情，意识就不会障碍了。我觉得这样真的是非常好！为什么好多人不理解这些东西？

你有进步，要开始入门了。不过要警惕，要知道一不小心就会退转的。你刚才说的这番话也可以算是正知，这是正确的认识，这是人要起正信的那个根基。如果没有这些内容，如果不能因此而持之以恒地坚持修正意识，那就根本不能走向觉悟智慧。所以，你需要深入进去，届时我就会祝贺你，这样的生命活动才能是自由的，不是仅仅只是去想，而且还须要做。告诉你，见地只在行中藏！

学生：其实我觉得这些道理好像都明白，我觉得在场的所有的人都会懂得这些道理，因为学的理论也不少了。但是怎么做？还是在一点一滴中做，知道了就要做到，然后才能不断地往前深入。可是如果知道了你不做，还是等于不知道。

如果是真的知道了，自己就会做的；所谓自己知道了而又不去做，那就属于根本不知道，那叫无知，其因就在于愚昧。再次强调一下，请大家记住：见地只在行中藏。

学生：听到了。

见地只在行中藏，就是说你要通过行动去证明它，你把你的见解，把你对事物的认识和感悟用在自己的生命活动当中去，就是这个过程，不知不觉用进去了，就是藏进去了。听懂了没有？

学生：听到了。就说想明白这些道理以后，真的就感觉自己好像脱了一层皮一样，觉得非常舒服，遇到不顺心的事也能坦然面对，那种感觉很好。我那天下午在忙，晚上听您讲课，您也是刚从上海回来。当时，我知道你讲的这些内容特别重要，但是不知为什么，心里很难受想睡觉，所以就忍不住睡了一会儿。

我想睡一会儿就起来，结果还真的醒了，您正讲到“跳出三界外，不在五行中”。当时，我自己感受就好像在三界里、五行中打转转，一直转不出来，那种感觉就是在意识里边转，转得我难受，死活就出不来。我说怎么回事，然后一听您说到这句话，马上就豁然开朗了。有的时候觉得听老师一句话就可以了、就足够了，然后照做就行了。自从那天听完课以后，第二天情绪就很少有波动。

大家要知道，可能她所讲的很多内容并没有做到，但是任何人的修身养性都必须从理入，理入是行入的保证，非常重要。现在她讲的这个理是叫正知的理，属于入门之前的正确的见解内容，所以也可以叫知见；然后把这些知见用在行动上展现出来，就叫见地。如果所学的理与现实中所遇到的事结合不上，那么知见就是我们成就智慧、获得成功的最大障碍。所以说你认真去做就好了。

可是如果做了都不能变，而是拿着空洞的理论、知见，在同道之间你照我、我照你，我想那都是没有意义的。因为大家以前的很多老师都没有按照身心修养的要求进行指导，当然也不知道什么才是真正的修身养性方面的理论，所以才带不出来学生。如果真的要带学生，就必须得从点点滴滴做起，只有从点点滴滴的行为活动中去认识、去改变，这样人思想意识的转变，包括所谓的色身的转变才成为可能。

“不积跬步无以至千里，不积小流无以成江海。”是吧！事物都是由小及大的，量变积累到一定程度就会发生质变。现在最可怕的是我们“慎独之路”班上的这些学员，连这个量的概念都没有建立起来，谈量的积累就没有意义了。比如，你在这儿说我，我在那儿评论你……都是执著于后天念头的结果。

其实，有时候人是需要通过重复来展示自己的，讲一次重复一次，这样印象就会深刻，理解也会深刻的。如果有一个什么事老是不讲、总放在心里，那么告诉你，这样的事它是不会成熟的。你说等我弄成熟了再拿出来，不可能的。人是需要不断地改变自己的，须要自己改变自己！自己首先学着改变自己，这个是非常重要的。

学生：关于我讲的内容，其实是很想写出来的，写一下这样就比较清楚了。然后就能对照自己的行为，对照去做。可是这一段时间，一直没有时间这样细细地去写，但是我觉得话说了一遍之后自己就能加深印象。

对，就是这样的，以后再看、再学就有了参照改变的内容。

学生：就按照这个东西去做，一步一步地做，到最后我肯定是会明白的。因为我知道在日常生活中一点一滴地去做，不可能一下子就成就了，一下子那也成不了圣人啊。

你看庞老师以前总是说“智慧是碰撞出来的”，那每一个修养身心之人都不讲出自己的感受来，怎么叫智慧碰撞？老师以前讲跟人聊天、谈修养的心得，很多的理论就在交流的过程流露出来了。如果一个人在那儿冥思苦想的，那么有很多修养身心的理论内容就出不来了。人首先是知道在前面，然后才有做的方向和可能，连知都不知道，那他怎么做到？修养身心与学习养生文化需要一个积累的过程，修养意识也同样需要几十年来做，而不是三个月或三年的内容。所以，我们大家应该现实一点，有一点见解就展现一点见解，有一点见地就展现一点见地，把“我”之真心自性呈现开来。

学生：要是能按照这样的方法去做的话，就是老师说的那个“如临深渊，如履薄冰”。那种感觉吧，都是在小事上谨小慎微的是吗？

对，这些都是过去功夫界里边的话——“如履薄冰，如临深渊”，是打比方的说法。这些都是思想意识里面的一种微妙境界，通过不经意的平常小事而展现出来，因为从点滴小事之中能够呈现出一个人的非凡智慧。老子不是说“豫若冬涉川，犹若畏四邻，俨若客，涣若冰将释”吗？事可以小，但是可以从中反应出其思想意识的境界、其参照系标准和思维模式是否符合道之体性，不执著、不分别与不妄想，不执著于感官心意而行住无所住的一切生命活动内容。

学生：这些内容“慎独之路”刚开班的时候，我是根本就不知道的，不知道老师在说什么。

好，那就说明你在这三个月中有了很大的进步，只要你沿着这条路走下去，那以后就了不起了。

你看，在生活当中有很多都是小事，劈柴担水、洒扫应对在现实的生活中确实都是小事。人须要有爱心，爱心也是从小事体现出来的。比如，做家常便饭，在饭、菜与人的比例搭配中，不管是菜还是饭，有时会做多，有时又会做少，这些都是能够体现出人的智慧与情感的。这些其实都是很平常的小事，大家可能都不会去想这些事，或许想到了，但是想得不全面。

其实爱一个人，说起来很容易，做起来挺难的，是点点滴滴的行动连接起来的。所以，当人们在谈到自己家庭生活的时候显得很细小，但是反应出一个意识的观念——是非价值观。其实我们要改变的还是人生观，但是人生观就体现在日常生活的点滴细行之中，是通过是非观与价值观来体现的。

在你们中间，还没有几个人是想着要去真正地改变自己的，我观察大家，感觉大家还是处在误区里边，认为“健身就是健身，改变意识就是改变练功的意识，而不是改变人作为人生活的一切思想意识”。大家现在都是这样的一种状态，这是一种误区啊！这是过去气功文化运动中遗留下来的一个问题。所以，我们每一个人都应该认真去做，从小事做起，从点滴做起。

对于这些问题，说起来很琐碎，事很小，但是体现出来的却是个“大”，是大的障碍、大的缺陷、大的无明、大的愚昧，就是这样的。

谦冲自牧 笑对人生

畅游武汉说古今
一字真言笑不休
呼吸操与康复
精修巧炼要得法

畅游武汉说古今

学生：老师，明天早上七点半出发，我们要去武汉市里玩一圈。

好啊，我告诉你们要这样走。首先一定要看武汉的江滩。上海有黄浦江滩，黄浦江滩的风景区很小，就那么一点点长。黄浦江滩的美关键在哪儿呢？就在江滩边的高楼大厦上。看黄浦江滩，就看晚上的那个灯光起的时候，两边交相辉映，那真是现代都市的壮丽美，江边的夜景就出来了。

可是武汉的江滩是园林式的，像个公园，没有上海那么多高房子都在那黄浦江的两边，虽然武汉江滩也有高楼，就是少一些，两边都是横跨长江的大桥。长江二桥和长江大桥中间这一块，江两岸都是园林，都是公园，绿化得很好，虽然这个风景绿化带花了不少钱，但是给人的感受却是清新开阔的。

你们先坐车到黄浦路，下车走过去到江边，上了江滩公园就走一走，看一看；或是坐风光游览车，让司机开慢一点，看看岸边的风景，就这么一段。然后从黄浦路走到1954年武汉抗洪救险的纪念碑前看看，那里是毛泽东主席畅游长江后上岸的地方，叫滨江公园，也是约翰码头。走到那个地方就三站路，1500米，没多远，如果没事就慢慢走。

那个地方看完，再坐游览车花几块钱到江汉关，在江汉关那个地方照照相蛮好的。江汉关跟上海关是一样的，以前都是被英国人强定的不平等条约所侵占的租界。到了那里你们就可以逛江汉路了，到步行街滴溜一圈。然后回过头来到江汉关的轮渡码头，去坐到武昌的轮渡过江。

坐渡船到武昌，到武昌观什么景呢？坐着渡船你们可以看长江两岸的风光，现在的风景很美，大家都能看到，尤其是渡船走到长江与汉江交汇的地方。那个交汇的地方——汉江的水是绿色的，长江的水是黄色的，你们会看到的是黄水和绿水交汇的景象，挺干净的，界限很分明。因为长江江面很宽，汉江口也比较宽。汉口这边是龙王庙，汉阳那边就是龟山，武昌那边有黄鹤楼，在船上都可以看见。大家到了这里能够领略到武汉三镇的美丽江景，然后前方就是长江大桥。渡船在武昌的长江大桥附近要靠岸的时候，你们向前看，在长江大桥桥头的附近，就是毛泽东主席畅游长江下水的地方。

武汉长江大桥是武汉的一个老风景点了。你们上岸后，从长江大桥下边走，走到长江大桥桥头里边去，坐电梯上去就到了桥头。从长江大桥的桥头看长江两岸，看三镇的风光，都能够尽收眼底。然后大家再往前面走，走一走就到了黄鹤楼。上黄鹤楼可以看武汉市的全景，黄鹤楼对面是武汉电视塔，很高。走马观花地逛，看完了黄鹤楼，也可以去长春观看看，王重阳的徒弟丘长春，也叫丘处机在那修炼过。长春观往前走一点就是宝通寺，过去叫宝通禅寺，现在变成了旅游参观的景点。

看完就打一个便车到汉阳，汉阳那边的一个寺庙，叫归元禅寺。在汉阳那边，你要是到古琴台去，从黄鹤楼下来就坐个电车到汉阳下，过马路就是琴台。钟子期遇伯牙，一曲高山流水，知音相会的地方，在古时被传为佳话。

老子的《道德经》文化就是在楚地中诞生的。三国时期，打仗也是在这一带。过去有一首诗写黄鹤楼："昔人已乘黄鹤去，此地空余黄鹤楼。黄鹤一去不复返，白云千载空悠悠。晴川历历汉阳树，芳草萋萋鹦鹉洲。日暮乡关何处是，烟波江上使人愁。"这首崔颢题的非常有名的诗，就是描写这里长江两岸的风景的。

三国时期的赤壁之战，也是在这附近的地方，是周瑜领军打仗的地方，在长江大桥上几十公里、或下几十公里的地方；三国时候那个战争，是贯穿几十里路的，一齐打，所以这个地方还是一个古战场。你们要学会旅游，游一游这历史长河的画卷，那可是历历在目。

我们这里可是个古今道场，但是没有缘分的就不会来了。人与人的相处都是缘分，没有缘分聚不上。大家可千万不要觉得很平常。你们看全中国有那么多人，为什么我们能相遇在一块儿，能坐在一块儿？这是缘分，我们大家都应该珍惜这份缘分。喜欢修身养性，只是我们相知相遇的缘起。

一字真言笑不休

学生：我们在这里很开心。

是啊，过去讲“一儒一道一释流，三子各话万千秋。到底说了什么话？一字真言笑不休。”儒释道三家都说了一个共同的话题，这话题是什么？笑。一字真言“笑”不休，而且说了千百年哪，共同说了一个东西。我们现在是什么境界？就是笑不休的境界。大家注意，这个“笑”应该是从心眼里面笑出来的。

你们要是在平常的生活中还能够保持这样灿烂的笑容就好了，那不就成了活神仙嘛！我们大家印象中的神仙，不就是快乐的样子，笑盈盈、乐呵呵的样子吗？所以说，活神仙也不难做。神仙总是笑呵呵，只有欢乐不现愁。

学生：这样人生就美好了。

是啊，如果人生是这样的快乐境界，那么人的这一生就美好了。我看到你是苦瓜脸的时候，我是笑脸相迎；我看到东边日出的时候，我还是笑脸相迎。你看，心情好的时候周身舒畅，心情不好的时候才郁闷哪，是不是这样的？我们什么也不操心了，如果有操心的地方，那就是大家的健康。为什么？因为大家来这里，就是需要获得健康。大家有了收获，我们就满意了，因为大家满意嘛。

我是这样认为的：其实一个人，生存是为了自己，但同时也是为了大家。打比方说，我们就生产一个产品，我就做这个水杯，那你说我是为人还是为己，还是既为己又为人？应该是利人利己的。首先是利益了别人，你才能利己。你不做活，谁给你工资？首先我们要学会利人利己，然后还要学会利己利人。无论是利人利己，还是利己利人，在这些内容之中是藏有大学问的。大家听到没有？大学问是个什么意思？这种大学问就是大智慧的展现。

在现实的生活中，大家发现“我、你、他”身上共同存在的问题了吗？是不是利己容易利人难！为什么会这样说呢？因为世上的人都是以自我为中心来展开自己的身心行为活动的，关于这一点，大家注意观察自己及周围人就知道了。现在我要告诉大家的就是：可不要只利己不利人啊！如果利己不利人，那么这个人一辈子都没有出息，而且人生还会因此变得可悲。可现在的小青年，首先就是要利己而不去利他。同时，也不能利人不利己，首先你得保证自己活着，健康地活着，智慧地活着，你才能有利人的能力，才能展现利人的效益。

如果按照传统智慧教育文化的说法：利人利己，就是以利益众生为本愿，来修证自己、完善自己；利己利人，就是以自觉自性为前提，然后自觉觉他，去实现本愿，普度众生。利人所创造的和谐，同时也是在利己；利己所获得的智慧与力量展现出来，同时也是在利人。这二者缺一不可，既不能混同其涵义，又不能分割二者的整体辩证关系。

所以，你做什么都是一样的，你就是生产一个杯子，这个杯子也是要为人服务的。你如果做不好它，人家拿在手上就会责怪你，说这个人真是工作不上心。你看看，就这一句话的信息，过去叫什么？叫业障，这个信息直接就跑到你身体里面去了。不好的信息在你的身体里面，量少的时候是不会显现出什么问题的，一开始不显病；如果积累多了、量也大了，就会在人的身上呈现出疾病的状态，那就不好治了，吃药也治不了。因为这是不好的信息累积所得的病。所以说大家不懂得健康。人家总是给你不良的信息，你这人会受不了的。你生产的产品没有合格，那么你利人的工作就没有做好。

如果只利己，己则不安，人的神是安静不了的。像我们现在的人，动不动就是“随便吧，拉倒吧”，你拉倒了谁？拉倒了自己，自己拉倒了。你马虎地工作，其实就是在马虎地对待自己。像这样的情形是既不能利人，也不能利己。

一个会爱人的人，就是在爱自己。我印象最深的就是我的母亲。在我小时候的记忆中，我妈妈对人是非常热情的。不管是谁来到家里，虽然她很穷，但只要有一点东西，她就给你吃。上世纪70年代初，很多食品都是需要计划的。一般人的家里边是没有蜂蜜吃的，偶尔托人弄点蜂蜜回来，来了客人，她就用玻璃杯，放小半杯蜂蜜给人冲水喝。那个玻璃杯也是妈妈跑船的朋友从上海带回来的，70年代那个钢化杯是打不破的，也很宝贵。那个时候吃糖都是托人到上海去买，自己家没糖吃，来客人冲半杯蜂蜜水喝是很稀罕的。妈妈她老人家从来不会想她自己，一件棉袄从50年代穿到70年代，都已经穿烂了，她就是用个布带给系着，真是这样的。

这人啊，就是这样，如果父母在利人这一方面做得好，他们自己也是很快乐的，像这样在无形中就影响教育着我们。但是有的人可能不懂利人利己这个理。只要你把这个理弄明白了，循着这个理去做，人际关系马上都变了，人和事全变，立马就变。一个敢于付出的人，他是一定会获得的，会获得比他付出要大得多的利益，这就是我总结出来的人生经验。

其实，“善人者善己”这个理是不是这样？是的。老子讲“以其无私，故能成其私”，也就是这个理。善人，首先是学会善待别人，你能够做到善待别人，那么你就会善待自己，因为你的心装的是别人，然后你就会从别人的和谐中，自然获得你需要的德的信息。要这样积德啊！“积善之家必有余庆，积不善之家必有余殃”，就是讲的这个理。

健身呼吸操只要你做，就可以获得一般意义上的健康；但学做人，大家却是要从头开始的。大家以前不明白怎么样有理有节地去做一个好人，做一个利人利己、利己利人的人，我以前也不会这样做。但是，我就是通过这样的修身养性的方式走到今天来了，才成就了自觉自由的智慧，人都是需要这样来改变的。你要是光想自己，有了钱往口袋里面搂，搂回去，放到自己家里面的小金库中，可是存放得再多你能带走吗？古人跟我们说得很清楚了，“生不带来，死不带去”啊，“金玉满堂，莫之能守；富贵而骄，自遗其咎”，真是这样的。大家要知道，千年的土地八百个主，任何人都不可能把物质利益带走，带进所谓的天国。

很多人想，我给我儿子存200万元，给我孙子再存100万元。我有位老朋友，都六十多了，他还说：“我想给我孙子买一套房。”我问他：“你现在有多大的年纪了？”“65岁了。”我说：“你还能挣多少年的钱？你还想给你孙子买一套房子，你还要不要命了？身体又不好。”那就是什么？不仅要懂得如何做人，还要懂得学会保养自己，这就是我们大家要学做的内容，要学会保养自己啊！因为很多人不再年轻了。大家为自己，为自己的家人，以及为社会奋斗了很多年了，到了退休的年龄，应该为自己谋福利了，享受一下健康的快乐，这就是你们现在的养老工作。

你们如果能健健康康地活着，就已经是给国家、给子女谋福利了，不知道给孩子少添了多少负担，这就是你的贡献。这样你利己的本身就是在利人了，多给自己增加健康和快乐的同时，你就给周围的人带来了和谐幸福的氛围。可是你们现在的做人境界，就是不断地为子女积累财富，这样的思想言行可是要不得的。你们可知道，你们把子女的事都做完了，那他们干什么？他们的人生该如何成长？因此就需要我们大家明白这些道理，通过学习智慧传承教育文化，要学会调节自己的身心健康状态，一定要会调节自己，给自己一个合理的安排，这个是很重要的。

有件事我讲了好多遍了。我在康复中心工作的时候，当时某地方有一个大承包商，他们专门承包什么？装修工程。小夫妻俩，28岁，干了三年。女的得了子宫癌，手术以后又复发了，家里边有钱，但是想挽救生命挽救不了。她死的时候，全身穿的都是名牌，阿迪达斯的鞋子、袜子……全身都像这样，因为她生前喜欢穿名牌。不过人死了穿得再好又能有什么用。

我知道，这个人就是累死的，完全是累死的。当时在那个城市没有几个人做装修，大的装修工程他们都能拿下来；拿下来以后，请施工队进来，你还得监工。女的在家作图纸、搞设计，男的在外边监工、买材料什么的，夫妻俩的生活非常地紧凑。钱是挣得很多了，而女的活活累死了。他们于我以前所在的康复中心住过，我的印象很深刻，那个女的漂漂亮亮的，还没生孩子哪。所以对于一个人来说，身心的整体健康应该是第一位的！

那么健康从哪来？从宽阔的胸怀来。宽阔的胸怀从哪来？从笑容里来。人家苦瓜脸的时候，是有什么被塞住了，而你不受感染；当你自己遇到了烦恼的事，你也不被障碍。那就需要胸怀，需要乐观豁达的胸怀。人在生活中需要有笑容，那你的胸怀就是“大度能容，容天下难容之事；开口常笑，笑天下可笑之人”，笑谁啊？是笑自己这个可笑之人。笑是一种自然，一种自自然然的欢快，这是一种智慧的力量。你看庙里边的大肚弥勒佛，一进来就看到他在那腆着个肚子，哈哈哈哈大笑。

这种哈哈大笑的塑像，是智慧教育文化中的一种象文化表达法，是通过具体的人物形象来教育人的一种方式。传说弥勒佛的化身是布袋和尚，以前在浙江那一带，所以说江浙一带是个人杰地灵的地方。

人的观念是可以改变的，关键是我们愿不愿意变。就跟扫地是一样的，你随便扫扫也是扫一遍，你仔细扫扫还是扫一遍，那么你就对自己的行为严肃一点，扫得干净点，受益就多一点，就这么简单。抹桌子也是一样，有的人眼睛“近视”，他抹桌子就这么胡乱一擦，抹完之后上面还是脏的，他也不管。只要他看不到，事不关己，高高挂起。但是不是事不关己？下一餐吃饭，你不是还得在这个桌子上吃吗？你生活还得在这间屋子里边生活。你随便扫扫，灰尘与你相伴；你随便做做，污染与你同在。

如果自己养成了懒惰的习惯，那么你也会忽略自己生活中的很多细节；如果有很多的细节问题存在，就一定会出祸患。一个人的思维非常粗糙，你就会把自己的粗糙体现在生活的方方面面，自然会出现不周全的现象，这样也就自然会为自己制造麻烦和障碍，从而使自己的人生困难重重。这是人产生困惑、曲折和磨难的根源，也是自己生命呈现不健康的根由。你如果能够对任何的人、事、物都认真一点，那么觉悟智慧的光明自然就与你同在了。

当你真正展现真心挚爱的时候，那个时候呈现的内在喜悦、洒脱自在，那个时候给周围环境带来的和谐与快乐，是无以言表的。所以健康快乐与觉悟智慧怎么获得？和谐幸福怎么造就？一字真言笑不休！

呼吸操与康复

学生：我练功有十几年快二十年了，清鼻涕就流 14 年了，应该怎么解决？

做呼吸操，不用很长时间，一个月就能解决一多半，很容易解决。你想想，呼吸，首先是从鼻孔进气，首先是畅通我们的肺、支气管，是这样的吧？很容易好。

习练呼吸操最容易好的病是什么病呢？鼻炎、鼻窦炎、鼻中膈弯曲、鼻咽癌、额窦炎、脑瘤、支气管炎、肺炎、肺结核、哮喘、肺癌等疾病，对各种各样的肺癌都有很好的疗效；当然还包括人的消化道，以及五脏六腑的各种疾病。只要大家愿意习练呼吸操等智能健身操系列，那就会获得较好的效果，都好得很快。

人如果在形体的方面出现了疾病，那么就请把呼吸操、梳头操、升阳固本操等健身法结合起来练，这样做肯定会取得自己满意的效果。比方说，胳膊上有了病，那就把呼吸操同抻气法结合起来练就解决问题了。如果下肢有毛病，那就用呼吸操结合自然蹲起操，这样便很快地解决问题了；如果是腰上有毛病，那么呼吸操和升阳固本操结合起来练就解决了……

如何治疗各种疾病呢？我以后要出一本书叫《智慧养生康复学》专门去讲治病的内容。我们的方法比较具体，因为大家对养生方面理论学习和认识的水平有高有低、有深有浅，所以在运用呼吸操等系列健身方法治疗疾病的时候就需要对症施法，告诉大家如何对具体的部位下功夫，这就跟那修机器一样。在康复与健身的过程中，需要练哪些内容？有什么功效？能解决什么疾病？都会写在那本书上。你的这个问题，我现在回答了。只要你能够花一点时间，用一点心，那是会很快就好的，一个月就能见效，而且会有非常大的效果。

学生：病是什么原因形成的？

关于形成疾病的原因，那是个非常复杂的问题，有自然方面的因素，有自己身体素质方面的因素，有环境污染方面的因素，有自我意识形态方面的因素等，在这里想通过几句话来说清楚，那是肯定说不清楚的。这些原因你现在就不要管了，如果你想好病，那就按照呼吸操的方法做，身体就能好，就能够解决问题；而且不仅能够解决这个问题，还能帮助自己解决自身存在着的其他方面的问题。

精修巧炼要得法

学生：请问老师，梳头操的原理是什么？

梳头操的原理就是整合经络，用提纲挈领的方式来整合经络。因为头部有周身所有的经络，它们都会聚于头顶。通过梳头操能够把周身所有的经络气血都整理一遍，并且还是一种很好的混化归元的过程。它也可以使身体变得敏感起来，当然，跟呼吸操结合起来练效果是非常好的。收功就是意念往里一收，养一会儿气就行了。梳头操是非常好的一种健康操，没事的时候要多做，上班的时候也可以做，完全可以做到生活练功化，练功生活化。

学生：那下丹田具体的位置在哪里？

我们练的下丹田，它的位置是肚脐和命门的连线的中点靠后一点再向下一寸半的地方，这个地方就是下丹田。从这个地方起到混元窍有四寸多，这个寸是自己手指中指的中节——也称为同身寸，自己的寸。手小的人就短一些，手长的人就长一些。只能用自己的寸来量。

学生：有一天练升阳固本操的时候，练了一半，从腿往上出现了不舒服的现象，由于难受，所以我就没继续练。

那没事的。你只要按照我们讲的要求去做，胯骨关节这么轻轻地摆动，或带着腰椎这么来回转，不要用力；转完了以后，做扣翘尾闾，也不要用力。你用力时的这个气比较浊，你不用力就这么来回摆一下、摆一下、摆一下（边讲边演示），到时候脊柱的气会牵牵牵，牵到脑子里边，把丘脑、大脑、小脑都拽着；一拽，自然而然它可以来回摆、来回摆。这样的话，身体中的气机变化就大，它为开中脉、为阳气的生发会起到很大的作用。

总而言之，升阳固本操这诀窍不在转里边，而在扣翘尾闾里边。如果大家总是转，扣翘尾闾不做，像这样的练法获得的效益那是肯定会很少的。

你们想把练功夫的效率和质量提上来，就按我说的做。关于升阳固本操如何练的问题，我们讲课中已经讲过了这个内容。这里就不详述了。

学生：额头出亮光是怎么回事？

这很正常，说明有内景了。额头、尾闾、脊柱是督脉的整体，出现光，说明气往里面敛，是好事。如果到头里面就好了，到头里面闪闪光，那就变化大了。

学生：现在感觉锻炼时气感很足。

你练的气感越足那越不是功夫，到最后练得没有气感了，那就有功夫了，那时候的功夫就不容易退化了，那气就细了，到那时候身体的通透度就了不得了。

学生：我反应一个情况，就是最近尾闾疼。

尾闾疼是好事。尾闾这地方化起来不容易，气往里走就是疼和痛，如果是集中起来疼，这样最好。如果散一些，这说明还没有走到正窍上去；如果是往里面拽着疼，它可能在窍里面了，气要把它通开。这个疼和痛是好现象。

学生：老师能不能讲讲女性锻炼的问题？

现在女性锻炼比男性还要多。女性怎么练，与男性有所区别。女性要重视行血，要重视中丹田和两个乳中穴的部位，以中丹田为主，以下丹田为辅，这样牵扯着达成平衡。因为女性的生理结构需要这样一个方法去练，可能这个效果更好一些。如果女性总搞下丹田，中丹田行血不好，就容易出现带下增多，身体发软，面色蜡黄，身体畏冷畏寒。如果把中丹田强化好了，然后气和血在周身循行起来，这样对身体的帮助就大了。

学生：那女性如何炼精化气呢？

女性做炼精化气的功夫，首先需要开中、下两个丹田，强化任督二脉的通畅，以后强化中丹田的训练，用意念轻提，从会阴穴——子宫颈处轻轻地往上提，意念要轻，并合着呼吸往上提，提到命门，提到中丹田，相似于心脏的部位上；然后还得从卵巢的部位去化，从这里开始往上提。从这儿往上提，轻轻地往上提，从子宫位置往上提。注意，意念不要过重。有时间就提，炼精化气有很多方法，这是其中之一。好好学习谈炼精化气那几堂课的内容，这些问题都讲到了。开丹田是炼精化气的基础，绝对不能忽视！

与学佛者谈佛学

觉悟智慧的目标
人身难得 佛法难闻
明心见性与菩萨行
佛法、佛教与佛学之别
莫修来世 重在今生
觉悟从自性升起
是法平等 无有高下
当下放下 三身相应
觉悟只在当下一念

编者引：这是先生与学佛十余年的居士们的一段对话。其中居士们所提出的诸多问题，既有现实性又有普遍性，也显现出当今广大的学佛者在修身养性过程中面临的诸多困惑。更令人感慨的是：这些问题与困惑，对于先生很少涉足佛学文化的学生们来说，早已在先生平常的教导中自然开解、深领其义；而对于信仰佛教、广涉佛学的人来说，反倒成了修行路上的障碍。“人身难得，佛法难闻。”明师即启智之火、引航之灯，信矣！

你们修佛，知道应该怎么修吗?

学佛者：首先应该有明师指路，有明师点拨。我学佛多年，我的感觉挺彷徨的，不知从哪下手。今天有机会来见见老师，请老师指教。

那你们都讲讲这些年学佛的经历，我听听。

…………

觉悟智慧的目标

我觉得不管你们走哪个法门——净土、禅宗或藏密，或者是禅净双修等，用什么方法都行，那么首先你要明白的是，如何切入、如何下手。但是，学佛的人一般来说都不知道从哪个地方下手，从哪个地方切入进去。这样学佛是学不会的，因为觉悟不是学来的，成就佛性是需要自己去践行修证的，是不是这样？如何修证佛法？那是要把自己的身心，修证到般若智慧这个功夫层面的境界才行，那才叫修证佛法。

佛的中文涵义是觉悟，也可以理解为佛是个觉悟者，或者是一个有大智慧的人。是什么样的觉悟智慧呢？是一个见证了般若智慧而获得了解脱的人，是一个具有自觉、自由、自主、自控、自在的人，这样才是一个觉醒的整体智能状态，而不是一个幻化了的、虚无缥缈的天神。但是，当今有很多修行佛学的人，或者说是信奉佛教的人，或者说是想参悟佛法的人，都不能真正明白这样的简单道理。只有极少数的人能认识到。

如果一个人不走向觉悟，没有实现觉悟智慧的目标，那么他就会出现这样的现象：要么堕入到宗教神学的泥潭，要么堕入到佛学文化的知见之中。那样的结果，只能是迷信了自我妄想中的天神，使自己活在那种虚幻玄迷而又无知的愚昧之中，使自己的自性真心——主人翁被偏执、分别与妄想所奴役，活在那种自我想象的所谓宗教信仰之中，而与宗教的智慧原义相差甚远。

如果是处在这样的境界中学佛，那学佛的意义又何在？如果不能正确地认识佛学文化的本质内涵，那么像这样去修证佛法的意义何在？按照自我想象和理解的所谓佛法的内容去修证，那只能是以识为智、以教为义、以名为师，这样就自然地远离了佛法，抛弃了佛法真义。那么像这种自以为是的所谓佛法是没有什么可学的。

“人身难得，佛法难闻”中的“佛法”的涵义：

其一，是说能够实践真理、见证般若智慧的一切法。这个一切法的意思中，它包含了佛学中一切文化的本质内涵和世间一切法的真义。

其二，就是难遇明师讲法，难闻善知识讲经。有很多人都认为只要是法师讲法，只要是名师讲经就可以学佛了。殊不知差之毫厘却谬之千里！能够得遇明师讲法、善知识讲经，那是大福德的显现。

明师与善知识是一个意思，是指已经见证了般若智慧的人，也就是见证了佛法的人，像这样的人具有无师智。具有无师智的大智慧者，从古至今都是极其罕有少见的，并不是我们现在看到的那些宣传宗教神学迷信的“大家”、“名师”。不过这些人也会假其名来宣传佛学、弘扬佛教，但是在其讲义中却不现如来真实义。

大家与大德、名师与明师的差别在哪里？你们需要建立这样的明辨能力，才能开始谈修佛，否则那不是修佛，而是在彰显自己的愚昧。

学佛者：我有一个问题，您说那个觉悟和解脱一样吗？

能够见证觉悟，那就是获得了解脱。

学佛者：我修佛修了十年，我们很多佛友在一起探讨为什么要修行，修行是为了什么？有的人说修行为了修福报，我说从佛法这个角度来讲，最终目的是求解脱。

像那样有所求之心、自以为是的修佛者，不是在修福报，而是在求地狱。在修证佛法的过程中，如果修行者有这一念所求，那么就会身陷囹圄、堕入地狱了，就是堕入到那种所求的妄想地狱之中。

学佛者：我说要是修人身福报，我就不修了，因为我什么都有，我不需要这些。我求的是解脱，灵魂的解脱。

有这样的想法，固然是好的，可在观察了你们的所行所为之后，就不是那么回事了。你们现在是住在“求的是解脱”的观念之中了，执著于自己这样的想法而进行分别和妄想。你们的这些想法都是自己妄想心变现的结果，都是偏执的。

人身难得 佛法难闻

对于修行的目的，首先要理解这个“人身难得”是怎么回事。你想修佛，那就必须得了解“人身难得，佛法难闻”，这八个字你得把它理解清楚了，然后你才会知道学佛的目的是什么。要不然的话，你连自己行在何方都不知道，那还修个啥啊修。那不就是盲修瞎练吗？

为什么说“人身难得”？你要了解了这四个字，你就自然地懂得了珍惜生命，懂得珍惜自己这一世的生命。按照佛学的内涵，你懂得珍惜自己的这个报身，然后你才有精进的条件，是这样的吧！可是，现在社会中的那些大众学佛修身的人，根本就不重视自己的这个身体，说是臭皮囊。但是想想看，如果没有了这个臭皮囊，你们的这个生命就不存在了，哪还有本钱谈修佛的理想——谈修行人生、获得解脱的理想呢？

人的这个臭皮囊与自性真心是相伴而生的，缺少其中之一都是不可想象的。所以说，人的身体是臭皮囊，那是相对于自性真心来说的，是强调了人的精神统帅作用，是强调了人的神具有统帅生命活动的效能，是强调了修行般若智慧需要从神这个根本点着眼，才有可能见证到人这个生命存在的根本真理——实相智慧。如果不管人的这个臭皮囊，哪还有报身佛的成就可言呢？如果没有报身成就，那就肯定不会见证到应化身的成就。这样一来，也就没有了应化身的智慧，没有应化身佛了。

在佛教教义和庙宇之中，不是都存在关于佛有三身成就的说法和表法吗？所以，修佛者不是不要臭皮囊，而是首先要认识心神对生命存在的绝对重要性，要认识人的心神之主体——自性真心是根本；要认识人的生命体的存在是修行智慧的基础，这二者是相互依存的整体辩证关系。

在佛学理论中，好像是强调了六道轮回。其实，六道轮回学说的意义就在于论证一句话——“人身难得”。当然，这其中所讲的理论，也是对自然生命存在运化规律的一种人格化、形象化的描述，这样的描述方式与地域、民族文化等诸多因素有关系。轮回学说，对于如何学会做人具有教育性的意义。它不单是指人众，也是对包括人在内的所有众生来讲的。

在古佛教原教义的这个修行观中，轮回学说的内容是针对众生而言的。有的人修了一辈子，甚至通过了累劫的身世演化，都不能明白这些生命存在运化的道理。人众仅仅只是人这个类别的生命存在，是众生中的一种。而众生那就多了：从卵生到胎生，从有形到无形，从有想到无想，到似乎有想又似乎无想，还有的是达到了与天道合一境界的所有生命。

在佛学的内容里面涵盖着生命存在的各种形式，从一维的存在，到三十三天、二十八重天的多维空间存在，不知有多少生命的体性存在，那都叫众生，那是佛所指的众生的概念。我们要把这个概念搞明白，要搞明白我们以人身这个生命形式的存在，来到这个娑婆世界，不知道要经历多少劫以及众多生命形式的转换，才能净化生成人的生命存在形式。获得人身是走向光明、走向觉悟的最捷径的路之一，这就叫人身难得。

试想，你这一辈子都没做好，还不知道下一辈子干什么哪。所以谁想修下一辈子的福报，只要有这样的想法，哪怕只是一念，要知道那都是妄想，全是在做梦。那也是在修行，不过那不是修福报，而是修堕地狱的加行法，这没什么好讲的。

一个人在这一辈子中，难道做的都是好事吗？如果在践行智慧功夫不究竟、不觉悟之前，你能肯定所做的一切事都算是善事吗？一个人没有觉悟，自己主动去行善、去帮助人家，也许就是因为你的帮助，而使得被帮助的人做了更不利于自己身心健康的事。

例如，有很多比较富裕的家庭，帮助那些比较贫困的孩子上大学，这件事在世俗的社会中可以算是一件好事了，也是在做善事。但是这样的帮助过程，却使得有些被帮助的孩子养成了好逸恶劳的品行，还有甚者把别人对自己的慈善捐助用于自己的享乐……那么，你们对于所谓自我观念中的善行，又该作何感想呢？你说你是培养了真善美，还是滋生了假丑恶？如果你以自我为中心，那你所做的一切就肯定是分别、执著、妄想心现前的结果，这样说是一点都不为过的。要知道，像这样的行为活动不一定是在修福报。

所以，人想通过修行佛学来达到人生的解脱，那就必须知道

“佛法难闻”的内涵了。你们学佛修行修了那么多年，都没弄清楚“佛法难闻”这几个字的真正涵义。

佛法难闻的真正涵义是：在现实世界，我们这个生命存在的空间，是很难听到真正走向觉悟的人来讲法的；而且佛法不可思议，不是靠你学习理论或作自我理解能够成就的。因此，一要缘遇明师，二要理行并进，这两者缺一不可。既要学理，又要能透破理；既要修法，又要能放下法。如果你自己不践行，或是没践证到根本智慧，就算能讲佛学理论，也只是知识而已；如果没有证得般若智慧，即使是讲得天花乱坠也没有用，那不是智慧功夫。

如果你遇不到明师、善知识，你修行的路是很难走正的。因为人处迷中，没有人给你指引方向，你所谓的践行之路能不偏吗？你们抱着《金刚经》这部讲开发觉悟智慧的古典经文学习，能够学懂吗？不用说经典中所讲的智慧功夫内容搞不懂，就连那些一千多年以前古译文中的文字涵义都理解不好，有什么用！

佛说“说法四十九年一字未说”，就是告诉大家不要著相。而你们却捧着《金刚经》、《楞严经》等经典文字，在那里按照自己的意愿和妄想的内容去践行，那完全是与修证佛法的方向背道而驰的。你们不懂得如何内求，而一味执著于自己的见解在那儿外求——执文著理的胡扯瞎掰，都不知道自己做了多少不明事理的事情，这就是因为佛法难闻的缘故。

如果能够真正地遇到明师，虔信亲近善知识，去听闻觉悟智慧的亲证经验，那就可以帮助你们断烦恼而智慧生。

学佛者：明师难求，明师难遇啊。

是啊，明师难求，只有随缘而遇了。如果有明师来讲《金刚经》，那就能重现佛法真义了。你们这些所谓的修佛人，听那些不明就里的人在那儿——“仁者见仁，智者见智”地乱讲《金刚经》、《楞严经》等般若部经典，就会出现越听越糊涂的现象。讲经说法的人没有般若智慧，不明就里；听经学法的人不明真相，这样一来，讲经说法者和听经学法的人就一起走向了无明的深渊。

现在看来，在整个社会意识形态中，绝大多数的人基本都认同名牌效应，其中还包括那些学佛的人。现在在佛学界，出现了这样的一种文化现象的“现象文化”怪圈，无论你是法师还是教授，只要能讲几堂课、出几本书，就好像自己俨然地成为了一个大成就者。现在有很多喜欢修佛、信奉佛教的人，管你是不是一个真正见证了般若智慧的觉悟者，只要在社会中有很多人热衷追随，那么大家也就会一哄而上，盲目崇拜。大家根本就不明白学佛和佛学都不是智慧，也不是佛法；佛教同样不是佛法，也不是智慧。

一个真正的大智慧成就者，不仅能够讲经说法，更能够利己利他而展现出智慧功夫的境界。佛法并不只是说理讲法的内容，更根本的修行内容就是通过实践而出的真知灼见——觉悟智慧。

大家崇尚名人效应，其思想行为的本身就是外求的过程，都是符合假我心意的求知、求福现象。大家想想看，一个没有觉悟智慧的人，怎么能讲清楚使人走向觉悟的佛法呢？也许我这样说，你们心里边会产生不舒服的感觉，或持不同的观点，但是那些“不舒服”或“不同的观点”的想法、念头等，就是需要改变的内容，需要放下的观念。

请你们记住一点：佛说的最后一句话就是“说法四十九年一字未说”，意思就是要我们不执著于佛所讲的任何一段文字和语言。但是我们也得找条路修啊，没有文字和语言，那我们从哪儿下手？只要不执不住佛所说的一切法，那么佛的一切说法，皆是使人走向觉悟智慧的方法；若人于万行之中，不执不住一切法，那么世间的一切法皆是佛法。这就是下手法，这就是修行佛法的捷径，也是一条正道！

修行佛法就是从起心动念处着手，从产生心念的源头处下手，如其不然你修十辈子也修不出来，修一百辈子也不得解脱。从哪儿修？从哪儿下手？《金刚经》中说得很好，从无所住去见证住无所住。

从哪里入门？就从放下入门，怎样放下？“一切有为法，如梦幻泡影，如露亦如电，应作如是观”，这些不仅是放下的内容，也是行放下的过程。《金刚经》中像这样的一些内容已经点得很明了啦。如果你读不懂，那就得不到永恒的金刚智慧；只有你能读懂它，并能够通过自身生命活动的实践，在实践的过程当中见证了金刚实相，那么金刚智也就自然呈现了。

明心见性与菩萨行

学佛者：明心是不是见性？

明心就是明心，见性就是见性，明心不等于见性[①]。明心见性既可以分两步去践证，又可以一次性呈现。你看明心，在修证佛法的过程中，它有十来个层面。达到见性以后，还有好多智慧功夫的层面需要见证。走向觉悟的最初层面是什么样的，在我们以前的讲课材料中都有记录，这需要你们去印证。明心以后，继续修，修到哪个层面上就不再退转，这些内容在别的书籍中也有不少论述，都说的很清楚了。

学佛者：修到第七地，好像就不退转了。

不管是第七地还是第八地。为什么到了那个境界就不退转了？如果到了第八地就不退转了，那就说明已经证到了觉悟智慧的整体性了。

学佛者：那不是到第八地就是见性了么？

是不是见性，那要看是从哪个层面开始起修菩萨行的。如果从初果罗汉以上的层面起修菩萨行，那只是明心了，还没有见性。如果是从第四果罗汉的智慧功夫境界开始修菩萨行，那是已经见性了的大菩萨。如果没有践证到明心的层面就去修菩萨行，那只能说是一个修菩萨行的行者，像这样修菩萨行的行者，是肯定没有明心见

① 所说的“见性”，其实“见”即“现”，不能理解为“看见”，而是“呈现”的意思，真心自性是通过智慧功夫的修证而自然呈现的。

性的，得需要慢慢去践行，逐步证到第八地菩萨的果位才不会退转。得证到第十地才叫圆满的大菩萨，在这个基础上他是相当于见性的阶段。

明心与见性是相衔接的。佛法对如何走向觉悟，如何净化意识，在各种经典之中都讲得不一样。为什么讲得不一样呢？因人、因事、因地点等条件因素的不同而讲法有了些许的差异，但本质内涵都是一样的，都是围绕着开发般若智慧、了悟人生这个中心思想而讲的，有很多的内容讲得是非常透彻的。但是你们就是学不会，为什么？没人指导。一句话，你读不懂般若部的经典，即使你使再大的劲去修，那也没有用，做的是无用功。可能自己的心里会妄想我修得好的，也许还会幻想自己能修得成，或者是退而求其次修来世。告诉你们，持有这样想法的人都是处在虚妄不实的境界中。

学佛者：那佛菩萨的境界究竟是什么呢？

佛的境界是自觉自由的、清净无为的、无为而无不为的境界，其与人、事、物发生关系时的思想言行是以虚寂之实相为背景的圆满觉行的智慧境界，是利己利人的分别应化智的全然呈现。从古智慧经典看，菩萨是已经证得了觉悟智慧的人，菩萨行是进一步精进智慧功夫的过程，因此需要在现实的生活中通过具体的事物来磨砺其身心行为，以期使自己达成圆满觉行的智慧境界。

你讲的这两个境界：一个是佛的境界，一个是菩萨的境界。从现在的情形看，怎样理解佛与菩萨的境界呢？比方说，你们都是佛，但是，你们都还只是迷中的佛；你们都是菩萨，但你们都还是没有自觉自性的菩萨，只是修菩萨行的人，有好似菩萨的善念，但是还没觉悟。

觉悟了的菩萨那可不一样，觉悟了的菩萨懂得怎么样去一心向善；而没觉悟的菩萨们，是有心要向善。要知道一心向善与有心要向善，那是两码事。大家懂了吗？

我们平时很少讲佛法，因为你们这些信奉佛教的朋友来了，那今天我们也可以讲一讲。实质上，人只要有了根本智慧，那么各种不同内容的智慧教育文化，其本质内涵都是一样的，这些个东西没有分别。对生命的探索达到高级的智慧境界以后，对于任何存在的本质内涵，就不再有宗教和科学这样的界限，它们就是一个混然的整体。

任何人只要去分别各种存在的有或无，执著于自己分别的结果，那就是分别心。有分别心，就一定有妄想心。一个人如果有了分别，就会产生现在心，那么过去心与未来心也就自然地产生了，而这六心皆是因为贪嗔痴慢疑这五毒形成的。像这样五毒俱全，六心并存，想了悟人生、想解脱、想见性成佛……那肯定是不行的，那就一定会有困惑和问题出现。

学佛者：有分别心那就有妄念和执著。

是的。假如你分别我现在所讲的这些内容，那么你显现的同样是分别心。分别心是人在平常的生活中，在不知不觉的过程中自然流露出来的主观见解，这种主观见解就是人对其他的人、事、物进行的符合自我思维参照模式的思想活动或心意活动。一般情况下，人是不大容易发现自己存在的分别心的。产生分别心的源头，就在于人从小到大业已形成了的那个偏执、僵化、狭隘的思维参照模式。

佛法、佛教与佛学之别

学佛者：《金刚经》不是很深奥吗？

不深奥。《金刚经》的语言和小孩说话是一样的真朴，简单、直接、通俗、明了。比方孩子说“妈妈，我饿了”，妈妈就给他吃，这就行了，你看多自然的事。《金刚经》讲的道理就是这么自然的内容。

如果有人能够把《金刚经》的第一品学明白，那么对整部经典的学习就能够透进去了。可是我们现在学佛修佛的人，追求的都是这样的法、那样的法，比较一下这个宗派的理论、那个宗派的理论，可就是忽略《金刚经》第一品佛祖自然展现的化缘吃饭、洗脚落座的内容，这样就不能明白此中之如来真实义了。

所以，佛学界搞到现在越来越神化、玄化了，好像讲得越听不懂，那就越是高手一样；好像越高高在上，就越能抱有真理一样。殊不知“道在平常中”，你说它是怎么个深奥法儿？

学佛者：佛教与佛学有差别吗？

现在有很多人，都把佛教当成了佛法，当成了佛学，这就是不明就里的现象。佛教是宗教中的一种，而宗教这两个字的内涵是最根本的传承教育法。宗的涵义，是开始、最开始或根本的意思；教的涵义，是教育、教育法，传承教育法、教育法体系的意思。

古佛教的涵义不仅包含了宗教的意思，更重要的内容就是形成了系统的开发般若智慧的传承教育体系，是属于智慧宗教的范畴。佛教的教义和教育体系的内容在形成的过程中，为当时社会的精神文明提供了教育文化的系统内容。但是随着佛教的发展，佛教的教义逐渐地形成了系统的佛学教育文化体系。

这样我们就知道了，佛学是关于佛教教义文化的学术文化体系。也可以说，佛学是对佛教文化进行学术研究的系列学问。现代社会中流行的佛教文化内容，大都属于佛学范畴中的内容。为什么说是“学术研究”？因为古佛教教义的本质内涵就是以践行见证般若智慧、了悟人生为目的，而古今佛学方面的著作越来越趋向于文字文化，渐渐丧失了实践实证的智慧传承教育法的内涵。

佛法与佛教、佛学的内涵又不一样了。佛法是智慧传承教育法的具体教育内容，是智慧传承教育的具体体现。佛法是实践觉悟智慧过程中接受传承教育内容的根本方法。关于佛法的实质，在现代当今的佛教中可以说是已经荡然无存了。佛法的原义就是通过实践而见证人的根本真理，成就法报化三身，由此了悟人生。

学佛者：今天才知道了佛教、佛学与佛法的意思。那《金刚经》的内容，是对开悟的人来说的，是这样的感觉吧？

未开悟也是一样的。只要你们有信力、有决心，能够对《金刚经》下功夫，去把它真正弄懂、学透，并能够按照《金刚经》这部经典的内容去做就好了。你说六祖，他就听别人读《金刚经》其中的一句话“应无所住而生其心”就开悟了。而且他没有大学问，也没有好的文化知识境界，也一样可以开悟。

学佛者：过去成佛的人，几乎都没有文化，他们就是靠自己的悟性，再一个就是有明师指点，是不是这样的？

从古至今都不是这样的，没有文化是很难成就智慧的。像六祖慧能这样的人，属于具有先天禀赋的人。

我们可以回顾一下佛教的历史，如像禅宗、净土宗、律宗、法相宗、密宗等宗门，从佛教传入中国开始起，到南北朝、隋唐及以后的各朝，历代都有很多了不起的大学者进入。学佛的人群中，不是说没有文化人，而是有很多人都是文化人，而且其文化素养都是非常好的，甚至有些属于栋梁之材，他们都修行。在已有的记载中，能够见证般若智慧的大觉悟之人，其文化素养都是不错的，当然也有像六祖这样一类慧根特好的特殊人才。

在修行的领域，一般来说，跟着追风起哄的大多是没文化或文化素质不高的人。当然，另外就是还有一些自以为是的人，他们觉得自己是有文化或是有信仰的修行人。就是这些人在那里造神，使得佛教教义中的“诸恶莫作，众善奉行”的原义变得面目全非，使得经典中的那些开智启慧的本质内涵消失殆尽。之所以出现这样的结果，皆是以识为智，以名（人）为明（师），以会讲经不会践行的人为善知识而造成的结果。对于这样的结果，佛祖早有预言。

学佛者：孔子是不是也是觉悟者？

孔子是个觉悟者，但还不能算是大觉悟者。真正的大觉悟者要看咱们的老子和庄子，那可是非常伟大的觉悟者。由于孔子与中国的儒学文化关联较深，而儒学文化在国民教育中具有特殊的地位，所以孔孟之道在人们心目中的地位还是非常高的。

其实，从佛学进入中国后，儒释道这三家的文化便开始了漫长的融合。大凡外来的文化到了中国之后，就会随着与地域民族的习俗和文化等方面的交流，而产生自然变通融合的现象，就会自动地融入于中国的文化之中，这就是我们东方文明的内涵与特性的伟大魅力之所在。在佛教中，尤其是禅宗与净土，无一不是与中国老庄的智慧内涵及孔孟文化的思想内涵有关。

莫修来世 重在今生

我想给你们一个建议，建议你们把自己修佛的方向摆正。修佛不要修来世，一定要修今世。如果你们今世没修好，而且连那些做人的道理都没整明白，你们上哪儿找来世的福报呢？你今世搞得个病病殃殃的，怎么可能做到自己想象的驾驭濒临死亡的最后那一念呢？如果到了临走之前的最后时刻，还不能做到净信，那就没有净信的一念出现了，那哪来的解脱？你们可以想想看。

中国不是有一个成语吗？叫“善始善终”。你们想想看，如果没有善始，哪来的善终？没有至善的智慧境界，你们怎么可能到达所谓的佛国？

你刚才提到孔子，孔子说过这样的话：“未能事人，焉能事鬼”，“未知生，焉知死”。所以做人不要有妄想，不要去幻想虚无缥缈的未来。按照宗教的说法，也许到了最后那一念的时候，你应该念“阿……”，可是你那个时候却是“唉哟”的一念，“阿”字没念出来，结果会变成什么？那大家就不得而知了。

生前的事都没做好，却幻想去做好身后的事，那岂不是痴心妄想吗？这样的结果是很危险的。你们会想：“我到了那时，会有很多的同修帮忙助念，一助念我就上去了。”我告诉你们，像这样去做肯定是会一事无成的、没有用的。

按佛学中所讲，即使是助念，那也得需要明师助念才行，也只有明师这样的善知识才有资格与净寂相伴。没有见证到净寂实相智慧的普通信众，怎么可能有能力使你呈现清净一念？送你到所谓的净寂的佛国天堂？哪怕只是送你一程都是不可能的。

打个比方，有一个人在家里想了很长的时间，想把一个篮球放进针尖大小的容器内。你们可以想想看，没有见证实相智慧的同修信众的灵性能量就好比是篮球，而一个临终要走的人的灵体，却好比为乒乓球的大小，而佛国天堂的大门就好比为针尖中的那个渺。通过这个比喻，只能是勉为其难地告诉大家，像这样的三个不同层面的事物，怎么能够通过所谓的助念来完成融合呢？

所以，人在不明理的情况下盲修瞎练，其结果是会遇魔成魔的。如果有幸得遇明师，那是有可能见证到觉悟智慧的。人活一世就是需要学会做人。做人就是需要一心向善、一念向善、念念向善，如果能够做到一心、一意、一念向善，那就很了不起了。这个善，可不是你做个好事就算善，你那是外求的东西知不知道？大家现在明白吗？那样一来能修来福德，却修不来功德，长不了功夫，那也就成就不了觉悟智慧。

觉悟从自性升起

这个善应该是内求的，发自真心的。当你的一念是发自真心的，这一念就是善念，只有像这样净化心灵，才有可能“居善地”，这样人才有可能呈现“心善渊”的智慧状态，才能证得念念向善的境界，即“与善仁，言善信，政善治，事善能，动善时”（《道德经》）。只有这样才会展现念念即是善念的境界。到了那时，你自然地展现出的一切行为活动就都是善行了，这样去行才可能成就般若智慧而获得解脱。

如果平常念佛的目的，就是为了身心健康，为了成就智慧，当人生的终极到来的时候，自己还能够坦然面对——一念至诚，那么像这样是有可能在临终之际获得解脱的。你可别想：“我念佛了，我就应该有功德，有福德。”如果有了这样的想法，并无知地偏执于这样的想法，就是带有功利目的了，那肯定是没有功德、福德可言的；只有把最后一念之诚善，发自真心地展示出来了，那才算有功德。最后一念没有呈现出来，那平常都是白念的。

如果你在平常的念佛过程中，能做到念念相续、念念不断，最后达到不念而念的境界，那就会做到自然地放下。这样即使是到了濒死的最后一刻，也是会自然呈现那一念的。如果平时吃斋念佛几十年，都只是二意三心，三天打鱼两天晒网的，那么到了临死前的最后一刹那，就保证不了能否见证到一真法界的境界，即自己的真心自性——阿弥陀佛。

所以佛学中讲，只有在最后的那一刹，能够自然地呈现那一念——阿弥陀佛，才是像试金石一样检验出你修行的智慧境界，才可能呈现真心自性，得现阿弥陀佛而获得解脱。但是大家一定要明白，这个“念”是源起于真心的心，不是口头念佛的那个声音在那儿念。

学佛者：那您说我们在日常的生活中，日常的修行中，怎么做才能有功德呢？

在平常的生活中，在参悟的过程中，都需要你在当下进入，呈现恬淡虚无的所谓内求境界，而不是随感官功能的要求或欲望驰骋畋猎，否则那就是外求了。内求的目的求什么？求身心的整体健康。你们如果没有健康的生命活动，就不可能有健康的心理活动；没有健康的心理，那你想通过修起心动念来成就智慧，那就没有基础了。

学佛者：那这样的话，咱们修行是修肉身，还是修灵魂呢？

在这个人世间，有谁又能把自己的心与身分开呢？只修心不修身的人，是不可能获得大成就的。如果修证佛法不能是身心同修，那就没有成就“三身佛”的圆满教义的内涵了。要知道人能够获得“法报化”这三身成就，才能见证到圆满觉行的智慧，才能呈现出人与宇宙自然及社会的自然和谐关系；这种觉悟智慧境界中的身心状态，才是真正的、智慧的身心整体健康。

其实，所谓的三身佛——法身、报身和应化身佛，是对人获得的身心健康与成就的圆满觉行智慧的体与用的不同定义的形象描述。佛教文化传到了中国之后，就由小乘佛教的修炼文化逐渐演变成中国的大乘佛教了。

千年以来，中国佛教的信仰者所信奉的是中国的大乘佛教教义，这是任何的外来文化进入中国之后都会出现的文化融合现象，其植根于中国五千年前甚至更早时期萌芽和发展的智慧教育文化的土壤。比如说，黄老思想、孔孟之道，像这样博大、丰厚而又从根本上呈现宇宙自然绝对真理的智慧文化内涵，已经在数千年的智慧教育传承中融入了中华民族各层面文化的血液之中，因此对于外来文化才能在智慧整体观、智慧辩证法的高度上进行重新的整合，孕育出像中国的大乘佛学一样的内涵。

学佛者：那咱们是先修身体，还是先修心？

对于身心的修炼，没有先后，同时修，你偏颇了哪一个方面的内容都不行。

学佛者：那修身养性怎么理解？

就是身体的生理活动要好，然后你的心理才能健康起来；心理活动是以生理活动为基础的。如果自己的生理健康了，那就能为修佛最后成就智慧身而奠定生命的基础。

学佛者：心和性是一个吗？

心和性就是一个。

学佛者：找到了心，不就找到了性了吗？

对，心性本一如，所谓的佛、如来、如如、法性、真我、灵山、一真法界等都是指心性而言的，都是指的这些个内容。心即体，性为用。但如来实相不是“找”出来的，是通过自我的实践，通过自己的实际践行活动而见证到的根本智慧，这种般若智慧是瓜熟蒂落而自然呈现出来的。

是法平等 无有高下

学佛者：那您说释迦牟尼佛和西方天主教信奉的上帝，谁要更高一些呢？

只要不执著于分别心，哪有高低？释迦牟尼讲人人皆有佛性，耶稣讲人人平等。佛与上帝没有高低贵贱之分。真心自性是每个人生而就有的，只是世俗之人被以自我为中心的狭隘、分裂、片面、僵化的思维参照模式所障碍，所以这种人人本具的觉悟智慧呈现不出来。要知道人的觉悟智慧是认识、运用和遵循符合宇宙自然规律的主体，而自然规律则具有无所不在、无所不能的存在特性。因此，如果不用觉悟智慧去认识自然规律，怎么会有人知道并总结规律存在这样的特性呢？如果只强调规律的无所不在、无所不能的存在特性，而不认识人的觉悟智慧的重要性，那哪还有人去践证佛这样的觉悟智慧？人其实就是宇宙自然的一部分，本来就没有高低贵贱之分。

学佛者：佛就是上帝，上帝就是佛。

西方宗教中所尊崇的这个上帝，之所以能够展现全知全能，实质上是对宇宙间衍生演化万有万象的那个规律的描述。而在东方的修行领域，对人性的最高描述就称为心，或者说是性，也就是佛性，或者说是实相。这些都只是称呼的不同而已，但从实相智慧的层面上看，其本质的内涵却是平等一如的。无论是修佛法，还是信上帝，都不应该执意去分别什么是佛、什么是上帝。

学佛者：实质上上帝是不存在的，是人们想象的。

刚才不是讲了吗？上帝是人对宇宙自然规律的认知所立的名相而已。而佛则是指见证了般若智慧的、与宇宙自然达成整体和谐关系的觉悟者。

在西方的文明史中，由于没有形成系统的智慧传承教育文化，所以，他们对宇宙自然才产生了那样的认识。在东方的文明史中，已经形成了丰富的智慧传承教育文化体系。在东方的中国，智者圣人通过自己的生命活动见证到了道是孕生演化整个宇宙自然的那个绝对存在；而古印度的智者圣人则认为大梵天（相当于中国智慧文化中的道）是宇宙自然的本体，但是人要认识道之大梵天，就应该从践行见证人的真心自性开始。

无论是认识和见证实相智慧，还是认识和见证道之虚寂实相，抑或是对宇宙自然规律的认识，都应该通过自身的身心活动实践来证明。在东西方文化里，人们对宇宙自然的认识，因地域、民族、文化、习俗等诸多因素的不同，表达的方式自然也会有所不同。

信奉西方基督教（天主教）的人说上帝高，信奉东方佛教的说佛高，信奉道教的说道高。那么到底谁高？你把上帝当神，它就不存在；你把佛当神，它也不存在。一旦脱离了人的自然存在本身，神化、玄化、神权化、神我化、神学化，那就都是虚妄不实的了，人若执著于此，都将被迷信的思想观念所束缚。在道这个层面，在圆满觉行的智慧层面，在遵循和顺应自然规律之属性特征方面，哪还有谁高谁低？没有高低！只要人有执著心、分别心、妄想心，那么就必然产生分裂的二元对立的好与恶、高与低、贵与贱等分别，而这些全都是人自己的主观意愿造的。

学佛者：是平等的。

对，站在道这个高度看一切万有的存在，都是平等一如的。

学佛者：我再提一个问题，在日常生活中，经常遇到不同教派的掌门人。他们总是诽谤我们。

别人有没有诽谤，与你又有何干呢？这不就是分别心、执著心和妄想心之使然吗？你们学佛都有十年了，到现在都不明白什么叫分别心、执著心、妄想心……

你们像这样去修佛，那该有多难修啊！不管别人说你们有多么的不好，那是他人的分别心在作怪，跟你们修证佛法的理想和目标是没有任何关系的，你不分别就完了，这就是关于如何起修——修起心动念的内容，这就是最具体的下手法了。

学佛者：是啊，咱们没有分别心，但是他们有啊。

任何一个“别人”如果产生了分别、执著和妄想心，与你自己修养自性有什么关系？你管人家干什么！大家看，从你这句话中就可以看出你的分别心。“咱们没有，他们有”这不就是在分别吗？修行是修自己的，不是修人家；总在别人身上找问题、修人家，那就是因为你在这一时刻没有驾驭好自己的心猿意马而驰骋外求了，知道吗？

古往今来，有谁能够把别人修正好的？修自己的那个根本处才是内求，觉悟从内在的自性升起，而不是从外界获得。你们学佛十好几年了，到现在还分不清内求和外求。如果每个人自己都不起分别、执著和妄想心，那么别人或其他的事物又怎么会使你自己产生分别执著和妄想心的念头呢？

学佛者：那各国领导人，各国首脑，他们是觉悟了的吗？

他们不是，他们只是人类生活在不同地域的领导者的代表，是拥有领导使命的人。这样的领导者较社会中的普通人群而言是有觉悟、有智慧的人，但是这种觉悟智慧不属于般若智慧，所以他们不属于有大觉悟的人。

从中国传统命理学来讲，人在出生了以后，该干什么就干什么。该他当国家元首或总统的，是一定会当的。因为他这样的人出生以后的责任与义务就是干这个的，命运就是这样自然运化的。他们是不可能成为上帝的，也不会成佛，只是于世俗人群中有比较高的能力、才干、聪明与才智。他们就相当于中华文化中所称的贤人层面，而与圣人是有本质差别的。我们也是一样，出生以后，人生的责任与义务就是修行般若智慧的。

修行修自己，知道吗？人家怎么说跟我们没有关系。你说一下，其他人的思想言行跟你有什么关系？是让你损掉了一根毫毛，还是损伤了你的心性？这说明你们的脑子里存在有太多的“惑”了，知道吗？

学佛者：但是有时候，别人会左右我们的思想意识。

修证佛法从理入，是需要你们自己去主动地改变那些自我衡量事物的标准，改变已经僵化了的思维参照模式，是用所学之理来指导自己修养身心的。今天我所讲的这些内容，就是在给你们纠偏。如能明白此理，那还有什么能左右你呢？你听懂了我所讲的这些内容吗？如果你自己不与这样的观点结合，那哪还有谁能左右你？

今天我所讲的这些内容，可以作为你们学佛人的一些要求，如果能把我所讲的这些个学佛的参照标准听到你的记忆里边去，成为了你参照这类事物的标准，人家还怎么来愚惑你？内心不动就叫如如！你们听我讲的这些理法，是不是非常简单明了呢？好好努力吧。

学佛者：有的时候也对自己这样说，遇到一些干扰的事，知道风动幡动心不动，但是就是做不到。

不是做不到，而是没有明理。是你们没有把理论真正学通、学透，没有悟到。案例中说风动、幡动，你需要真正证悟到风动、幡动、心不动的境界才行，才能理会心不动的智慧性内涵。这只是一个层面的内容，你还在分别风与幡、动与不动，那你能不受影响吗？要是真的不去分别了，那你就不会受人家所惑了，不会被外物所惑。什么东西能干扰你？只有人自己的想法能障碍自己。对于人和事的一切存在，只要你自己不动心就没有障碍出现。

这个不动心，就是有念而不追念、不住念、不跟着念头跑，这就是不分别的智慧境界；还有另外一种情况，就是有念而分别于念，但所起之念合于法度，这是分别智的应现境界。还可以这样理解，不分别、不执著、不妄想即是人的空性——是虚其心的境界，而分别智就是性空即有——德的展现。只要成就圆满觉行的智慧境界，那么起念还是不起念都是道之体用一如的。这样还有什么能干扰得了你？

打个比方，我们行路乘车，遇河坐船，都是很自然的事。你一想“路怎么这么远，河怎么拦着我”，这就是既起心又动念了。人在与事物发生关系的时候，有了杂念，那么障碍不就来了？那你说这个障碍是路的问题、河的问题，还是你自己心中起念的问题？所以，关键是你对修证佛法之理没有真正明白过来。如果你真明白了，并能够自觉地循着这个理去做，那就叫觉悟了。

历久以来，你们都是这样的，没有听过真正具有大智慧的人讲授佛法，这就叫佛法难闻。你们都没有听过见证般若智慧的人讲如何走向觉悟，那你们自己怎么可能指导自己走向光明、走向觉悟呢？

学佛者：我非常渴望有一个高人来指点。

人没有高和低。

学佛者：但是在修行的路上，其见地总有高低之分吧。

是啊，觉悟者的见地是有高低的。任何一个有觉悟智慧的人都会有见地，只不过见地的高低与人获得的觉悟智慧层面有关系。如果没有践证到觉悟智慧，那么从形式和现象上来看，人的见解是有高和低的；但是一个人真正走向觉悟了，见证般若智慧了，这个时候就没有所谓高和低的分别了，而是完全自然而然地展现其生命活动内容，他是一个非常平常的人，他就在生活之中现“道法自然”的平常。

学佛者：看上去平常，智慧要高人一等的。

觉悟者所应对的事物和每个平常人都是一样的，其与平常人的智慧的差别就在于没有偏执性，不起惑了，还是在平平常常地生活。觉悟者的智慧就体现出不停留在现在、过去和未来心之中，不执著于分别心和妄想心，没有任何一点迷惑和疑惑，对生命的存在、对客观事物的存在是一样的情感。

在修行的过程中，其中最重要的内容就是破执，破一切我执。不管是人我执还是法我执，都源于感官功能的要求所形成的思维参照模式，源于人参照事物的标准。

比如，说这位陈女士长得非常漂亮，这个漂亮从哪儿来的？是参照系中有那个“丑”的概念，因它而来的，是不是这样？人被什么障碍了、迷惑了？被参照标准中的那个“丑”障碍了。他说他高，我说我高，到底谁高？你不是参照吗？你里边有个“你高吗”这个参照标准。“我这个佛学高”，啥高啊？啥也不高。佛学就高吗？佛学是教人走向智慧的方法，有什么高和低可言？“是法平等，无有高下”啊！

学佛者：佛说众生平等、人我平等，他这个智慧和那个心性都是一如的。

人的这种实相智慧是本具的，当人的心性和见证根本智慧时的境界成为一个整体时，那么其心智就是一如的了。只不过大多数人是生在迷之中啊。

学佛者：就是没有发现自己处在迷中。

人的眼睛被什么障碍了？被五光十色、被各种各样的影像所障碍。什么叫迷？人住在了五光十色和各种各样的影像之中即为迷。为什么会住在其中呢？因为人有偏执性的参照内容，是它引起了人的主观意识产生了偏差，是它障碍了你。人有了分别，就会自然地产生妄想与执著。说陈女士漂亮，这个观点是哪个里边出来的？是参照的那个标准里边的内容中有美和丑的观念在进行分别，要不然哪找漂亮和丑？哪找得见好和差？是不是这样？

学佛者：就是那个六根，眼耳鼻舌身意。

人的六根眼、耳、鼻、舌、身、意引起六识的变化，还包括假我第七识的参照作用这一切。

当下放下 三身相应

学佛者：老师，你说在佛的世界里还有善恶吗？

在佛的世界里没有善恶了。佛的世界就是“一”。那为什么佛还要讲堕地狱，讲善恶呢？你们会说，如果没有善恶，但又讲善恶，那么这不是惑吗？

佛是把理给大家讲清楚，是帮助那些一心向道的人走向光明的。佛谈六道轮回的理论，这只是一面镜子，是告诉你，你是向往镜子反射出来的阳光，还是镜子反射出的阴暗。镜子可以照出六道轮回，去哪个道，则完全由你自己来决定。实质上六道轮回，是促使你走向觉悟的一个广告牌。如果你是一心行善，那就走向觉悟；否则就是受苦受难，是不是这样的？要知道受苦受难不是佛给你的报应，而是因为你自己违背生命运化规律而造成了业力果报，像这样走错路，就必然自食恶果了。

学佛者：如果解脱了，就没有六道轮回了。

六道轮回也好，三十三天也好，八识也好，三身成就也好，这些都只是个方便的说法而已。解脱了就没有了，什么分别都没有了。那我再问你什么叫解脱？

学佛者：解脱就是放下。

什么叫放下？如果你脑子里面一反应、一表达，就没有放下可言，那个念头就起来了。

修起心动念是在行中藏的，见地是在行为活动的过程中显现的。我讲的内容是什么东西？我讲的这些内容是属于如何走向觉悟的方法。当下啊！人们都会说当下，但就是不会行当下。你们修行佛学，就像他们跟我一起搞修身养性的智慧教育文化一样，道理只有一个，没有两样的道理。身体要健康，心理要健康，生理和心理真正合一，才能真正走向正信、正知、正行、正觉、正智、正慧。佛为什么要讲三身相应？几百年以来有谁见证到法报化三身相应的智慧功夫了？

学佛者：是法身、报身、化身三身相应吗？

对，我们就修这个。知道报身是什么？报身就是你这个形体，如果这个臭皮囊不要了，哪有报身成就可言？没有报身的成就，哪有应化身的成就呢？人怎么能成为一个圆满觉行的智慧者——佛呢？

学佛者：没有报身成不了佛？

成啥佛啊，你们修什么？修觉悟，这个觉悟主要是指法身成就。法身即是实相般若的智慧境界。但是法身和报身是两个东西吗？你能把身与心分开吗？身体是基础，意识是根本，这个我已经强调过很多次了。

如果单有个法身就行了，《金刚经》干什么在最开始还写佛祖吃饭、洗脚、打坐？怎么不飞到天上放光去呢？说我们这个身体是臭皮囊，也是一种让你进入的方便法，是破执的，为了不让你身外求法，不让你外求，不让你执著于感官觉受，不让你堕入生灭法中，而不是让你啥也不要。

眼耳鼻舌身意，样样得有，哪个都不能少，但哪个都不执著；念念都要有，但念念不住。有的人以为觉悟了、空了，就是没有念头了，这是大错而特错的！人活着就有念头，只是要你别停留、别攀援在念头上面而已。六祖也说过“一念断，法身即离色身”，这个人死了才能啥都没有，修佛是修死人吗？法身不离色身，三身是一体的，只是这么个讲法而已。给你方便，你一执著有三个身，那就著相了。所谓的三身佛就是一个身，知不知道？

学佛者：法身是觉悟身啊？

是啊。

学佛者：报身是我们这个人体的身？

对。报身不只是个人体，还是代表健康的身心活动。报身佛就是代表身心整体的健康。

学佛者：那化身呢？

化身就是出了应化智慧的境界，不是因身体而展现出的无量光、无量智、无量寿，而是大智慧能够于应化事物的过程中，呈现出无形无相的智能运化效应，其变现的应化身状态，可以说有百千万亿种，无数无量，那就叫应化身智。那根本不是单指什么圆寂以后的身后智，而是不以身显现的智慧德相罢了。

学佛者：法身是智慧身。

法身是本体智慧，叫实相般若。

学佛者：那咱们修的是智慧吗？

那当然是智慧，没智慧，你要这个形体有什么用，跟个傻子一样。

学佛者：法身是觉悟身。

法身就是觉悟态，就是实相般若。没有实相般若，后边的什么般若境界都出不来了。那你们学佛，学了十好几年了，除了实相般若还有几个般若？你们讲给我听听，还有几个？

学佛者：文字般若。

境界、文字、方便、眷属般若，是不是这样的？但是没有实相，哪来的境界，怎么会有方便？没有方便，哪来的文字，哪来的眷属？再说回来，真有这几个般若吗？其实还是只有一个根本智慧——实相，只是从实相智慧的特性的不同层面去解说它，来方便我们理解而已。明没明白？

觉悟只在当下一念

学佛者：老师，你最初是不是学禅宗的？

不是的，对于禅宗，应该是没有办法学的，禅宗主要是讲“当下”的觉悟智慧法，但是禅宗现在好像是名存实亡了。当然，只要任何人在明师的指导下，通过锲而不舍的专修精进，是一定会有成就、有收获的。以前我也不会讲，我以前跟你们一样地糊涂，跟你们一样地迷茫。

学佛者：我是修的净土。

不管修什么，净土也好、禅宗也罢，都没有层次上的高低之别。净土宗、禅宗、律宗、法华宗或者密宗……总而言之不管什么宗派，实质上结果就一个，只是入手法不一样而已。甚至修佛修道，都是一样，根本智慧没有差别。你能说有个佛家的智慧，有个道家的智慧？没有！只是文化不同，那么表达的方式就不同，入手法也就不同了。

学佛者：切入法不一样？

对！

学佛者：那你说，法门与法门之间都有差别吗？

没有差别，有差别就不是佛授的经典了。你们要修的，首先要把你们旧有的思维参照模式破了，然后重新立起来新的模式。你们现在都是偏执的思维参照模式，你们都执著于自己概念中的那些东西了，那怎么修？

你是以世俗的心态执著追求成佛；还是以修行为目标，在实际生活中去砺炼、去改变意识，使自己通过自我意识的净化而走向圆满，使真心自性得以呈现？这可是两个不同的结果。我现在讲给你们听的，就是希望你们把自己的那个假我，那个假家伙的参照标准模式等全部给消损掉，这就叫“喝”！喝灭你们的愚蠢，喝除你们的盲目，喝散你们的迷茫，喝现你们的自性。如果你真能听懂，那可就了不起了。

我觉得你们需要认识自己修佛的观念，重新发愿，在这样的年龄继续修，还是有可能获得成就的。

人家叫修行佛法，我这里不叫修行佛法，而叫修证觉悟的方法。其实本质的内涵都是一样的，都是在做修身养性的课题，见证智慧生命科学的本质内涵，说的也都是一个道理，哪有两个不同的真理存在呢？只要你们需要，什么方面的内容我都可以与大家探讨。那就需要一个人有什么？那就是需要有大智慧。有了大智慧还要修行圆满十方的课题。而你们就只会讲一点佛学的知识，连其中的道理都还讲不明白，你们怎么能践证智慧，圆满十方呢？圆满一方也圆满不了。为什么？没有智慧的见地。

当人的智慧圆满了十方以后，那就有大智慧了。人没有了分别、执著、妄想之后，那么就没有了佛法经典与世间法的差别。这样一切世间法皆是佛法，一切佛法也都是世间法了，也更不会执著于佛法这两个字的概念了。

讲到这里，就是希望你们能够自觉去认识觉悟的真正涵义，它不是哪个宗教或哪个宗教派别的产物。宇宙自然的绝对真理只有一个，入手法有千万种，千万法是一法，一法即千万法，这样践证才行。佛是个能量、信息和大智慧的和谐整体，呈现出来的不是遥不可及的上天入地的神通，而是大觉悟者于平常生活各种事物应对中的分别智、应化智的展现，是自然而然的生命活动的展现。

佛是人，是觉悟了的人，而不是天神。

我现在所讲的内容都是关于行在当下的事。禅宗是没有理论的，只有当下。一切讲理的内容皆不是禅，一切的理皆不是禅。禅是什么？禅是修起心动念的，是净化思维的思维修。

什么叫当下？践证禅的内容就在于当下。一个参禅的人，只在当下，就是让你在当下进入，是让你进入实相的智慧境界。千万不要以为打禅七就是参禅，如果不能行参禅之意，那就是打死禅。如果是静坐参禅，在这个过程中不得要谛，那就是参枯禅。禅是净化点滴意识活动的思维修。

如果我教你们学习这些净化意识的内容，你们都还不会做，那你们上哪儿参禅？当你有参禅的念头的时候，我就告诉你了，参禅不是参，不是打坐，你要把这个参照、这个执著的念头灭了就对了，一念当下就进入实相境界。走上觉悟只在当下一念，你这一念一破就进入了。这时你呈现的不是什么念都没有的傻子境界，而是如行云流水般念念不住的般若智慧境界。

学佛不是那么容易的事，你们对参禅还不了解。没有明师带你们修，那就只能靠自己了。慎独行的关键要点：强调身心的整体健康，修养心性是时刻自警自觉的，如履薄冰，如临深渊。要想帮助别人必先完善自己。要知道：有心为善即是恶，无心为善才是真善！同志们，虚心实腹才能合于道啊。

文化推广与修养实证

健身文化的推广

点燃智慧之火

法身无相 性命双修

健身文化的推广

在国外推广呼吸操实际是很简单的事，就是放个带信息的音乐，弄个呼吸操、梳头操做做就行了，到时候再教个升阳固本操、自然蹲起操。有了内气做什么都行，你告诉他们跑步就是动功，也都行。做完了呼吸操之后，你就可以让他们跑跑步，这样身体都会好，内气充足了怎么教都行；如果不能增长内气，再好的功法也没有用。这就是现代化的中国健身文化。

学生：问题是得有本事，我没有本事怎么让人信服。

你把带信息的音乐给学习的人一放，那就是你的本事。当然，通过自身的健身锻炼活动，本事也是一定会有的，对于功夫，请你不要着急，只要你做出了努力，出功夫那是自然的。

学生：我先有本事我才敢干，没本事我不敢干，那一说话就吓得不行。

不是这样的。你看我十几年前那个时候也没什么本事，不是也为那么多人带去了健康？其实就是需要自己有爱心，而且这种爱是无条件的，是无我的。

首先就是办个网络呼吸操健身课堂，可以办义务的。学员进入了课堂，他们就会有感受了，他们就愿意锻炼身体了。

就按我说的去做就行了。你啥也别讨论，别想自己没有本事。如果我说你有本事了，可你又不去做，那本事从何而来，你上哪儿有本事？如果我一说，你就去行动，那你行动的本身不就是长本事的契机吗？你去做的时候，自然展现出来的就是本事。

你要知道，如果教你的老师真有本事，那么你在学习和践行的过程中就需要有悟性。有时候人的悟性这个东西就是在不知不觉的过程中呈现出来的。悟性，说简单一点就是：一说即是，一说就是！

对于学习养生文化方面的内容与践证的过程，不要与学习现代知识文化的方式方法相比较。在接受身心健康和功夫信息的时候，在去做的时候，你不要按照通常的思想方法去思考，不需要住在逻辑的思维定式之中，在你的脑子里面不要进行知识与概念及所谓经验的讨论。在接受良好信息的时候，越直接越好；脑子里面越有自我，那么像这样的所谓聪明与灵敏越显现就越不好。

学生：那不麻烦吗？让我变得傻一些。

田老师能够进步得这样快，她就是按我所说的方法去行，没有进行任何的探讨。比如，在工作中做实验，她是中学老师，上课前让班上的孩子凝神静养五分钟，这几年无论带什么班都是这样进行的，那么结果呢？同等的正常的教学时间下，田老师的教学效率与其他老师相比那是有了非常明显的提高，而且上课也轻松，教学的过程也秩序井然，学生的成绩也有了明显的提高。通过这几年经验的积累，现在她的组场教学也比较系统化了，所以她做得挺好的。

任何东西都是做出来的。其实网络教学也不耽误你的时间，在课堂里边放个音乐，学员来了只要一练他们就会有收获，他们也就自己出去宣传了。只要是有人的地方，就能保证你开展的这个事业有希望。只要你不贪心，啥事都好办；你要贪心，啥事都不好办了。

然后你的第二个职业就有了，谁说不是？因为你在自我身心锻炼的情况下，又帮助了别人，这就是典型的融利己于利他之中，既创造了社会价值，又产生经济效益。届时在你的生活中就会形成一个良好的修养身心的环境，有一群人在你的周围，跟着你相互交流，相互学习。

你搞个英语课堂，每天到那个时候就放音乐，到那个时候大家练呼吸操就行，有问题就反应到你的网站上，经过咨询答疑，那么你的理论素养与践行能力也会大大地提高了，这样多好。

这个工作不要以盈利为主，但获得收益是肯定的，是百分之百的。这样也就可以正常地维系论坛和课堂的费用了。如果有解决不了的问题，你还可以跟田老师交流。

在国外，如果能有一个群体共同完美身心，大家一道把这个论坛维系起来，那该有多好啊。大家因共同的爱好走到一块儿来了，有一个共同的家园就可以相互帮助、相互激励，共同进步了。你如果有了一个利于身心健康的方法和理论，然后再有一个和谐欢畅的能量信息场，那么做好事就快捷了，再加上咱们这个呼吸操的效益是非常高的，这样就会有很多人受益。对呼吸操、梳头操的效应，我想你是已经见识到了。

关于呼吸操的英语课堂，我们这里也帮助你做宣传，在你那里也可以宣传几个月，这样一来不就基本解决问题了吗？然后你把课堂一定，每天照常练功夫，每天就把音乐一放，工作就完了，啥事都没耽误，而且因此受益的人会很多的，效益好很快就推广开了。

点燃智慧之火

我跟你们最大的不一样，就是我把你们当作我生命中的一部分。我是在生命真义的层面中与你们共存的，而你们现在是不是这样考虑的呢？你们是不是把我也当作你们生命中的这一部分呢？如果是这样的话，那就肯定不会出偏了。

对于闭关的内容，我想应该有很多的条件是需要具备的。一方面，明透理法，对于健身锻炼中的各种生理反应、情志反应和心理反应等，都需要用理论和践证的经验来指导自己；另一方面，就是需要懂得中医，懂得一定的医学知识，这样才能帮助应对闭关过程中出现的不容易处理的生理问题；再一方面，必须明了自己闭关的目的与意义，必须有充分的思想准备和经济准备，需要得到家人的支持与理解。这样无论是闭关几年都没得偏可出。

如果在你的思想意识中跟我没有关系，而我跟你有关系，就像常人说的那样，我是拿热脸挨你的冷屁股，那样问题就大了。我们学任何东西都要达到这种境界，要把别人的失败和成功的经验都当成是自己的过程，这是最直接的经验。如果有别人的失败经验，那你就不能再走这条路了，要避开这条死胡同，你们晓不晓得？

闭关绝不仅仅只是个练功夫方面的内容。比如像闭黑关，那就没得阳光可见。当然在开始的阶段放带信息的音乐或讲课的录音都可以，边练边听都行。唯有一条，你的神要待得住，因为这里是一个整体，如果散了一个人，那这个关就不好闭下去了。

这一段时间我观察了你们的状态，不是这样的。你们现在都是各自为政，没有个统一性。再一个，学做人是需要从生活中点点滴滴开始的，我们待在一起已经有这么长的时间，不管是什么角色，不管是什么关系，要学会用语言表达事物，表达自己的情感，而不是那么简单地应付一句话就了事，说话、想问题都需要将心比心。

讲这么多的目的，就是想让大家在还没有闭关前，尽量认识深刻一些，没有这个认识是不行的。你们有的课是听到的，有的课是没听到的，还是要把我的讲课录音反复听。改造意识是最重要的，意识不改造，你练得再好，顶多也只是个自了汉，不可能透现觉悟智慧，那怎么可能做到自觉觉他？像你们现在这样学习的方式是很难的。你说这么好的条件你们都不珍惜，都不懂得哪个是真正的老师，大家想想看，你们自己应该怎么办？

比如说，我肚子饿了，要吃饭，那吃饭就行了，这是本然的行为；但想我要吃好饭，那就是欲望。如果一个人有了欲望，但知道不去执著欲望，那也没有关系。饿了是人的一种本能，生命本能的需求；可是我要吃好的，我要吃那个符合我心意的好味道的东西，那就不一样了，那就是欲望。如果你满足了自己的欲望，那就不是你自身的那个自本性的存在了。我要结婚，我要生孩子，我要满足情感……这些都是人欲望的表现。其实人结婚、生孩子等都是正常的，你不执著这样的想法，到时候因缘到了，那也是自然需要结婚生子的。

学生：是啊，可是有的人说，这样他就不结婚了。

谁说的？不都是你在说？不管谁说的，只要别人的观念观点扰动不了你、障碍不了你，那就叫觉悟态；只要你被扰动了，那就是糊涂态、愚昧态。任何时候，任何事情，你只要不被干扰，你就在觉中。结婚生小孩很正常，为了身体健康的基础，性生活少一些就行了。但是，任何事都是不可能随着你的主观妄想而变化的，所以你自己要有觉悟，要有自觉自性与自觉觉他的觉悟，这样你就可以把自己学的道理贯穿于自然及社会生活的环境之中了。

结婚还是不结婚，这个问题只要不障碍自己就都对。不光是结不结婚的问题，所有的事情都是这样来考虑，不能自己总在那里执著分别，“这个符合我的观点，那个符合我的嗜好”，那样的话是修什么行？修监狱行。自己的观念或概念把自己困住了，那不就是监狱了吗？如果一个人不会被迷惑，自然而又清醒地生活，即在任何时候都不会被任何事所扰动、遮盖，那就是一种自觉自由的状态，是呈现分别智的一种状态。

但是人该如何祛除自己的贪欲心与占有欲呢？在一本国外的《薄伽梵歌》的书里中有幅插图，画了不同的阶梯，每个阶梯都代表人的不同的身心活动状态，说明了人的存在有很多的想法，其中就有代表贪欲、妄想等的阶梯，它们在最下层。这幅画中的具体内容，都是在象征性地寓意人的不同妄想与幻想，是贪欲心与占有欲的思想言行所表现出来的内容。在闭关练功的过程当中，也都会把这些与贪欲相关的信息显现出来，要知道这些都是因幻有而产生的幻象。

通过打开会阴穴，把灵火升起来，用这种灵火与马尾神经的信息进行混化，激活人的智能库，这样人才能为转识成智奠定基础。大家明了这些理以后，就不要执著于它。从这幅图上看，眼耳鼻舌身意的这些识都在神性的周围，这个灵性之火在中间，需要用灵火去燃烧。这种灵火既可以激活人的生命潜能，还可以净化人的心神。

你们自己要有悟性，要自己去想，但是如果你们不学理，那在思考问题时就没根据了。

在过去的十几年中，指导练功的老师们要不就是因为不明这些理，要不就是碍于“漏丹”的现象，所以并没有重视开丹田储养生命力的内容。开丹田如果没有点火的内容，那就肯定不能提升生命力的质量，那么想转识成智就成为了梦幻泡影。如果会阴穴这里不起火，能量就不是活的，能量就会比较呆滞。

生命的成长没有智慧之火是不行的。智慧之火从哪里升起来呢？从启动运化能量的功能开始。人要想启开运化能量的功能，那就首先要从打开下丹田的工作做起，打开下丹田的关键就在于点火。当下丹田形成之后就需要对能量进行调整，使人的生机从下丹田逐渐转移至会阴穴，在这里烧起浊火，激活人的生命力之生机，通过意念与呼吸来催生丹田中的灵火——提高丹田中的温度，通过这样的方式来降服人的贪欲心与占有欲，即人自身生命活动之自然本能需求的心意活动被异化，对异化之后的心意活动，对感官功能形成的过欲的思想言行，是对它们进行降服。

人对物质生活追求的一切想法，都源于膈肌以下的生理功能的要求，通过人的精神与生命能量的混化形成灵火，然后再催动灵火的燃烧把欲望都烧掉、燃掉，把人的生命精华蒸发上去，养育生命，使它不再往下降。把浊的都烧了，把清的升上去；如果不烧，那升上去就都是浊的。只有使浊降清升，人的智慧才有可能发生整体的根本改变。灵能从会阴穴的位置升上来的过程，在古印度的智慧瑜伽论中，就叫做灵蛇，也叫灵火或灵能。

现在把这些内容当作参考知识讲给你们听一听，这样对于大家的共同成长是有好处的，对于我们闭关的过程也是非常重要的。

法身无相 性命双修

我们大家要学会借助于理入的知识和行入的经验，来正确对待健身过程中出现的各种反应，以及出现的健身效应的变化。

这就是在告诉我们，人需要主动去学会研究各种反应变化的缘由，这样才能做到自如地面对不断变化的反应。这些反应会包括生理方面和心理方面的内容。一个人在修身养性的过程中，如果没有不断的反应，那就肯定没有不断的变化。所以我们大家要有这样充分的思想准备。

实相就是无相之相，法身是无任何形象的，只要有一点你们能感受到、能观察到的形象或者是觉受，那就肯定不是法身。首先你们要把握住，法身无相，既不是概念，又不是形象，只要你们有任何的一种感受，那都与法身智慧没有关系。法身不仅叫实相智慧，而且因此而生的分别智和应化智都叫无师智，或善知识。

所谓的无相之相就是人的那个虚寂实相之根本智慧。这是人的无始之始，也好似宇宙的无始之始。所以这个无相之相的虚寂孕生了人之初的生命活动信息。精卵在结合之时的那一瞬间，形成的就是受精卵信息，而那个交合时生成受精卵信息的一刹那——那个当下，就是人之初。人在开悟的瞬间与人之初之前的刹那状态是相合的，你才能因此体会到宇宙自然的生生循环之性，而人的生命运化规律也是与之相应的。但是这个东西不是个相，不是人的眼睛能够看到的某种形象，也不是由耳的听觉功能能够闻到的声音，总之与人的感官功能及觉受的各种印象没有关系。

以后你们的工作再忙，也还得练习呼吸操。做好呼吸操，是人获得身心健康的基础保证。人如果想换运转命，没有类似于呼吸操这样以五脏为中心内向性的锻炼内容，那恐怕是比较困难的。在做任何健身的锻炼活动时，如果不重视呼吸操这个基础方面的运动内容，那么健身锻炼的行为活动就会显得不彻底，不符合生命运化法则的基本要求。

因为人体的生理活动是以五脏六腑为中心的。如果人的健身活动连生理活动中心的基础都不顾，那你就算是专门从修养意识的这个根本上走，也是获得不了健康的。专根本而弃基础也是不行的，基础和根本是同等重要的。所以说要练呼吸操，虽然呼吸操不是根本，而改变意识净化自我才是根本，但不练呼吸操方面的内容，身体的生理基础就没有了，那是肯定不行的。

从古至今，只要是注重身心整体的高功大德们，基本上都是这么走过来的，没有不注重呼吸的锻炼，比如各家内功都很重视吐纳。在今天这样社会化的生活环境中，我们大家不仅要搞工作，还要注意自己的学习和生活，所以是非常忙的。但再忙也需要通过呼吸操或类似于呼吸操的方法来锻炼身体，以此来保障自己的健康状态。

实践证明，强身健体基础的关键就在于像呼吸操一样的内向性运动脏腑的锻炼。当然，如果只是一味地强调身体的锻炼，而忽略修养意识的重要性，那自然地走向了旁门左道。任何的修炼之人，如果不重视修正意识，那他是一定会走向邪门歪道的。如果只注重意识修炼，而不注重对我们这个生命体的锻炼，这样的人也一定不能修成正果。这两个方面的内容是相互的，是相辅相成的。过去的老师们就说过，“修德不练功，到老一场空；练功不修德，必定要着魔”。这两者是互为转化的，是相互作用的整体。

理明无碍

略说空间

简答糖尿病与肥胖者

浅谈佛道文化之别

略说空间

学生：有个问题，就是如何修证佛法？有人说这个世界由时间和空间构成。时间是三维的？过去、未来、现在；空间是四维的？我也没看懂时间空间是怎么回事。有人说，我们的物理世界是四维的，我理解现在这个物理世界是三维的，我想请老师给解释一下？

首先要明白，时间不是三维的存在，时间只是一维的存在。这个内容应该在上初中或高中时就学过了，一元一次方程或线性方程都包含了这样的意思。在整体观理论里边也讲得比较清楚了。

学生：我还是没看懂，当时看那个的时候没看懂，说这个世界是四维的，我当时也没看到。

所谓四维，就是长、宽、高加时间就是四维的时空。四维的时空是隐在的空间存在，是我们一般人的肉眼看不到的空间存在。三维空间是对显在的空间存在内容进行的物理学描述。

三维空间的内容，也就是我们平常认识的，由长、宽、高构成的有形有象的实体存在。这个临界是以人的肉眼来看的，是以人的功能来感知的，当然也有科学的定义，只要讲整体观，自然会讲到这个方面来。如果需要描述五维空间的存在，就可以这样去理解——长、宽、高、时间，再加上速度，它就可以是等于五维空间的存在。所谓多维层面空间就是指这个，只能简单地这样讲一下。

学生：那就是说，它可以不停地加其他的条件，就可以变成一层一层的空间吗？

宇宙自然空间存在的维数不能随便加其他的条件，如果随便加条件，那肯定不能成为自然存在的多维空间。那些关于空间的内容，对于现在的你们来说只能是从理论上理解一下。这些不应是只从理上去认识和了解的，关键是要靠自身的生命活动实践来证明的，从理上入只是帮忙理解的一种方便法。

学生：我们的现状——无论是功夫层面还是理论层面，都不适合去研究探讨这些内容。也就是您现在讲的内容，我们大概听听就行了是吧？按您这个说法，我们听听就可以，不必再去深究了，以后是以后的事情，以后实证到这一步就明白了，是这个意思吧？

对，不管懂还是不懂，这个东西不要深究它，你也不是学习这个专业，再怎么深究也同样是不会懂的。

学生：是，有的东西是看不懂。

简答糖尿病与肥胖者

学生：糖尿病人锻炼应该注意哪些事项？

糖尿病人锻炼应该注意的事项，作为糖尿病人，是胰腺的腺体功能态出了问题，可以说是内分泌系统紊乱的疾病之一。

首先，要求糖尿病患者的情绪要稳定，要控制饮食，要适当地服用药物来控制血糖；然后就是生活要有规律，要锻炼，要练功夫，可以通过做呼吸操等健身方法来调节自己的生理健康状态；还可以通过吃中药的方式来配合锻炼。当然，一般的人没有那么好的耐心。我个人认为，在吃药进行治疗的过程中，吃中药是比较好的方法，也是比较理想的方法之一。因为西药对肾脏、对膀胱等脏器组织的破坏性是挺大的，而且对肝脏的破坏作用也是挺大的，对心脏同样如此。所以，西药的效果是可以对糖尿病患者的身体起到控制血糖的作用，但并不是从改变生命运化功能这一根本来解决问题的，同时对人的身体也有比较大的副作用，就是这样的。

糖尿病人应该注意身体的变化，注意休息；生活要有节制、要有规律，要情绪稳定。最关键的是情绪稳定，因为糖尿病患者一般多思虑、多怀疑，情绪不稳定，情绪不稳定的直接后果就是容易引起其他并发症，如高血压、冠心病、青光眼、心衰、肾衰和膀胱糜烂等。所以，能够正确地对待自己的唯一方法，就是需要注意以上所讲的内容，这些内容是情绪稳定的基础。使糖尿病患者情绪安定的根本方法就是修养意识，修养意识的理论内容同样是我们每一个人获得身心健康的保证。关于修养意识的具体内容，在我们的讲课中有较为详细的说明。

学生：我是做办公室工作的，因为我有点胖，到后来听说呼吸操能减肥就学了。我做呼吸操的时间比较长，但是，是否坐在那里的时间长了，活动量就稍微小点，而经常运动，运动量大？运动量小好像是容易增加体重？这段时间看南怀瑾老师的书，上面提到一个方法，他说：你胖是因为营养太好了，在呼吸的时候需要注意出气，这样能起到调节作用；身体瘦弱的、有病的人，你呼气的时候注意吸气，这同样是能起到调节作用的。我在锻炼的时候应该怎么锻炼？怎样结合呼吸操？

我不知道南老先生的减肥方法，所以更是没有研究他这个减肥的效应，因此这个我们不好说。只是大家在做呼吸操的时候，有的人体会到了，说呼吸操具有减肥的作用，这是我们的学员亲证亲见的，所以可以讲一下。

因为有的人一做呼吸操，肚子变小了；可是还有的人是做一做他的肚子变大了，再过一段时间，做一做又变小了。但是习练呼吸操的过程从整体上来讲是储备能量的过程，它是属于开发生命潜能的内容，也是储备能量的一个方法。如果专门把它当作一个减肥的方法的话，我觉得通过别的方法去减还比较好一点，或者是呼吸操结合其他的方法，更有针对性一些。

其实，你通过形体的锻炼还是需要配合呼吸的，因为以前我在康复中心的那个时候搞减肥、做实验，就是通过形体锻炼加呼气，把自己的肚子呼扁了，把肚子吸进去、呼扁，然后结合形体炼，做下去，并主动地去运用意识，把气开放出去……我觉得这个方法可以减肥。但是这样一来对身体的整体健康而言，益处并不大。我们主要是在研究人身心整体的健康。但是减肥这个内容专门去研究它，不是还得去研究吗？我觉得首先从饮食上控制起来，每天每餐只吃六成饱，然后再做呼吸操，我想应该也是可以减的。

我这么说并不是让你饿着，该摄入的营养还是要摄入，只是量可以控制下来，但一定得是在正确的练气与养气的条件下这样去做才行，要不然就会营养不良，就会得胃病。为什么说在练气与养气的条件下才可以呢？因为气足不思食，通过内气的培补，既储备了能量，又减少了营养过盛，还减少了对垃圾食物的摄入。像这样调整的是人整个身体状态的平衡，就不单单只是减肥这一点点的功效了。身体状态平衡了，内分泌平衡了，身体中堆积的多余脂肪和物质，也就自然消耗和排出了。

从这个角度来讲，练呼吸操加一些形体锻炼的方法，再配合调节饮食的内容，想达到减肥的功效并不难，而且同时还更大程度地增进了身体的健康度，这个才是主要的。如果仅针对减肥的话，那在练呼吸操的时候就可以不注重吸气，而注重呼气，把意念放在呼气上，呼的时候一定呼净，这样可能会比较有效地瘦下来。

浅谈佛道文化之别

学生：我现在看的书里边有很多故事，就是佛祖说的，在做功的时候菩萨显现，这些东西是他这个法身显出来的吗？当时是那个人真实的显现出来吗？还是我们做功的时候意识造型造出来的？

当法身显现的时候，其法身是没身的，没有个身形样貌的，法身是没办法用意识来造型的。如果有一个法身，是想象当中的形象，那就是意识造型的；但是法身是根本智慧的境界，它是空性，它具有空性的净寂属性。

所以，法身不是个有形有象的存在，也不是个人型；法身是对智慧成就者境界的一种说法——名根本智或无师智。根本智或称无师智是无形无相的，法身是无相的，而且是没有个概念的境界，哪怕是有一个概念的存在，那就不是法身的境界了。

学生：我想问个问题，您给大家列的那个书单有庞老师所讲的理论、南师和奥修所讲的内容，佛家的多些，我想请您谈谈对道家——老庄的文化是怎么看的？老子、庄子、墨子，我想问这些书信息量怎么样？《金刚经》也是拿了书以后信息量很大，这些书不知道怎么样。另外道家、佛家在修行方面，他们各有什么特长，或者说特点？

关于这些内容，我就简单地说几句。对于中国春秋战国时期的诸子百家，这些人所写的著作，我想他们应该都是自己实证的智慧境界的结果。

在诸子百家之中，每一个人都可以说是一个实践者，只不过他们所践证的水平有高有低，那么在文化上，就自然会对自然及社会中各种人、事、物产生或深或浅的不同认识。像《道德经》和《南华经》的内容，都已经涵盖了整个宇宙自然和人类社会的全部内容了。当然在其他诸子中，比如在孔夫子的作品中，也论述了仁义礼对整个社会形成和谐关系的重要性。

由于每个人对自身、对自然、对人类社会的认识都不一样，对自己生存环境的认识角度不一样，那么各人在实践活动中所践证的境界也自然存在或大或小、或深或浅的差别，因此对人与自然及社会之关系的认识自然就会得出不一样的结果，所以才有了诸子百家的著作，才有了先秦文学和修行理论百花齐放的时代性特征。

古印度的释迦牟尼佛的经典产生，也就是在我们国家的战国时期，也是在那一时期的作品。其实它跟我们国家的文化是相仿佛的，只不过它产生于古印度，并受特定的地域环境、人文理念、民族文化等客观因素的影响，通过文化展现出来的思维习惯、表达方式、语言特色等等也就不相同，不过从本质上来讲都有智慧生命的信息量。

但是，佛学主张因果轮回学说，因为这个理论是属于古印度智慧文化中的内容，是从古印度几千年演化发展所形成的古文化形态中衍生出来的，是对宇宙自然、人类社会的认识。佛学认为，世人由于受各种不良习气的影响，自然会堕入到六道中轮回，所以世人要获得幸福快乐的人生，那就应该通过消恶业的方式来净化自己的灵魂，以便脱离六道轮回之苦。在这种世界观的主导下，佛学讲人应该通过修养意识、净化自我的方式来明心见性，以达成见证般若智慧之果而永脱轮回之苦的目的。因此修佛者非常强调对真心自性的了解、认识和见证，也就是非常强调践行见证人的觉悟智慧。那么，如何能达成觉悟智慧？就要从明现心性着手。佛学的整个内容，都是围绕着如何开发实相智慧来展开的，是如何解脱和了却人的各种苦难、如何使人走向五蕴和合的这样一个智慧学问。

道家的学问不是这样的，它是在自然道德观的指导下建立起来的一个智慧教育文化。这种智慧教育文化是在古老的中国这片土地上孕生演化出来的。道文化应该属于人类历史最悠久、最彻底、最根本、最博大、最殊胜的智慧教育文化。总之，饱含了自然道德观的道文化应该属于最完善、最古老的内陆文化。为什么？因为中国的西边有广大的戈壁滩和沙漠，还有中国的脊梁昆仑；在西南部，还有西藏高原和喜马拉雅山脉作为屏障，在北边是蒙古高原；在东北这边，有大小兴安岭；在东北、东边和东南及南部是海洋，因此中国本土的所有文化都集中在这一区域内相对稳定地发展着。

中国人形成的对自然、对人类社会的认识，较之古印度文化是有区别的。中国人在研究人的时候，是强调人如何去符合天地自然的运化规律及其属性特征，既符合自然运化规律的生生循环之性、符合生长化收藏的属性特征要求，同时还要符合人自身的生命运化规律及身心活动的整体性；还有就是强调人与人之间构成的社会关系的和谐性。

因此，道家文化的内容是非常强调自然之性的，强调人自己的身心和谐，强调人与自然的和谐关系，强调人与社会的整体和谐关系；而佛家文化则是侧重研究启明开智的，是开发般若智慧、了悟人生的内容，在这些方面和道家文化是有区别的。

由于道家了解了人需要探求符合自然之性、符合社会之性的道理，所以，道家文化对于人见证合道顺德的智慧，对如何获得长生不老的身心健康状态，都较其他的文化要深刻得多。因此，道家文化所追求的是“万物将自宾”（《道德经》）的那种身心活动状态，是见证无为而无不为的智慧能力。

做人的学问

种因得果 循环有报

做人的学问

生命的这个基础是爹娘给的，有时候它会有先天的缺陷，或存在能力的强弱大小等差别；但人的那个根本——真心自性是没有缺陷的，只要你愿意练、愿意修、愿意去改造自己，那么人人都是可以走向圆满的觉悟智慧境界的。

其实我们平常的生活都符合修身养性的内容，没有哪个人不是在不断地修正自己的。比如做买卖，如果我想把买卖做好，那也是有条件的，需要自己去不断地改变自己。在与人谈生意的过程中，不可能只想着自己，为了把买卖做成，这时的我们也会进行换位思考，为对方着想，直到自己买卖的交易成功。这一过程不就是称法行吗？看上去你是获得利润的结果，实际上你也是在做人的过程中完成了一次和谐的内容。

这是做一个好的商人必须面对的内容和过程，也是做一个能获得利润的商人必须不断地进行调整的经历。当职员也是一样，需要把自己的这个本职工作干好，把领导和自己周围的人际关系搞好，只有这样施展自己的才能，才有机会获得和谐的工作成绩。不过这还是与做人的学问有关，得靠自己去为人。

就像一个人有病，平时有点事就会出现心烦意乱的现象，现在知道做人的理论和要求了，那就会主动在日常的生活中去为人了，遇事时也会努力地控制自己，这就是学会驾驭自己感官心意的过程。

有了这样改变自己的生活内容，那也就自然地维系了自己身心的健康。如果遇事一生气、一有矛盾，身体里边就堵，一堵就不好了，那就会出现事事不顺的现象。大家想想看，如果自己的气都不顺，怎么可能把事做好呢？为人的过程，就是需要做到气血活跃、神清气爽才对。

学做人的内容遍布生活的每一个方面。如果是为了修行而修行，那肯定是不会获得好结果的。我们养个孩子经常生气，找个老公或找个妻子也经常生气，在一起经常探讨的主题就是别人的老公好，别人家的妻子好，总是这样的。大家修身养性，需要用觉悟去践行，用智慧去应对，不要依循习气、习惯去做。其实佛在《华严经》里讲的内容就是在告诉世人，如何于行住坐卧的点滴细行中觉行——学做人的具体的方式方法。人的思路应该放得广泛一些，心胸也要开阔一些。小的方面，包括我们很多的生活细节；大的方面，包括整个的社会意识形态，都需要能够和谐去面对。

我们现在的男性同志们喜欢探讨大事，在家里却什么事都不愿意做，这样一来就变成了大事做不了、小事做不好，所以就变得很粗糙。就像这里的一位老师，搬个凳子过来，非要把墙角撞一下，尽管他是无意的，但为什么会撞墙呢？就是因为粗糙。他脑子里面就是搬凳子这一个想法，其思维活动并不会随搬运凳子的过程和环境的变化而变化，根本就没有想自己在放这个凳子时会不会把墙撞坏了。如果不注意放凳子的轻重和角度，怎么平衡地将凳子靠墙边摆放，那么当自己摆放不合理时，肯定会在不知觉的情况下撞坏凳子的边角，同时还会损坏这个墙体。放凳子是很小的一件事，但在放的时候自己的身心行为活动需要符合凳子与环境的要求，看看是否放平了？是否与环境不相和谐？是否方便自己坐？

你们这些男子汉大丈夫平常是不做事的，一做事就会犯粗糙，就喜欢谈自己心目中的大事，从来不考虑小事；女性同志从来就是探讨小事，不谈论大事。这两个方面应该结合才对，一结合你这个人不就变得全面了吗？我们学习的目的在于什么？就在于全面。能不能完全彻底地变得全面，看样子那比较难，但尽量去全面发展。当然，人见证圆满的觉悟智慧也是相对的。

我们世俗社会中的人，常常是因身体不好而带来困惑，因家庭不和而产生困惑，一个人独立生活有困惑，两个人一起生活有困惑，同事之间发生配合关系有困惑，上下级发生工作关系有困惑，上街买东西都有困惑……产生了数不尽的困惑。我们就生活在这个不间断的困惑之中，在《地藏经》里边有一种无间地狱，其实我们平时就生活在这种无间困惑的地狱中。

你总是有困惑，看着这个有困惑，看着那个有困惑，你就生活在无间地狱里。这个无间地狱，实质上，不是人死了以后才到无间地狱的，而是在活着的时候就已经进去了。如果你这辈子过的日子没有哪一天能够透过气来，那你就一定活在这种透不过气来的地狱里边了。假如在阴间还有地狱的话，像这样的人在死了以后也一定会在那个地狱里待着，你出不来。因为你活着的时候一切生活印象的内容皆是地狱，你死了以后重复反映的还是这个地狱。

对于人的生与死，只是其生命的存在形式发生了变化而已。跟水一样，太阳一照射，水蒸气就走了，你还看不到水蒸气；到了天上，水蒸气在温度的变化下，它又凝结起来，变成了雨滴，或雪花，或冰雹，可能还夹杂着灰尘，说不定还夹杂着种子，又落了下来。所以人的生与灭和万事万物的生与灭发展一样，都是处在循环往复的发展过程中的。

关于人的精神生活，对于那些信奉宗教的人来说，无论是信仰佛教、基督教，还是信奉伊斯兰教，只要你相信这些，那么你就需要保持一个良好的、健康的精神世界，这样你才有可能完成对宗教的梦想。有些人迷信于宗教的因果轮回，他们经常会想：我的来世怎么样？我的过去世好不好？我会不会下地狱？……

那么我就告诉这些人，你们不要妄想了，过去世的结果就是你们的今生今世的遭遇，未来世的结果就看自己今生的努力与改变。如果自己能够在今生今世发奋努力，把现在的人生搞好，通过勤奋刻苦把命运转了，那么所谓来世的结果也就在其中了。你们在那里幻想天堂干什么？自己现在还没到死的时候，就去想死的问题干什么，这些不都是妄想吗？

佛说过去心不要有，现在心不要有，未来心不要有。人还没有到死的时候，就去管死的事干什么？你们已经住在未来心的幻想里面了，是不是这样？如果自己能够把这一辈子的精神世界搞健康了，如果真有来生，那你的来生就一定好，这是由宇宙自然中的因果律所决定的，不是由自己个人的妄想心来决定的。

你们首先应该把做人的学问学好，在符合人的身心整体健康的同时，还需要符合今天文明社会的要求，符合自然规律的要求，那你就会有个好的结果。关键是人不要迷信来世。很多人说："我跑庙，我拉来很多人进来信佛，那我就有功德了。"我可以明确地告诉像这样的糊涂人：你啥功德也没有，你有的只是为自己下地狱作好了准备。为什么？你真做了好事吗？要知道，一个人用利益心态去帮助别人、去影响别人，那么能够接受帮助或接受影响的人也一定是处在利益的心态之中。

人家真的信了佛吗？比如人家会想："佛呀，菩萨呀，你保佑我吧，我昨天打牌的时候输了200元钱，保佑下回让我赢回来。"他就这么一个自私自利的利益念头，就使得这个人处在自私的狭隘利益冲突之中。因为是你让他去的，结果这个人还多产生一些自私利己的心态，不仅加深了他自己的业力，还会影响你自己这个介绍人。那么这是做好事还是坏事呢？

为什么会这样讲？其实道理很简单。其实人的思维变化，在一定的层面是相通的，可以从起点达到你的终点，也可以从你的那个终点回到这个起点，这其中有个思维空间的均等效应在起作用。

一个人要解决好自己精神世界的问题，那就必须去解决精神世界的健康问题。任何人的精神健康都是以生理健康为前提条件的，如果人的生理活动不健康，那么人的精神活动怎么可能健康呢？人的健康是由身心的整体健康来决定的，这二者是一个统一的整体，并且是相互制约的。

一个人如果没有身心的整体健康，那怎么可能开发得了智慧呢？了悟人生就成为了空谈。不能仅凭想象去了悟人生，那都是假的。那么人精神健康的基础是什么？生理健康。身心构成的生命活动进步了、健康了，那么人的精神世界才能健康。没有这样的一个人，人病得像鬼一样，其精神世界还是非常健康的，从古至今也没有这样的人。

所以，先要把人的生理基础搞健康了，人的心理健康才有了基础。人的生理健康是不是根本呢？不是的。只有在生理健康的基础上才有可能获得精神世界的健康；只有身心呈现出整体的健康状态，那才有可能解决人的根本智慧问题。一个人的精神活动非常健康，那么其生命活动也就不会歪。如果人的精神是中正的，那么人的气血也是中正的，其产生出来的思想活动也同样是中正的；如果人的思想活动偏了，那么人的气血也会偏的。

种因得果 循环有报

有的人拥有非常多的财富，可是死后留下了千万贯的家财，这财富是能带到天国，还是能带到地狱？其实哪个地方都带不走。这些财产可能会给自己的孩子或是家人了，这一切死者知道吗？自己都死了，还知道给谁？所以，对于活着的人来说，不要有执著心、分别心和妄想心，这样才会活得自由自在。

一个人做事不分别、不执著、不妄想的时候，所呈现出来的那个“我”才是人真正的主人翁。当你能真心地爱人的时候，人家也就会真心地爱你；如果你以假心假意地爱人，那么人家也会假心假意地来爱你。当一个人追求生灭法的时候，人家给你的回报也同样是生灭的结果，这是由自然界中的因果律、阴阳规律所决定的。如果自己不是真心诚意地待人，那么大家也不会真心诚意地待我；我若真心待人，那么大家自然就会真心待我了。如果你对谁都推心置腹，别人也会对你推心置腹、亲如一家的。

可能你真诚去待人，一开始他会遮掩，这叫犹抱琵琶半遮面，但是你只要能够坚持以诚相见，即使对方是这样的境界，那也没关系，你始终坚持这样，他会真正爱你的。即使人家还是对你有戒备，那也没关系，你不求回报地去爱就好了。一个人的起心动念如果是有求心，这种要求回报的心念就不是真心挚爱了，就是求生灭法了。那么追求生灭法，回报亦得生灭果。

身心修养的『捷径』

淘尽黄沙始见金

放下情感现大爱

从脑整体功能态谈开悟

矛盾是成长的阶梯

淘尽黄沙始见金

学生：有的时候，自己的这个我执是很严重的。

对，只要是世俗中的人，都是有我执的；只要人还没有觉悟过来，那么就会存在我执。但是，人却需要通过修身养性来改变自己，使自己逐步地认识到自己身上的问题之所在，就是自己要知道自己有偏执点才行，进一步还得知道自己身心的偏执点和淤滞点在那儿才行。

那么应该怎样才能做到这些呢？建立警觉性，就是应该建立起警觉意识的思维模式，当警觉点的警惕模式建立起来就好了。这样人如果有了警戒系统，能够于生活中应对事物时，时刻警觉偏执点和淤滞点的出现，那么在生活中就会逐步地变得觉悟起来。

学生：是，不过我在改变的过程中，就是在改自身的毛病的时候，我会觉得有很痛苦的那种滋味。

什么样的痛苦滋味？其实这是由于你自己的学习不够，没有明白修证智慧的那些道理。一个人，如果真正明白了做人的学问和修身养性的道理后，如果是真正发自真心地想去改、想去做的时候，是不会有很大的痛苦的。当然，只是会感觉到有点别扭的那个劲存在。那个别扭的劲就是偏执、狭隘的思维模式和参照标准所起的作用，这种改变就如同作用力与反作用力一样的现象。

对于这样的现象，我们还可以这样认为，那种别扭的劲，它是对自我人生改变的奖励，就好像是在吃榴莲时的情形，味很难闻，但吃起来却挺香的。一个人要把自己身上的毛病拿掉，对已经习惯了的那个不正确的东西，你要改变它的时候就有点别扭。但是经过多次的努力，建立起警觉性，像这样去改变以后就好了。人总是在反复的自我修正之后，才有了自己的觉悟意识。只有像这样去建立新的、符合道的参照事物的标准和思维模式，人才有可能发生根本的也是本质的改变。

学生：我觉得我们好多的时候就像是在过关一样。

对，那是理所当然的了。只要自己是自觉自愿地从根本上去改变自己，那么如何提高自己的意识修养，就自然地成为了人的生命活动中重中之重的内容了，而且就一定会过“真假美猴王”那一关。

那就是说，在修养意识过程中，你会有很多比较浅的意识活动，它会与比较深的思想活动内容一起呈现出来，其中也会有某些内容是符合事物内涵的东西，但人的自我对真假信息的判断还是会出现把握不了的现象。所以，人通过感知或是透视而认知的东西，其中的真与假，就不仅仅只是一般的特异功能所能够解决的问题，对真假信息的判断应该是贯穿于我们平时的整个思维活动中的。

平时，在我们人的思维活动当中有很多是假的念头，是一种虚假的内容；还有想掩盖某种事物、某种心态，遮盖某种环境，想表达出一种掩盖的、假象的内容，这些都叫假悟空、假我。要想降服人的那个假我——假美猴王，只有让真悟空出来。真猴子呈现出来才是真念，假猴子出来的东西就是妄念。妄念的内容及其形成过程，其实就是妄想心、分别心、执著心的变现，那都是假猴王的表现。在佛家的理论里边把它叫做我执识，即假我。

假我是因为眼、耳、鼻、舌、身、意引起的所谓第七识末那识的变化和反应。人非要见证到种子识——第八识阿赖耶识，从第八识出来的念头才叫真意。所以说，假我就是六耳猕猴，它变化多端。六耳猕猴的一种境界是可以分别成一百种变化、一千种变化的。就好像孙悟空才有七十二种变化，而假猴王有七十三种变化，和这个意思是一样的。

大家想想看，人的执著点该有多少，都无法计算了。人在没有认识什么叫觉悟之前，是不知道自己怎样犯错的，也不知道自己在与事物发生关系时的因缘关系，也不知道自己到底是对还是错。怎样才能做到称法行和无所求行？这就需要人开发般若智慧了。

作为平常人，当自己出现了问题的时候，总是自己给自己找原因、找借口，就像：我是因为这个原因，才没有做到那个事儿的；你不知道我这个情况有多特殊；如果是把你弄到我这个位置上来，你才能体会我这个难的程度和痛苦的感受……这些都是假猴子王想的问题，都是那个假我所表达的内容。

就像下午我和大家聊天的时候，大家就在不知不觉中展现出了这样的情况。其实你就把自己的那个真我坦诚地、自然地把它表达出来就行了。

学生：反正我觉得这个修正的过程不是那么一帆风顺的，应该是很痛苦的，因为总是在那儿做思想斗争。你知道什么样是对的，那么这样就需要你去放下，就有一个放下的过程。这样一个放下的过程，真的不是那么容易做到的。

关键是参悟得不透！对为什么要改变人生的意义不明确，没有真正地树立起自己的人生目标，而且对智慧教育文化理论的学习也不够。

大家现在的智慧修证之路才是刚刚开始，你们现在都已经有了那么大的进步，这就非常了不得了，人的改变总是需要有个过程的。其实在克除我执的时候，就会自然地陶冶自己的性情；在修正自己意识的时候，就会自然地把人五脏之气的中和状态、及神的中和之性都展示出来了。

像这样去做，就会在不断的修身养性过程当中、在动态平衡当中走到“中”上去，既不偏左，也不会偏右。当然，这就需要我们一起来共同努力了。可见证真理是不能在纸上谈兵的，你得通过实践去证明出来才行。这些就是我企盼大家修正的内容。

放下情感现大爱

学生：我看有一些同学的修养日记，觉得人生啊，其实说出来也都是无所谓的。我觉得有些人在情感上是有困惑的，他过不了这个关，我也觉得情感这个关是比较难过的一个关。老师，您过这个关的时候，是渐修还是顿悟？

我是从一开始就奋不顾身，从一开始就是因顿悟而改变的。其实，不管是人的自身，还是人与人之间及人与自然间所应该发生的各种关系，都会呈现出两股力量并存的现象，而且这两股力量是走向相反的，当然也有同向的。当你需要走向这一端的时候，那么在另一端就会产生一股力量往与之相反的方向发展。只有当自己能够驾驭这两股力量的时候，才不会走向极端，这样就会自然合于虚、行于中。

它就是这样往里合的，那么能合回来就是一个整体的事物。如果两个事物向两个方向走，因此而发生了变化——断开了，那也是很正常的；如果有两个事物向内圈合而合成一个整体的事物，那同样是正常的。这个需要自己提得起！首先是提得起，然后才是放得下。

首先你得拿出成绩来，做一个人，你需要证得智慧的成就。打比方说，我们修身养性，要是修到一定水平了，自己周围的人是会察觉得到的，人家看到了你的巨大变化的本身，那就是说服力了，向两个方向的两股道儿它就会合回来。但有的时候是合不回来的，这样的情况也是很多见的，这就需要我们懂得如何惜缘、如何随缘。不过现在还不好怎么说，因为人与社会及自然的各种关系是非常复杂的，是一个庞杂的系统。

其实，不仅仅只是家庭里边会遇到这种情感的问题。姊妹之间、各种亲人之间的关系，社会朋友、同事同学之间的关系等，都是一样的，归结起来都是一个情感，一个“爱”字。如果人能够真正把爱展现出来了，就没有什么好或坏的结果可言。你只要有爱力，一种力量会被展现出来，我想能这样就都好了。

但是，当你还展现不出爱的力量的时候，你就得学会“挫其锐，解其忿”，然后去行“和其光，同其尘”。其中的“挫其锐，解其忿”是用来解决自身存在的问题的，不圆满的问题，有棱有角的性格、脾气、习气或所谓的习惯等。这个“尘”是尘世间的尘，尘土的尘，它也是一种平凡的存在。你既要享受阳光，你也得经历黑暗，从来都不存在只有阳光而没有黑暗的日子。你接受了阳光，同时也就接受了黑暗，它们是一个整体，这就是一种智慧的境界。

其实情感这个东西都是自己那个假我参照出来的，是自己想的。平常的人只要有一种情感，那就是以我为中心的假我境界。因为有了“我”出现，这个情感就变得自私，就变得利于自己，不利于周围的环境和他人。

情感可以分很多类。从过去来看，修行的人是比较孤单的，所以他们要结伴而行。从现在来说就不能这样提倡了，那我们就首先得学会修养意识，把自己的意识修养好，然后你得懂得如何去和其光、同其尘。人要做好这方面的修养工作，应该也必须掌握挫其锐、解其忿的方法，做修棱去角的功夫。这些就需要我们在平时做事的过程中得夹着尾巴做人，得修养意识。其实，从古至今的修行人，其修行的过程都是这样的。

如果按照我个人的践行方法作参考也行，但是希望大家不要照搬。我这个人是一如既往，走一条路，所以奋不顾身地坚持走一条路才有今天这样的收获。但是大家在学这些修身养性的理论的时候，得自己摆正思想，得给自己定好位，自己得认识清楚才行。

很多人都是在短暂的利益心态驱使下来学习智慧教育文化的，如想好病、想长功夫、想获得智慧等利益心态，以这样的心态来进入身心修养当中，那肯定是不得门径的，也是没办法获得成就的。

从脑整体功能态谈开悟

学生：修身养性的人都懂得要改变意识，但是这个意识怎么才能不受干扰？

这不就是参照系里边的内容吗？你如果真正明白了参照系里的标准就是人思维模式中的内容，那么你就会自觉地去修正自己了。如果你似乎明白，做起来又不是那么回事儿，那其实对这些道理就是不明白。

学生：这就是一种悟吧，如果人突然开悟了，然后就知道怎么回事儿了。现在人还没有开悟，还没有开智慧窍，那么就有很多的事情自己是放不下来的。

过去的儿歌中有这么一个说法，“舍得一身剐，敢把皇帝拉下马。”这句话说明了个什么内容呢？这就说明了一个人在应对事物的过程中，需要自己有成功的信念和决心，需要学会向困难挑战。

你想表达的问题我知道，你表达的是一个情感利益之间的利害关系，是自我思想里边、意识里边的一种矛盾；是想修身养性的这个观念，它现在只是一个观念而已，和世俗的生活一比较，你自己都觉得有点儿矛盾，那么你怎么能去实施这个内容，并把它展开呢？人的思想与行为活动都受到了束缚，根本就不可能展开的，所以，只有通过这些健身养生理论和智慧教育文化理论的学习来为净化身心打基础。

你如果能够反复地学习，反复地实践，这样的思想与行为活动多了，形成了习惯，使你参照系里边的内容及用来参照事物的标准变了，变得符合生命活动与身心活动的规律了，然后就没有矛盾了。这种没有矛盾的现象，并不是说人与自然及社会所发生的关系就真的没有矛盾了，而是有矛盾但不住在矛盾之中。

只要你参照系里边的偏执性内容和衡量标准不变，那么矛盾就会不断地生发，就会不断地生化出新的矛盾。这样在矛盾之间就形成了对立性，并且还会出现不断进行斗争的现象。这种矛盾的不断斗争，就在不自觉之间，不停地消耗掉人的生命力。也就是说，矛盾是因为你自己害怕失去利益，而对自身的偏执性不想改变、不愿改变才产生的。可能我这么讲也还是没讲到你能理解的方向上去，所以说你得多学习。

学生：我知道，不就是得渐修，然后从量变到质变嘛。

所谓开悟，我以后得在黑板上画一下，专门去讲开悟以后思维是怎么变的说明图。但是现在没办法画，这个画面太小也看不太清楚。只能是打个比方，让大家听起来比较容易理解。

平常人的思维，它不能反映出以脑中心为中心的整体性信息，而只是反应出习惯性的兴奋灶所反应的内容，是根据片面的信息和狭隘的思维参照模式来整合的，是把感官功能之眼耳鼻舌身意所摄收进来的各种信息进行加工的。它是在大脑皮层上整合的。可以说它跟生理活动有时候是相背离的，有时候是没有关系的。只有当生命活动的意识反应，反应到脑功能态的中心时，与大脑皮层功能态的边缘直接同时反射到中心，或者说大脑边缘的脑功能态的活动就是脑中心功能态的活动，是这么个等效映相反应，这才是属于心性之体中的功能活动状态，这个时候人处于一种高度自觉、自动整合的智能状态，这种状态的呈现就叫智慧的整体性。

社会中世俗人们的情感，它是在大脑皮层的功能态中进行反应的，这种反应事物的功能，基本上都集中在从小到大逐步形成的习惯性的兴奋灶区域，即是在大脑的周边深一点儿的地方发出的信息。就像现在解剖学对脑组织的情感区域的划定一样，说人的情感以及对各种事物的认识都是从这些智能效应区域里边出来的。比如视觉中枢、视觉语言中枢，听觉中枢、听觉语言中枢，嗅觉中枢、嗅觉语言中枢等功能区域。

人通过眼睛看事物时，负责反应和传达的大脑皮层区域，它是与反应情感、感觉的大脑皮层区域相互联系的，这二者是在大脑皮层智能效应功能区域的层次进行联系的，是在外围工作的，而脑中心同样也在同时展开其自身的功能效应。但是，一般人的参照系标准中没有这样的参照印迹的记录，没有那个能够作为参照的标准存在，所以，常人无法呈现大智慧思维的和谐整体性，也就根本无法呈现出大智慧的觉悟境界。这段话的意义，把佛祖所讲的“人人皆有佛性”的话进行了通俗的说明。

而一当人开悟了以后，它不是在脑皮层的外围进行信息的演算、传递、整合、接收、提取和发放等工作了，而是脑的周边与脑的中心功能态产生了等效谐振，是这样得出的智慧整体性的结果。这个时候的人，他的五脏是协调的，人的内分泌系统的能量也是协调的，周身的气也是协调的，脑神经系统的气也是协调的，从而形成了整体性功能，因此就会逐渐践证出一个完整和谐性的大智慧境界。

这种智慧境界中人的思维、思想意识和行为活动，是可以影响感化周围的人的。不仅能够统帅自己的身心，而且还可以影响周边的人，让他们能够自然地接受你的想法，感受你的爱。当然这也是有条件的，不仅需要自己愿意去接受这一切，还得人家能够心甘情愿地来接受你才行。所以过去说佛法无边，只能度有缘人。

佛是证得自性圆满的人，智慧的力量是非常大的，具有无量智慧，具有无量寿，具有无量光，能照透三千大千世界，你说那力量大不大？智慧的光芒呈现出的是内外无别的那种功能态，乃至于整个三千大千世界、无数个三千大千世界都能与之和谐共振，这个时候人还有什么可怕的，还有什么利益上牵扯的关系和矛盾呢？就都没有了。

开悟的原理在这儿哪！即能量、信息、质量形成了一个整体。所谓的般若智慧，就是这个整体智能功能态下的产物。当然大家一定要明白，任何人想成就大智慧或说般若智慧，自开悟之后还有一个渐修成长的过程，绝对不是一蹴而就的事情！所以说，开智慧不仅开脑中心的祖窍玄关或称智慧玄关，而且还要从理上明、从事上行。因为我们自小到大所学的各种知识和经验，包括人自身的、自然的和社会的各种信息，在我们人的大脑中已经形成了文化信息的物质沉淀。脑中心打开后，你还得改变、改造大脑皮层中这些已经沉淀的物质内容。

因此，古智者圣人说"悟后方修道"，就是指开悟以后把大脑皮层感受到的信息和运化内容，同脑中心感受到的各种信息和内容整合起来，使之形成了一个整体。这个内容与过程也是人修证智慧走向明心见性的内容与过程。在这个过程中，不仅仅只包含了生理质变的内容，更重要的是心理方面的思维参照模式也同时发生质变，所以，见证了般若智慧的人，其思想意识和行为活动也会发生不可思议的转变。

为什么佛学中说明心了以后还有十地菩萨要修？十地菩萨是指明心见性以后到社会上再进一步修正、净化的十个层面内容。就是说刹那间打开智慧玄关窍时的这种最初的感觉的功能态，那只是个觉悟的实相智慧态，那是觉悟了的一种根本实相，是人成就根本智慧时的一种境界。

这就是说，当脑中心的智慧窍被打开时，只是在一刹那间感觉到了人的这种智慧整体性——实相智慧境界，这只是个觉悟时的净寂态，是一种根本智慧现前的境界。不是说人到了明心的那个境界就什么都了了，那仅仅只是悟后方修行的开始，只是刚刚开始入门修道的境界，只有在这样的前提下，才有可能使人走向完全的自觉修证。开始修正自己对各种事物的牵挂，开始有能力放下对各种事物的牵挂，不住色声香味触法，是从那个时候才算真正地开始了。如果不能时时谨小慎微，如果不能如履薄冰、如临深渊地去践行，那么还是会掉觉的，这样见性的智慧功夫就完成不了。

那你们现在没开悟的人怎么办？你们就去做开悟了的人应该要去做的那些事儿，修不执著于自己主观观念的理和事，按照明师所指引的身心修养之路去行。我们应该听已经开悟了的人所讲的话，按照这样的人所讲的内容去做、去印证，而且是毫不犹豫地去照着做。为什么要照着做？因为修身养性之路的每一步都需要见证到位。

一当你自己获得了那一刹那——觉悟的时候，一下就开了，瓜熟蒂落！那时便可以直接见证明心见性的智慧功夫。那是轰然中开，说混沌初开也行，别有洞天也行。

矛盾是成长的阶梯

学生：老师说的这番话，就是说得在生活当中不断地反省自己、修正自己。

你得首先学会模仿。简单地说，有一个人在前面走路，他觉悟了，你得模仿他去进行，这也是中国传统教育法中言传身教的内容。虽然你模仿也是个错误，但是可以从心性行为的各方面去模仿，直到这些内容自然地成为你生命活动的一部分，人就会发生质的变化。

从行的模仿到质的变化，这是一条捷径，要不然关于修身养性这方面的路径对于我们想进入者来说就是没有头绪而又没有方向的了。这就是过去所说的“依了义，不依不了义”的内涵。

修身养性要学会依智不依识——依人的智慧，不要依人的学识，要依明师而不依名人。最简单的方法不是自己思考如何进步，而是如何按照老师所说的话去行，以期符合生命存在的运化发展规律。因为平常人的思维模式中根本没有这方面的参照内容，无法对符合生命规律的内容进行拣择，因此跟随明师的言传身教毫不分别地去行，一说即是，一说即变，这才是身心修养过程中所谓的捷径。只有这样才能自然而然地符合社会伦理道德规范要求，符合社会的法律制度，符合自己这种对生命真理的探求，就这样去做。

我想，所讲的这些内容，只要大家愿意遵循，那就一定可以帮助大家提高认识，促使大家走向智慧的光明。

学生：老师说的这个佛法，我觉着说得还有点儿简单，不好懂。我觉得我们修身养性的人每一念都应该是善念，应该从每一个念头修起。

这个必须遵循，它是一个帽子。它就跟人一样，戴顶帽子。过去说，修行应该是在规矩之中，又不在规矩之内；不在规矩之中，又不在规矩之外。这就是个“机”——事物的机，有规矩，不守规矩，不越规矩。我们应该去掌握这个“机”。

那如果老师讲的话不符合规律，指导大家往错的地方走，通过大家自身的实践活动来印证，如果出现了明显的错误现象，那么就请你赶快放下这些，届时也请你不要再听了。所以一般来说，符合生命运化发展规律的东西你只要照着去做，这就是一条捷径，事实也就是这样的。

学生：好的，老师，我也是这样去做的，就是有的时候感觉别扭，不管怎么样都是不舒服的，都是因为以前固有的观念吧？

这是因为自己的那种惯性思维在作怪，才有了不舒服的感觉。我举个例子你听好不好？1992 年我在秦皇岛康复中心的时候，那是 9 月份。当时我们四五个老师带学员去南戴河玩，马路边停着一辆面包车，是新的。我走过去的时候，顺手摸着那个车走，结果司机把头伸出来就骂我。我刚要申辩，旁边的老师马上提醒说：“不要理会，不要理会。”那个时候我觉得非常地别扭，心想这个人也太不讲道理了，我不就是摸摸你的车吗？有必要骂我吗？要是依照我的脾气，那就跟他干上了。

可是到了 1998 年初，有个东北的朋友我借给他钱用，不过三天他的父母和他因一件关系到自己所谓利益的事骂了我的祖宗三代。当时的我望着他们笑，我说：“好吧，改天再交流，改天再交流吧。”那时的我丝毫没有一点儿觉得别扭的地方。

在那个时候，其实我也是懵懵懂懂、隐隐约约地知道一点应对方法的，但是通过这么多年修正意识的过程，人还是有变化的。你们说，人是不是会进步的呢？

可是，你们以前没有真正去改变自我的意识，而我是从那个时候就开始了，从 1992 年就开始学习并践行陶冶性情、涵养道德的修养内容了。我刚才给你说的摸面包车的那件事，是我修正意识后碰到的第一件考验人的事，当时也是别扭的，到后来意识就开始转变了。

可是我花了那么多年的时间来修养意识！你们现在才花了几个月的时间，进步比我快多了，我都感觉要向你们大家学习了。大家现在多好啊，但也还要继续努力。

学生：意识是要去修正，但是脑子里它老是要去做斗争。

你可以想简单点儿不就行了吗?

学生：其实现在对什么沾光啊、吃亏啊都无所谓的，但是可能遇到有那么一件事还会去思量它。有时候我就觉得一个放下，想做到彻底是很不容易的。如果还有一件事能障碍你，那么这就是说明你还没有做到放下。有些事做了，过去就过去了，我就不再想它了；但是就只有这么个事，可能我还做不到。

对，必定会有这么个过程的。修养意识是从根本上来改变人生的一件大事，有个过程是正常的。如果从一开始，一下就能够进入，能够在短时间内做好，那就是上上根的人了。其实我们还是一道同行的，你看我和你们走的路是一条路，我们是相互搀扶着的。

大家应该知道，还有那么多人在需要我们，同时也在激励着我，所以我就有这个劲头带领大家一起走。如果没有你们的激励，我可能也走不好。所以我全心全意地希望你们能走好修身养性之路。

智慧修证与传承教育

寂照察

涅槃与生命存在

轮回与破相

辨清情志真与妄

内景与幻景幻相

察照寂

学生：今天老师讲课，提到了察、照、寂，碰巧当时我出去了一下，不知道老师说没说过“察照寂”的具体操作方法。

“察照寂”的“察”，就是明察觉照人的自我意识，察照产生意识活动的那个根、那个源头，明察心意生灭的变化，也就是明察意根的变化，明察生理的变化；“照”，也是由产生思想意识活动的那个本底，觉照思想意识的本身，觉照里边的运动变化过程与意识活动的发展内容。

其实明察觉照的内容与过程，都是以归到寂为结果的。“寂”的境界属于即静即动、非静非动的实相，它是这么个状态——既不是静，又不是动。寂态是动与静的本体。人的心性如果处于寂态，那就是说在你的心中，它是既静又动、既不是静又不是动的状态，对此称它叫寂态，或称为虚寂实相的根本智慧状态。圆寂就是讲的这个意思，如果严格一些来讲，翻译成寂灭就不太合适了，寂灭就是消失，而人的般若智慧是空有不二的。

智慧修证的下手法是很重要的。这几百年来有很多智慧传承教育的东西遗失了，传承教育的文化很难被我们这些后人读懂，这样修道就很难了。由于自己没有觉悟，对下手法是视而不见、充耳不闻，干脆就找不到了，所以这几百年以来，真正获得大觉悟、大智慧的人太稀罕了。在这些记载的所谓高功大德中，以教为道、以义为德的人不在少数，这样一来道德就沦丧了；而现在是以经为智、以讲为慧，那么大智慧就完全消失了、灭迹了。这就是近代以来，宗教迷信神学思想泛滥成灾的根源。

现在的社会中，修行的人们是以进入山门为正宗，以住庙为修行的资粮，以宣讲经律论为智慧超常；世俗的人们以天神为信，以自我利益为本，不明真相，以假为真，就更是行以为常、习以为常了。虽然东方文明赖以发展的根还在，但是现在却没有人能够知道这个根在哪里；中国古文化的底蕴犹存，但却没有人能够学会读懂。例如《道德经》就是其中之一。

所以，现实的人们都只崇信名人名言的利益效应，而唯独不见明道若昧的人。大家虽然有向往真理了悟人生之心，但却不得法，不得要义。大家总是喜欢大话修行，高论精进，却始终找不到智慧教育的下手法，对自己如何修行从根本上讲也不知道。虽然有极个别的少数人开悟了，但就是不能因此而走向圆满的智慧觉悟境界。

学生：有位老师，他也设生命讲堂，他也谈了了分明。

他不是说“回光一照，根尘脱落”吗？“回光一照”的这种说法属于渐修的内容，如果要顿悟，根本就不可能有回光来照察的时间，哪怕是一刹那的时间都不行。只能是在不到刹那的时间内——当下即是“察照寂”的一体圆融的整体智慧呈现。根本就不可能有“回”和“返”的过程，即照察与觉是同时呈现的，只有在这种境界中才能顿现实相般若。所以从这种说法的本身可以看出，这位老师的智慧见地是不透的，而且觉悟的层面也不高。

学生：他也见性了吧？

肯定没有！

涅槃与生命存在

学生：我想了解一下圆寂方面的问题。

涅槃与圆寂是一个内涵的两种译法或说法。涅槃就是圆满的智慧生命存在形式，其人的生命性已转化为永恒的智慧存在了。《涅槃经》里的涅槃，也是一个整体，其智慧生命存在的主体形式是无量智、无量光、无量寿的存在。

学生：存在形式不一样了，还是……

涅槃的智慧境界就是常住于净寂之中，不以人的肉体为主体。虽然身体消失了，但是智慧永存。也就是说，从此以后这个永恒的智慧就超然地存在于寂态之中，这时才是完美无缺的圆满智慧。就像古人说的："道乃久，殁身不殆。"

学生：那么说这圆寂是存在的。那怎么知道人是圆寂了？

现在的和尚描述死亡都叫圆寂，把它变成一个名词了。以前不是，以前是形容词，形容这个人进入到"寂灭定"之中，就叫圆寂。现在那些和尚师傅基本上就没有这个水平，所以不可能是圆寂态的境界走的，而只是对其逝世的过程称为圆寂。

学生：如何对待念头？

不理它，念头就自然地消失了。这个消失不是没有念头了，而是念头过去了，不住在某个念头上。但如果跟随某个念头走，那么就会出现杂念纷飞的境界了。

学生：是不是念头出来以后就不分别？

对，如果不分别，念头就会自然消失。人只要有分别，便能引出一串杂念。杂念就是人有了分别、执著、妄想心的各种各样的念头，有了过去、现在和未来心的各种各样的念头。如果不要分别，那就不会有后面的这一大串的各种心了。如棒喝时的挨打，打就打了，打完也不起分别，就拉倒，而且什么想法都没有了。

学生：那个涅槃？或者……

涅槃、圆寂从根本上来说是一个意思。

学生：圆寂的话，就是说其实也可以不走的，不离开这个群体。

那就不叫圆寂了，涅槃是已经圆满了，圆满地到达解脱的彼岸。

学生：也就是圆寂以后的生命存在的状态，比在我们人这个群体里的状态要好。

关于这些东西，只有自己入寂灭定，那个时候就知道了涅槃的境界。

按佛学的说法：人去世的时候，就好比某个旋转的圆一样，像这样转转转，当离心力达到一定程度，甩出去的那个速度，就是离世的境界。如果有大智慧的人，那个灵，或称梵的东西，在从头顶出去的一刹那就会呈现永恒的存在，而且离体时是无法用速度来形容、不能用语言描述的此岸即彼岸的虚寂境界。如果人的这个东西离体出去的部位比较低，如从眼、鼻、口，或肚脐，或生殖器，或身体中的某个比较低的穴位等离开生命体，那么离体时就会出现速度效应，就会有快慢之感觉。在多维的空间层次中就会处于比较粗糙、比较低级的无形无相层面，如所谓的色界、欲界等。

为什么需要人去修正意识、净化思想呢？如果人的自性之体离开身体时的部位较低，那么其性态就会呈现出与该部位信息相结合的现象，这样性体就会因此背上负荷，有负荷的事物就会直接产生障碍，这种障碍体现在人逝世的那一刻，即人就会出现各种各样的意识境界，如有牵挂或欲念等境像，那么自己的性体一出去就一定会落下来，进入到一个与自己性体的品质相符合的多维空间层面。总之，人的性体在离开身体时肯定是一个整体的存在，进入到与自己的自性品质相符合的多维空间中存在，并随这度空间的运化而运化。这个内容在《薄伽梵歌》中都有讲到。

学生：那么这个性体到底还能不能回来？

大智慧者在涅槃了之后，只要不是带着身体走的，肯定是不能回来了的，人死如灯灭，哪能回来！不过，人如果呈现的是圆满的觉悟智慧寂灭，那么那个性体在离开身体之后，就进入到道之无生无灭、无边无际、无始无终、不断不常、不垢不净的虚寂境界中了。关于这一点，《道德经》中已经论述得非常清楚，“知常曰明。不知常，妄作凶。……天乃道，道乃久。殁身不殆。”这样的境界就是一种兼容遍透的存在，与宇宙自然绝对存在之道是同一的，所以也没有来或去之说了。其实这也就是涅槃境界。

轮回与破相

学生：有没有生命的轮回现象，如果觉悟了的人走了，还能重新回来吗？

根据古今的记载，生命的轮回现象肯定是有的。如果一个觉悟了的人，走了以后再回来，还是照样会走向觉悟的，而且觉悟智慧的境界还会更高，否则修行的意义又何在呢？宇宙自然的道之绝对真理又何在呢？

真正到达实相智慧彼岸的人，再回人间从小孩子开始也没关系。虽然开始时不觉悟，但到后来是一定会呈现觉悟境界的，只是需要等到那个开悟的缘出现即可呈现智慧。因为之前已经有过觉悟的因了，之后只需要缘现即觉。所以佛教的故事中有这样的传言，讲禅宗的五祖弘忍走后再来，却转成了个苏东坡。这个故事肯定是一个没有觉悟的人编的，要不就是五祖弘忍没有证得觉悟身，因为记载中苏东坡是一个没有觉悟的人，他不是一个过来人。哪有一个觉悟的人转成不觉悟的？一个觉悟者转过来肯定是个觉悟者，虽然在转过来时不一定是觉悟的境界，但是长大成人以后肯定是要觉悟的。

学生：说不定老师曾经也是一个坏孩子？

一个人的成长能够有好与坏的分别吗？任何人都是会跟着生命的运化轨迹走的，每一个个体的生命就是这么成长变化发展过来的。每一个修身养性之人，只要是遵循过来人的足迹行走，那么到了一定的因缘和合的程度，就一定会走向圆满智慧的觉悟人生。

学生：看到金光闪闪的大佛，对我呵呵呵笑了。

你所看到的无论是真实的，还是虚妄的，都应该是“佛来斩佛，魔来灭魔”。为什么这样说呢？就是说即使有个真佛在这儿，大家也不能著这个佛相。人常常是比较执著于自己的所见所闻，但大觉悟智慧的境界，是在当下进入到映又不应的觉醒状态中，而不是去反应什么金光闪闪的大佛。人的这种主观反应境界，就是它求、外求的妄想心杂念境界。这是任何一个没有觉悟的人在修身养性过程中都需要引起特别注意的内容，不是其他什么。

《金刚经》中说有形有象皆是假，无形无相方为真。所以人任何时候都不要执著于自己或别人的念头，不要执著于外在的事物。假设说，如果真有一个佛在，那也是对的，很客观的；可是你觉得是客观的，“客观”的这个念头就占有了你的自性，真心自性的那种虚寂之性就被念头覆盖了、遮蔽了、奴役了，就不是自己的那个主人翁了。那个所谓的佛相，都是妄想心幻化的结果，跟你的真心自性有什么关系？人人皆有自性，自性本如来，你自己能够于当下内求即是。

辨清情志真与妄

学生：今天能量太大，组场的课还没结束我就像睡着了。

你现在处在真妄相攻的阶段，你自己不要跟这些幻境幻想结合，知道吗？不结合就好了，别随它。

讲个故事给你们听吧。有一天我自己也出景了，出景就像什么？像放电影一样，它会不停地放。能够清楚地看见汽车在街上跑，人在街上行走，骑着自行车的，开着车的，马路两旁的街景都有，而且还是彩色的图像。我看了好长的时间。后来就自己加了个意念，把它关了。

学生：我这是什么也没有，就是不着边的瞎想。有时就想哭啊。我这人就这样的，笑就笑得甜，笑得爽；哭就哭得痛快，自己也不知道咋整的。

你听我讲，因为你以前受了很多的冤枉气，你没表现出来，这些冤气不是因为化解没了，而是在心里边压抑着，所以没显出来而已。这回你通过自己练呼吸操，通过用组场的方式棒喝，把你那个头里面的玄关窍打开了，这样你的这个脑子里面发生了质变，所以五脏的情志活动就很容易出来，它把以前沉淀的情志活动——心里压抑的那种怨气、一直没释放出来那些信息，现在释放了，知道吧？

学生：我是怎么的呢，昨天不到四点就躺在床上哭着睡着了，然后就开始做梦瞎想。我这小脑骨疼得很，哎呀……就这么痛啊。憋死人了，就是脑子一个想法。“哇哇”哭起来没完。

今天会好的，今天会好的。出了这样的情志反应，你自己要暗示自己，让这种情志活动的反应消失，要学会拒绝，要反复拒绝，要睁开眼睛拒绝这种反应；然后坐一会儿，安安静静的，睡一觉就好了。

学生：别人也告诉我，让我睁开眼睛。

你也可以用五脏循环平衡法，也叫五脏循行法，把情志活动化解开。你们回去以后一定要认真学习智慧教育文化的理论知识，好好地修正意识。没有净化意识的过程作保证，其他的就免谈。人在这种发生巨变的过程中会起各种各样的念头，但没有关系，只要你不执著这些杂念，不执著于自己的见解就行了，让念头自然流过。谁也保证不了我一个念头就到底了，保证不了，保证一个念头到底那得需要有这种功夫才行。

内景与幻景幻相

学生：您出的景和内景本质上是不是一样的？

内景与幻境本质都是一种景象，不管是真还是假，都不能执著于此。偏执于假，就会以假乱真；偏执于内景的真，那么同样就会以真作假了。因为真与假都是人思维活动内容中参照事物的结果，而不是自己的那个真正的主人翁的呈现。看到心脏、骨骼，身体里边的气机，意识的变化等，都叫内景。但是内景再怎么真实，只要自己不住于这种境界之中就好了；如果自己执著于这种境界之中，那就偏离实相智慧这个根本的真理了。

尤其是我们这几位闭关的同道，以后是很容易出幻景幻相的，如果把这些理论都学好了，那么出了幻景幻相，你就自然地知道怎样应对了。如果人修炼不知道从理上入，那么就会跟着幻景幻相走了。

是幻景或幻相，就要去破它。怎么破？就是不要理它。睁开眼睛，睁开眼睛坐着，安安静静的，看一下书什么的。你不能跟着幻景跑，不能跟着幻相跑。破相的方法都是这样的。

有些东西不便讲，因为你们没到这个层面。很多东西不便讲，不便讲不等于有些东西不存在。只要一切与根本真理——实相智慧不相符合的思想内容或景象，都把它当杂念去处理，这就对了。不认识的，解决不了的，就放下，那就是不理它。我睁开眼睛，我就不练了，我这几天就蹲蹲墙、站个庄啥的，或啥也不练，加强理论学习。

学生：老师，我要像您说的这么做就好了。可是没有人告诉我，我也想不起来。

现在讲给你听了，你知道了就会想起来。幻景幻相太多了，就不练了，啥都不练了，干什么？就玩。揉揉眼睛，睁开眼睛，走走，做自然蹲起操，蹲累了，出身汗，洗个澡，睡觉。这时候呼吸操也不练了，因为呼吸操一练反应就大，等过段时间安静下来再练，自己要会调节自己，自己主动调节自己。幻景幻相都属于意识上的反应，属于旧的参照系打破了，而新的参照系还未形成，是这种情况下出现的意识反应现象，等到新的参照系形成以后就好了。

我记得有一个练功人出现这种幻景的情况，他的老师就让人护着他、跟着他，怕出事。这人是石家庄的，他出特异思维方面的功能，意识的平衡状态被打破了，参照系打破了，乱想乱讲，一会儿说这个，一会儿说那个，跟精神病一样。他的老师说："跟着他就行了，过一段时间安静下来就好了。"这个方法能管得了一时，管不了一世，没从根本上解决问题。关键还是你自己不要跟随幻景幻相走，加强智慧教育文化理论的学习，加强自我意识的修养，一切都会好的。

附录

感恩与致谢

我的老师——刘战魁先生所讲授的现代智慧教育文化的内容已整理成书，即将与读者见面了，心中的一份牵挂，终于可以放下，一股感慨却又涌上心头。

七年来，跟随在老师身边学习，经历着平凡得不能再平凡的生活，感受着在自然而然之中身心的蜕变。这样的心路历程很难用语言来表达，因为这是我重塑人生的过程，是改造自我身心健康的过程。

如果说大智慧的展现就是那样的平平常常，现在的我肯定不会再对此感到惊讶，因为老师的一言一行已使我了然，了然怎样才是真实的生活，怎样才能呈现无为的智慧。

他会在生活中呈现自然清净的本我，让你能够觉察到他那活泼的生命力所散放出的淳朴挚爱；他会在遭遇磨难与坎坷时还常保自性中和，让你能够觉察到他那信心中暗藏的意志力所呈现出的泰然与超脱；他会在承受误解诽谤与嘲讽时谈笑蹉跎，让你能够觉察到他那觉行时所展现出的胸襟与气魄；他会在行住坐卧的过程中为你启迪智慧，让你能够认识到经历点滴细行的觉行过程是净化自我意识的必由之路；他会在应对柴米油盐的闲谈中化解你的愚痴与困惑，让你能够认识到自我的粗糙、骄慢与盲从；他会在你执著贪欲和情感利益时给予雷霆般的厉喝，让你当下惊醒自我的无知与无明……

这就是我眼中的老师，他活得是那样的自由和真实，是那样的真诚和质朴。

这一切都化入书中，记录下了老师这七年平常生活中的言传身教。如果说书中的语言文字通俗而平常，但它却能够震撼人的心灵；因为这是心与心之间的交流，是生命与生命之间的对话，所以这样的文字就具有感染人、帮助人、净化人的力量，每个能读到它的人都能从字里行间中照现自己，从中寻找到生命的真义和智慧的真谛。

这些实录语音的内容，经过老师的重新整理与丰富，已经形成了一套完整的现代智慧传承教育文化理论体系，它是引领现代人理行并进的行动指南。

七年的学习，七年的践行，七年的见证，七年的受益，我的内心涌动着深深的感恩之情。感恩老师，感恩老师用数十年自身的生命实证为我们开辟了一条通往健康与智慧的人生大道；感恩老师为了智慧教育文化的传承与发扬，以博大无私的胸怀将所学所证倾囊相授；感恩老师的一声声召唤，引导我们向健康的生命回归，向自性本真回归……

读老师的书，让我感觉是那样的亲切，心底里的感动呼应着这种真实与自然，如小溪流淌。

老师现已隐居精修，受老师的委托，代表老师感谢那些为书籍能够顺利出版付出了努力的学生们。老师说，现代智慧教育文化之书凝结着集体的智慧和力量，如果没有大家的支持，它的福音就无法尽快地传递给世人。

感谢张庆云、杨冬锦、王怀生、任继梅、金晓光、王光润、魏彩萍、高源、程锋、曲广博、韩宏伟、郑长琴等，为本书原始资料的整理工作付出了很多心血；感谢张志强和阮仕涛，他们为本书的顺利出版给予了很大的帮助；感谢那些默默无闻的支持者，尽管在这里没有提到您们的名字，但是您们的生命信息已融入了智慧传承教育文化的发展之中。

最后，我代表老师，对大家再次表示由衷的感谢和诚挚的祝福，祝福您们及家人长久地幸福安康。谢谢大家！

在此，也让我们共同地对老师及其家人表达衷心的感谢和永久的祝福！

学生　田　静

二零零九年十月十二日

生理图谱

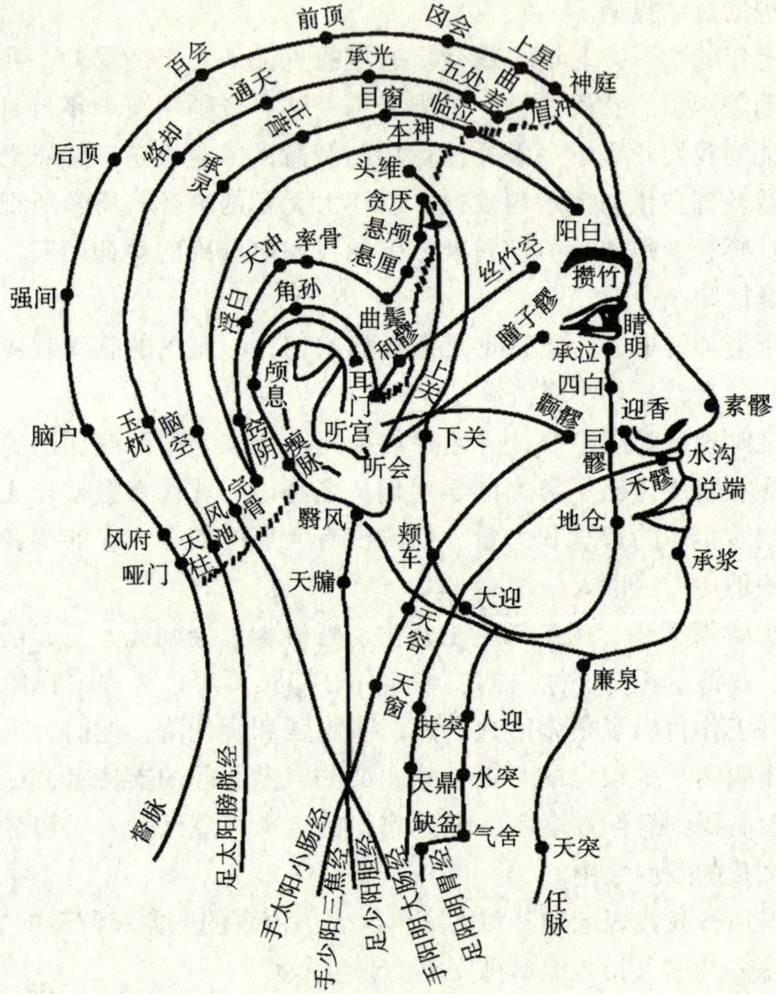

前顶
囟会
百会
上星
承光
神庭
五处
曲差
通天
眉冲
目窗
临泣
玉枕
络却
本神
后顶
承灵
头维
颔厌
阳白
悬颅
天冲
率骨
悬厘
丝竹空
攒竹
强间
浮白
角孙
曲鬓
瞳子髎
睛明
和髎
承泣
颅息
耳门
上关
四白
迎香
素髎
脑户
玉枕
脑空
窍阴
瘈脉
听宫
下关
颧髎
巨髎
水沟
听会
完骨
禾髎
兑端
风池
翳风
地仓
风府
天柱
颊车
承浆
哑门
天牖
大迎
天容
廉泉
天窗
扶突
人迎
天鼎
水突
缺盆
气舍
天突
督脉
足太阳膀胱经
手太阳小肠经
手少阳三焦经
足少阳胆经
手阳明大肠经
足阳明胃经
任脉

头部穴位图

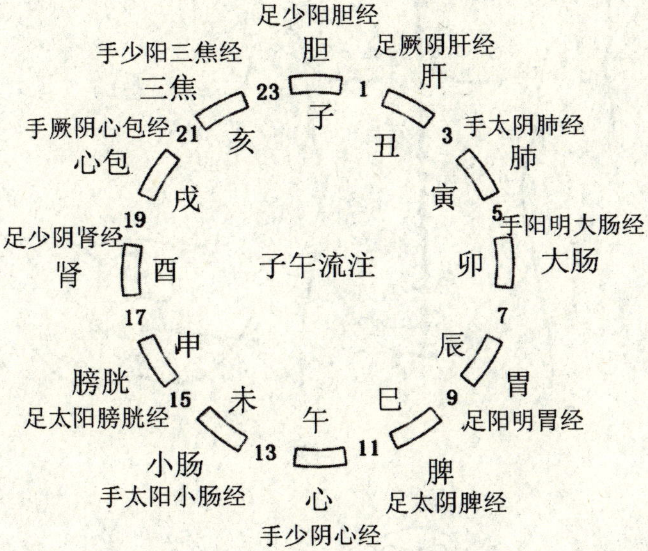
足少阳胆经
胆
足厥阴肝经
肝
手少阳三焦经
三焦
23
1
子
手厥阴心包经
21
亥
丑
3
手太阴肺经
肺
心包
戌
寅
5
手阳明大肠经
19
足少阴肾经
肾
酉
子午流注
卯
大肠
17
7
申
辰
膀胱
胃
15
未
午
巳
9
足太阳膀胱经
足阳明胃经
13
11
小肠
脾
手太阳小肠经
心
足太阴脾经
手少阴心经

子午流注

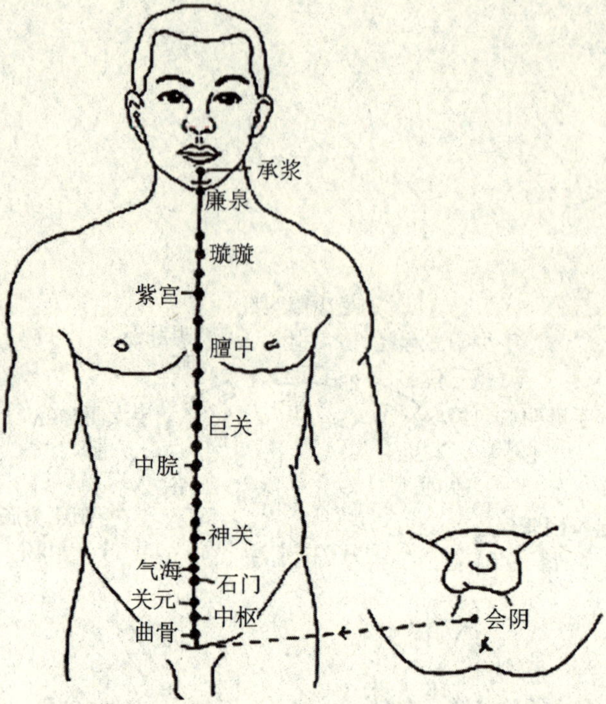

任脉

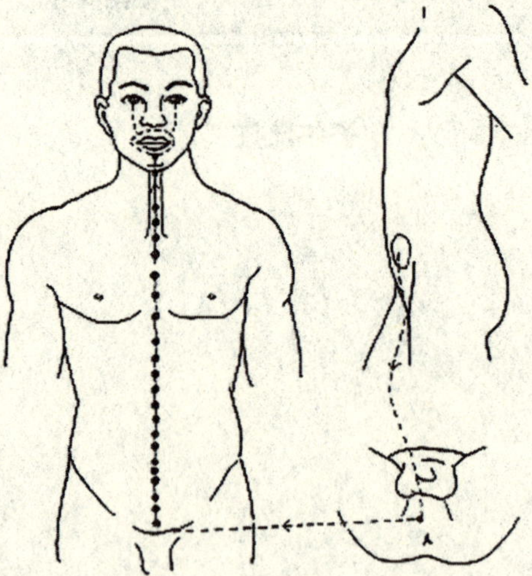

任脉走向

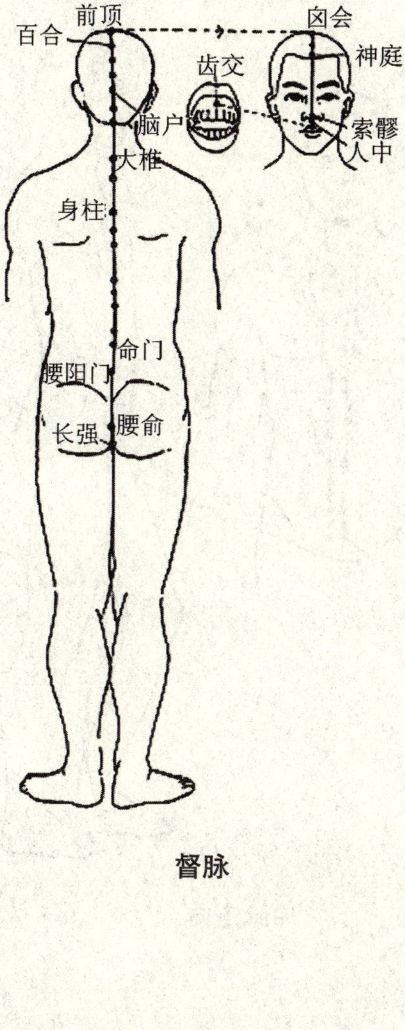

督脉

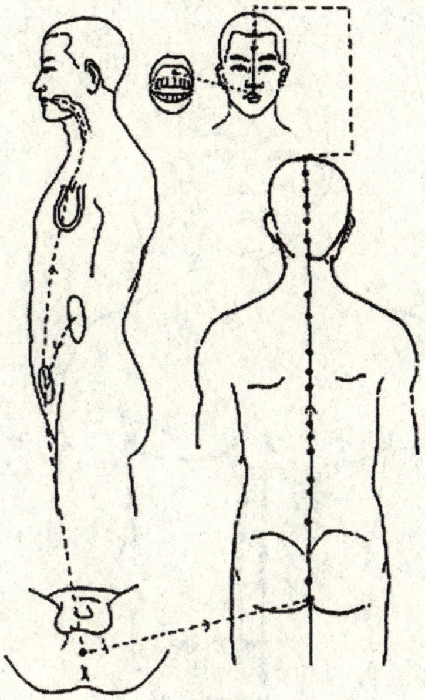

督脉走向

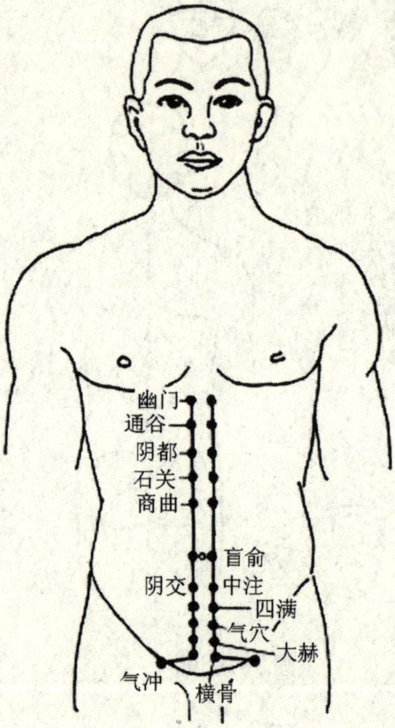

冲脉

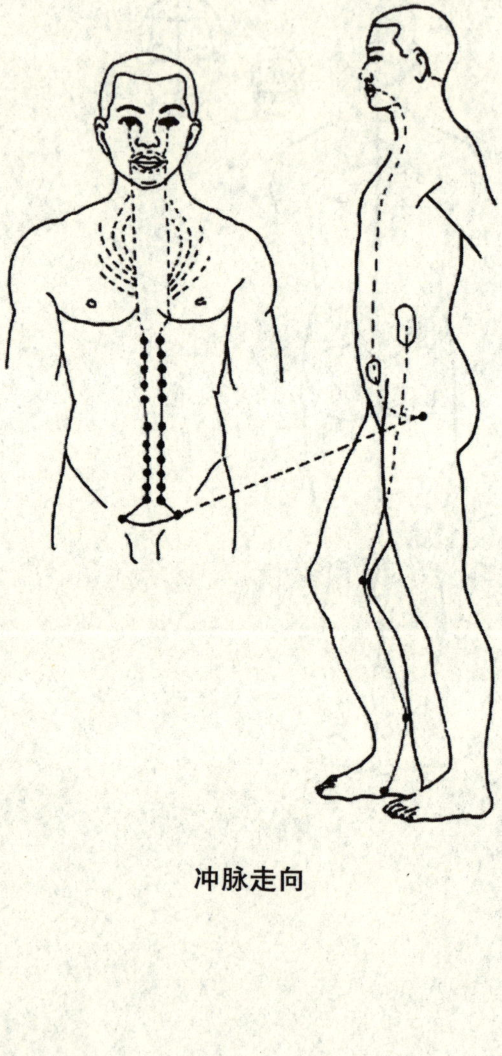

冲脉走向

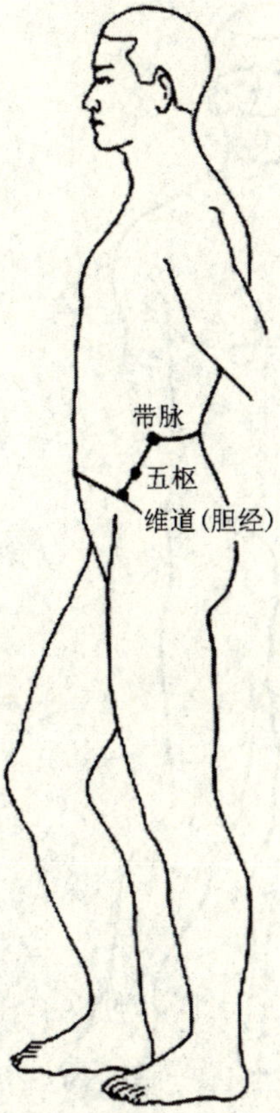

带脉

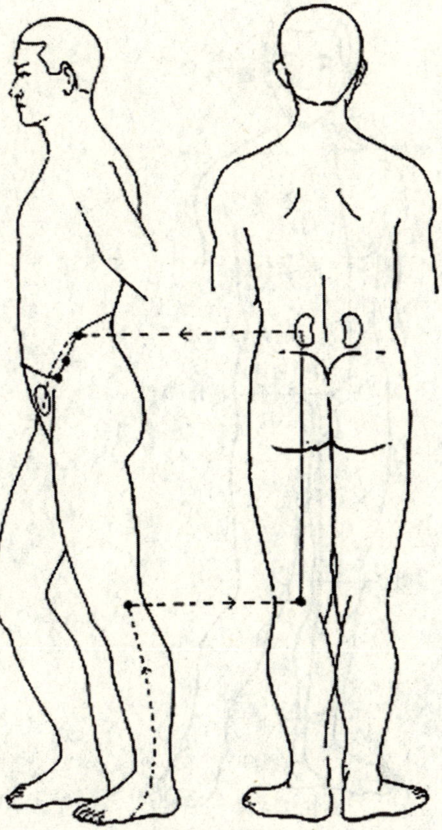

带脉走向

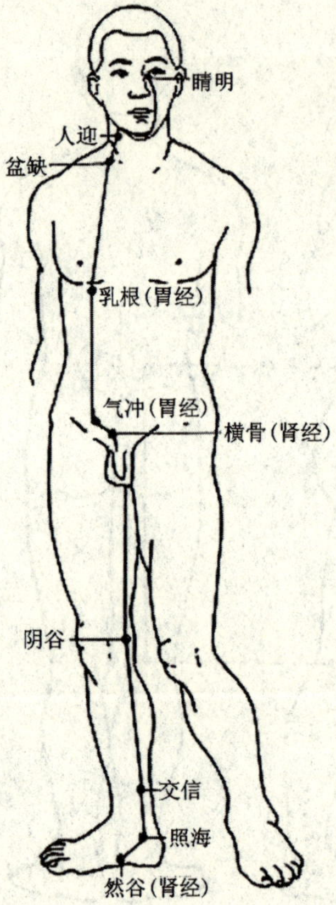

阴跷脉

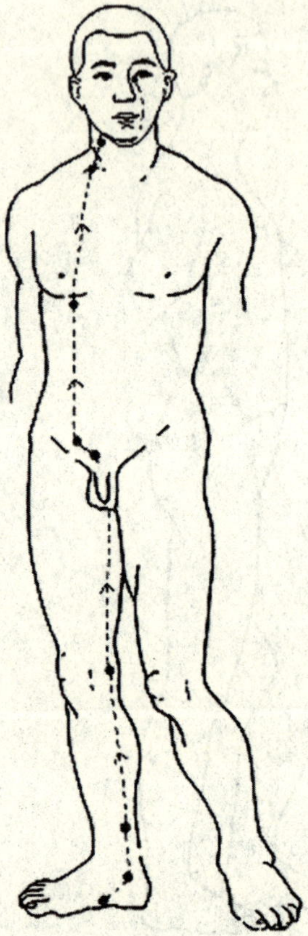

阴跷脉走向

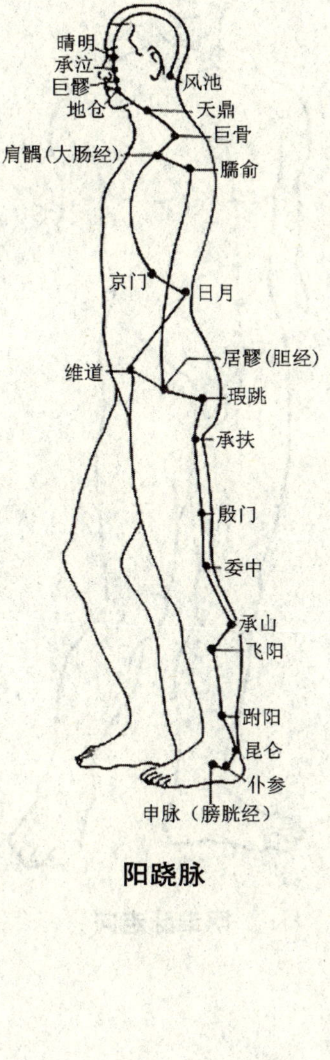
晴明
承泣
巨髎
地仓
风池
天鼎
巨骨
肩髃(大肠经)
臑俞
京门
日月
维道
居髎(胆经)
环跳
承扶
殷门
委中
承山
飞阳
跗阳
昆仑
仆参
申脉（膀胱经）

阳跷脉

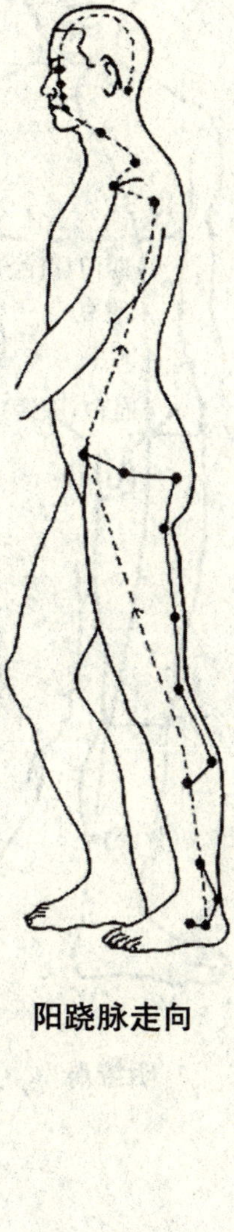

阳跷脉走向

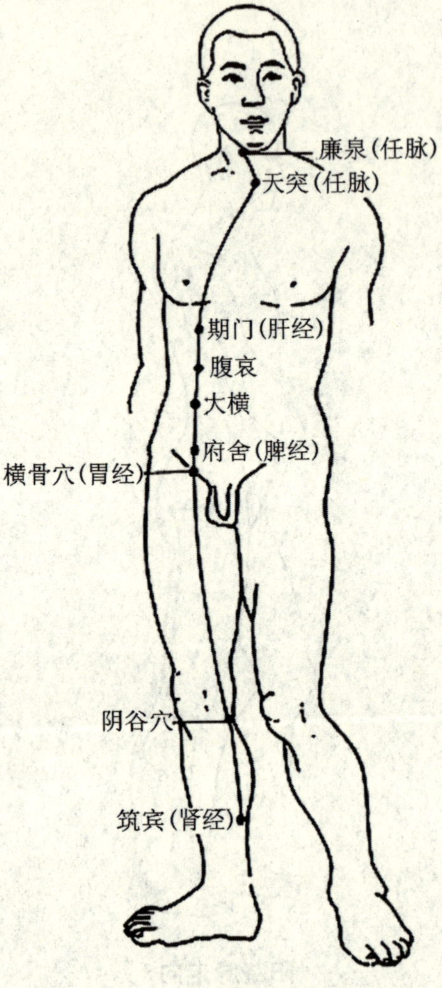

阴维脉

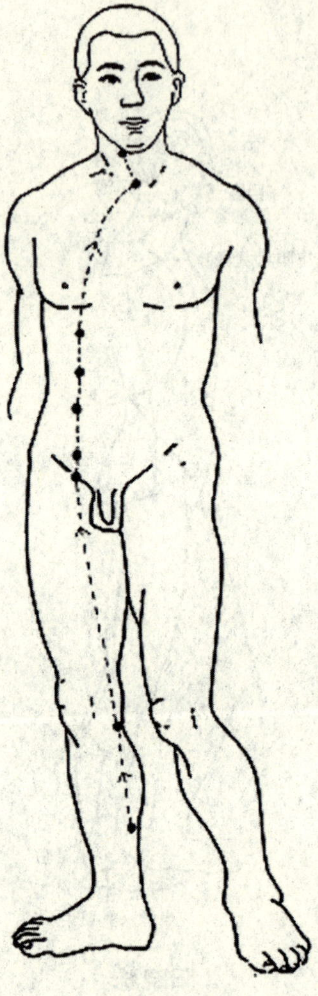

阴维脉走向

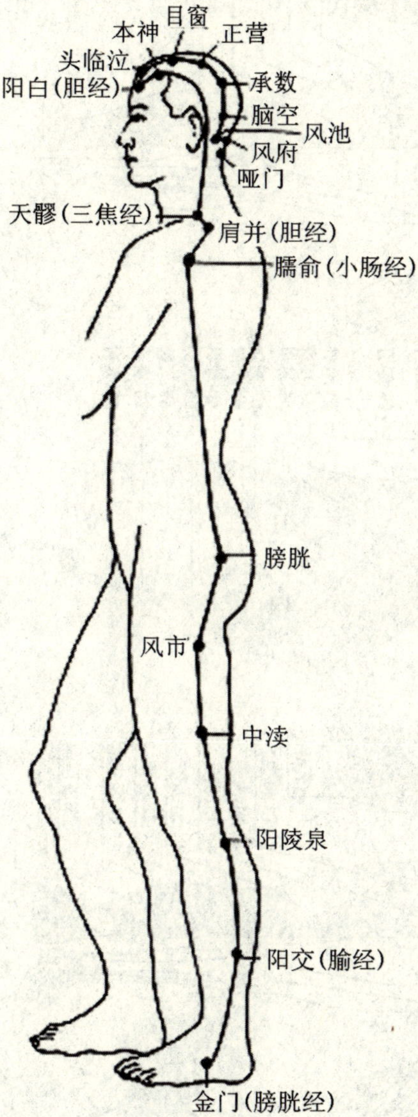
目窗
本神
正营
头临泣
承数
阳白(胆经)
脑空
风池
风府
哑门
天髎(三焦经)
肩并(胆经)
臑俞(小肠经)
膀胱
风市
中渎
阳陵泉
阳交(腧经)
金门(膀胱经)

阳维脉

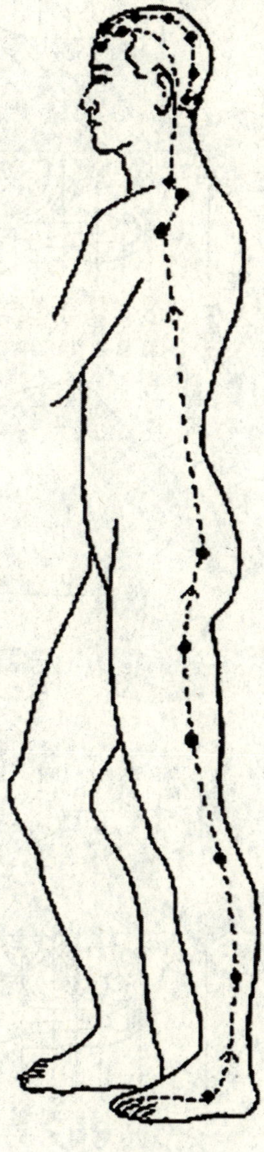

阳维脉走向

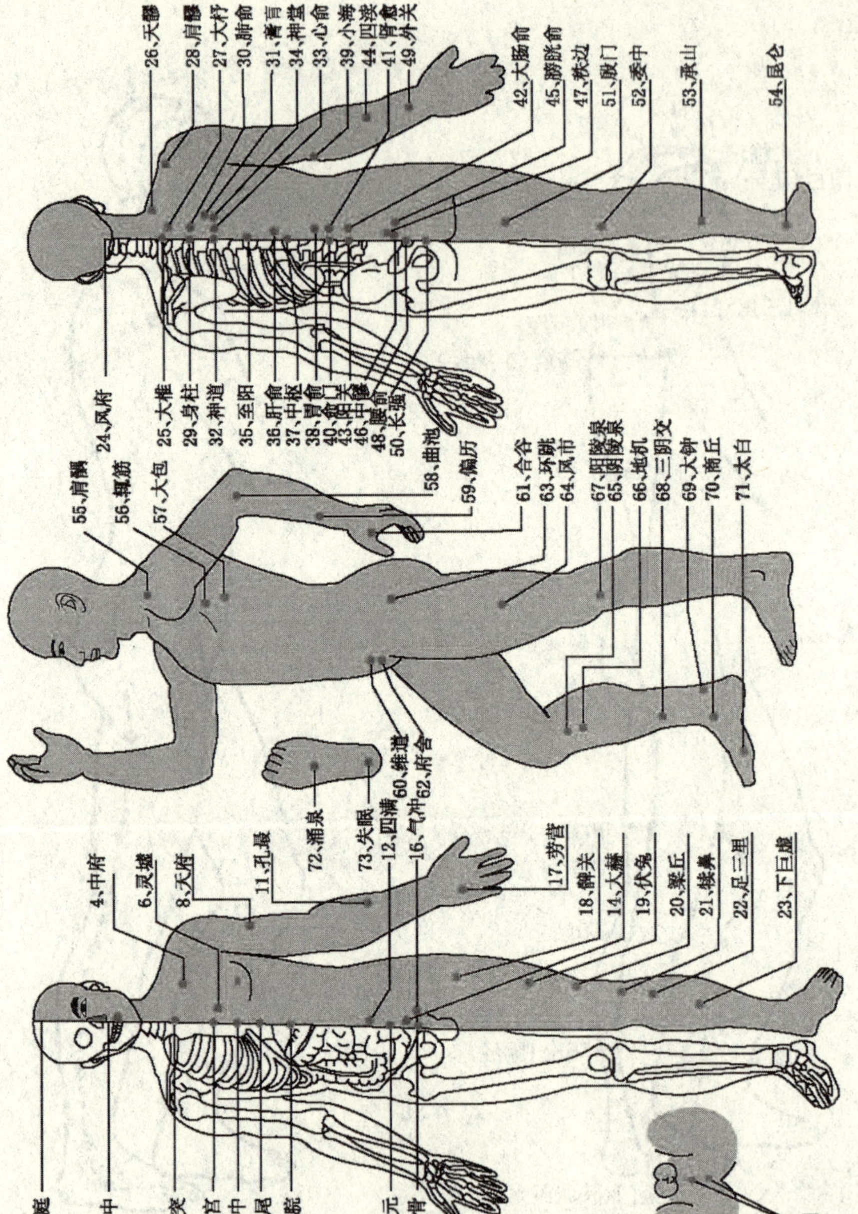
1、神庭
2、人中
3、天突
4、中府
5、紫宫
6、灵墟
7、膻中
8、天府
9、鸠尾
10、中脘
11、孔最
12、四满
13、关元
14、大赫
15、曲骨
16、气冲
17、劳宫
18、髀关
19、伏兔
20、梁丘
21、犊鼻
22、足三里
23、下巨虚
24、风府
25、大椎
26、天髎
27、大杼
29、身柱
30、肺俞
31、膏肓
32、神道
33、心俞
34、神堂
35、至阳
36、肝俞
37、中枢
38、胃俞
39、小海
41、肾俞
42、大肠俞
44、四渎
45、膀胱俞
47、秩边
48、腰俞
49、外关
50、长强
51、殷门
52、委中
53、承山
54、昆仑
55、肩髃
56、辄筋
57、大包
58、曲池
59、偏历
60、维道
61、合谷
62、府舍
63、环跳
64、风市
65、阴陵泉
66、地机
67、阳陵泉
68、三阴交
69、大钟
70、商丘
71、太白
72、涌泉
73、失眠
74、会阴

人体穴位图

十二正经图

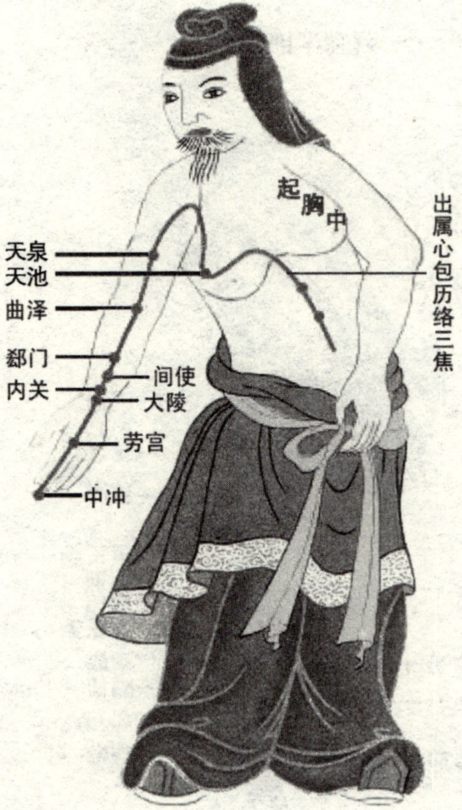

手厥阴心包经

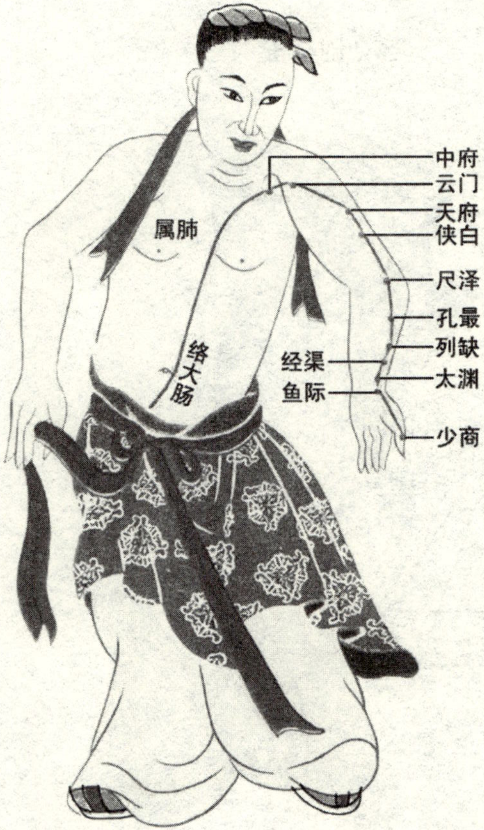

手太阴肺经

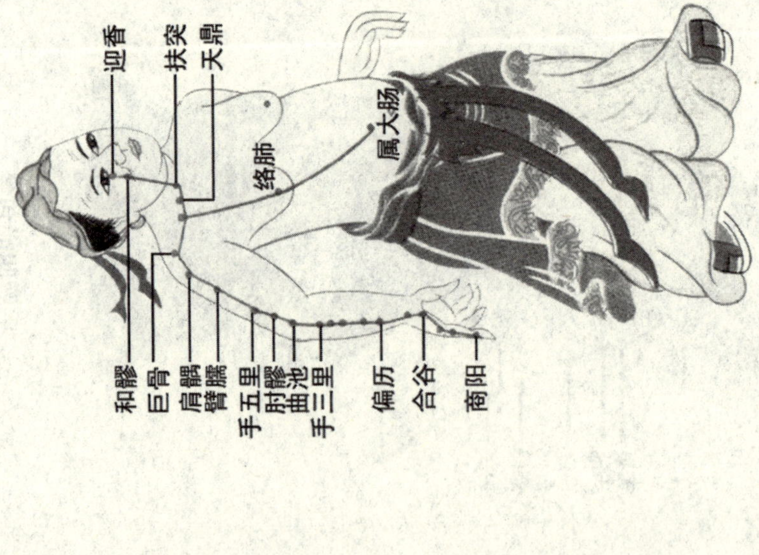

手阳明大肠经

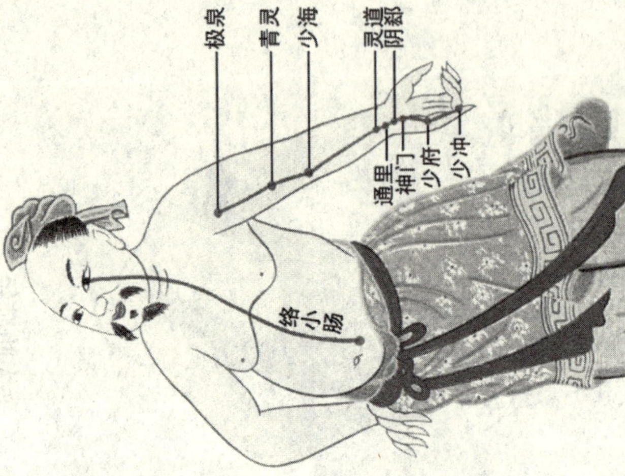

手少阴心经

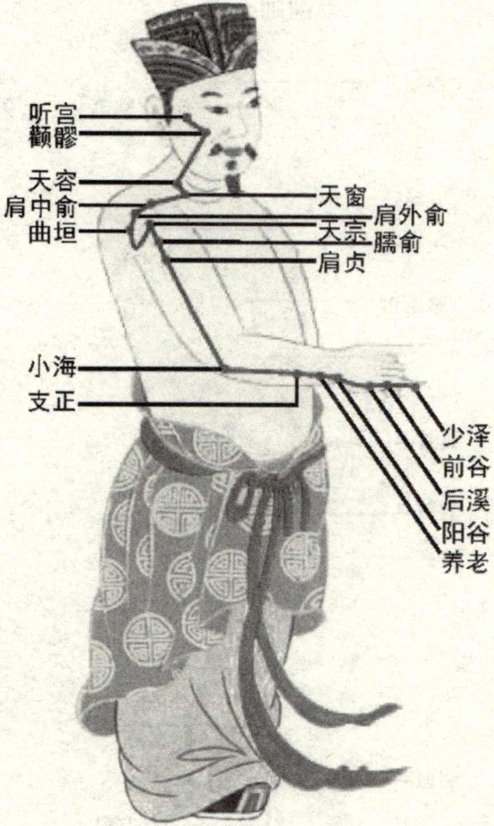

手太阳小肠经

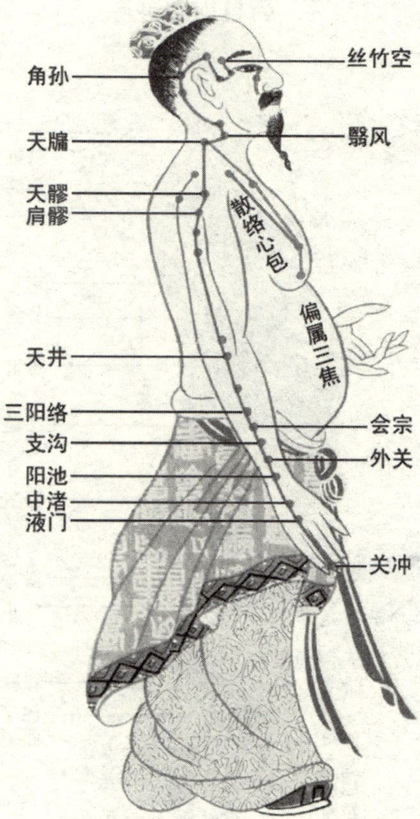

手少阳三焦经

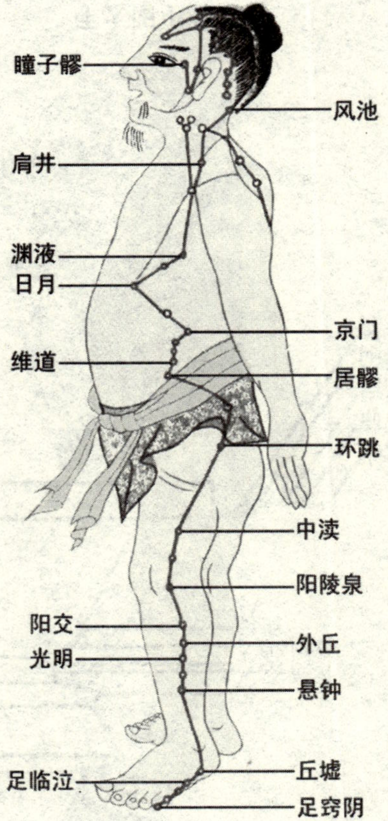
瞳子髎
风池
肩井
渊液
日月
京门
维道
居髎
环跳
中渎
阳陵泉
阳交
外丘
光明
悬钟
足临泣
丘墟
足窍阴

足少阳胆经

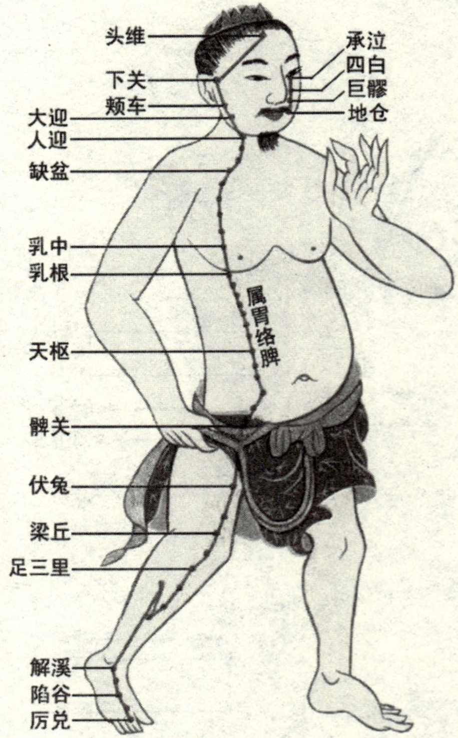
头维
承泣
四白
下关
巨髎
颊车
地仓
大迎
人迎
缺盆
乳中
乳根
属胃络脾
天枢
髀关
伏兔
梁丘
足三里
解溪
陷谷
厉兑

足阳明胃经

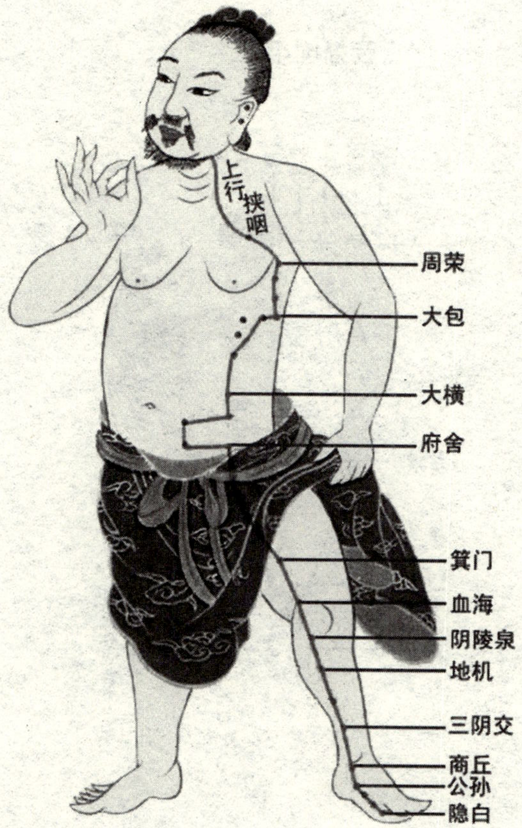

足太阴脾经

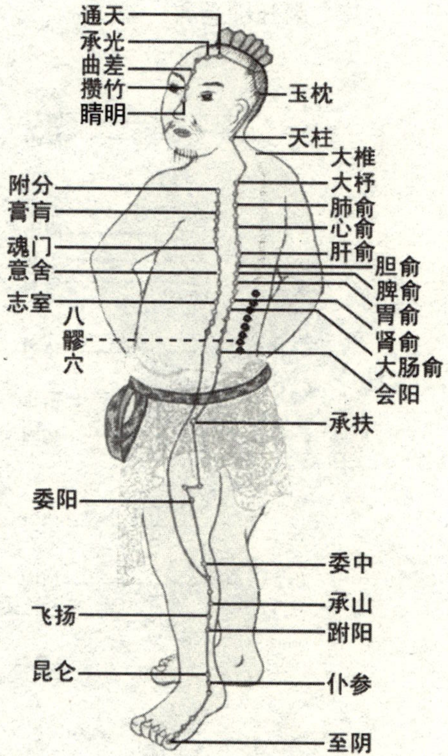

足太阳膀胱经

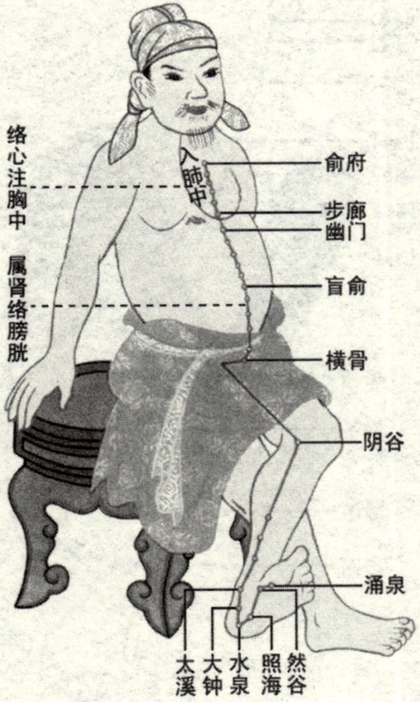
络心注胸中
属肾络膀胱
入肺中
俞府
步廊
幽门
盲俞
横骨
阴谷
涌泉
太溪
大钟
水泉
照海
然谷

足少阴肾经

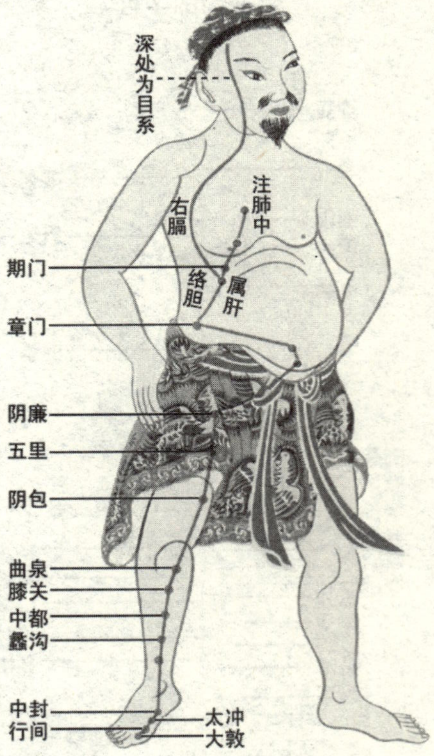
深处为目系
注肺中
右膈
期门
络胆
属肝
章门
阴廉
五里
阴包
曲泉
膝关
中都
蠡沟
中封
行间
太冲
大敦

足厥阴肝经

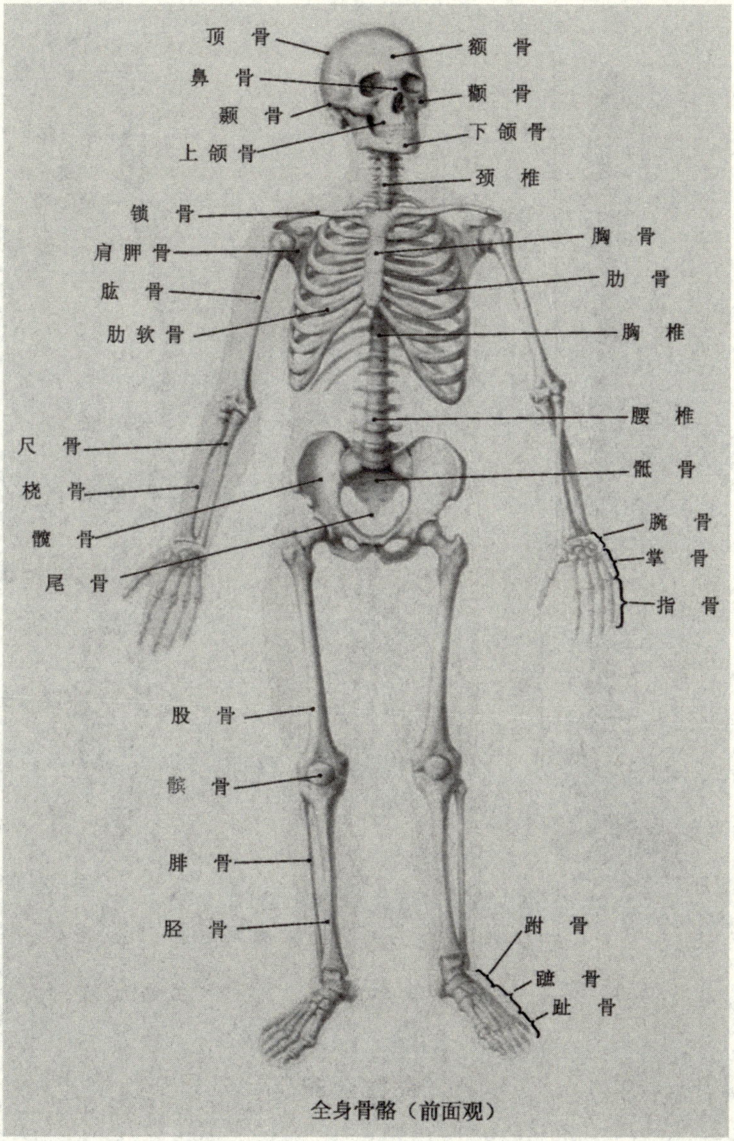
顶 骨
额 骨
鼻 骨
颧 骨
颞 骨
下 颌 骨
上 颌 骨
颈 椎
锁 骨
胸 骨
肩 胛 骨
肋 骨
肱 骨
肋 软 骨
胸 椎
腰 椎
尺 骨
骶 骨
桡 骨
髋 骨
腕 骨
尾 骨
掌 骨
指 骨
股 骨
髌 骨
腓 骨
胫 骨
跗 骨
跖 骨
趾 骨
全身骨骼（前面观）

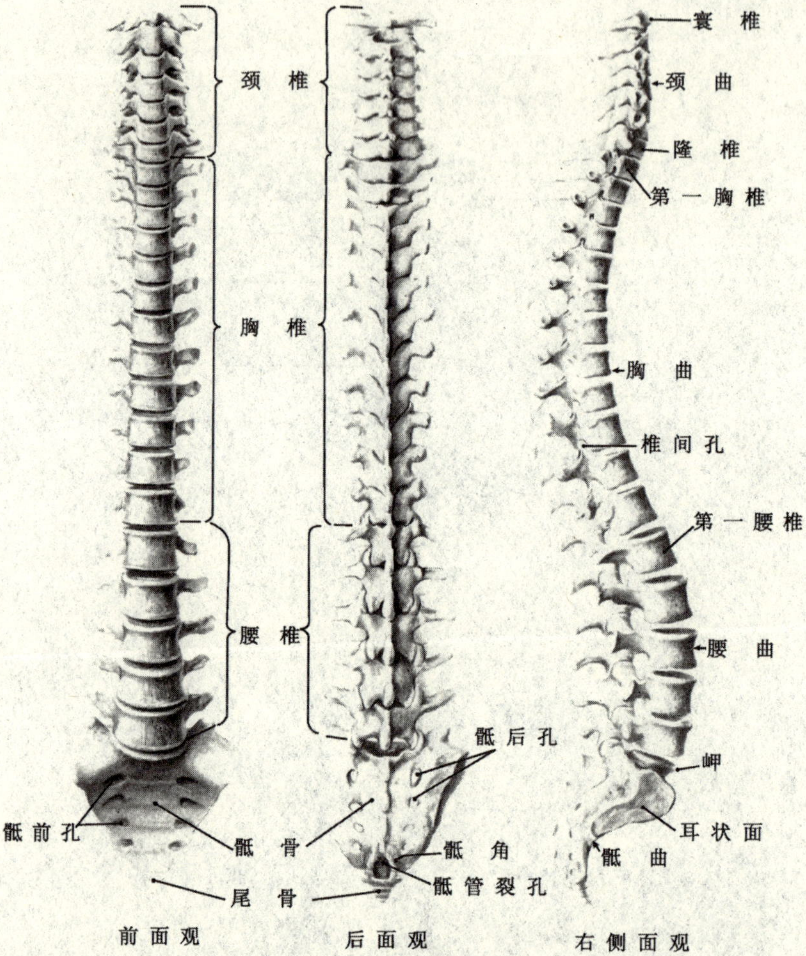
颈椎
胸椎
腰椎
骶前孔
骶骨
尾骨
骶后孔
骶角
骶管裂孔
寰椎
颈曲
隆椎
第一胸椎
胸曲
椎间孔
第一腰椎
腰曲
岬
耳状面
骶曲
前面观
后面观
右侧面观

脊柱全貌

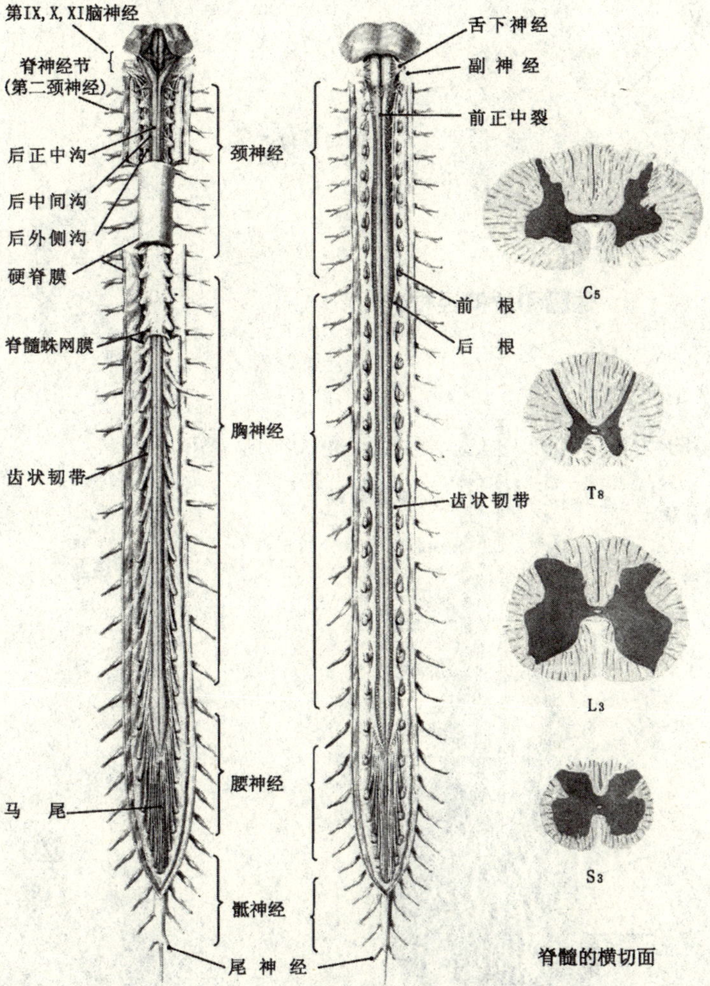

后面观　　前面观(脊神经前根已切除)　　脊髓的横切面

脊髓的外形和被膜

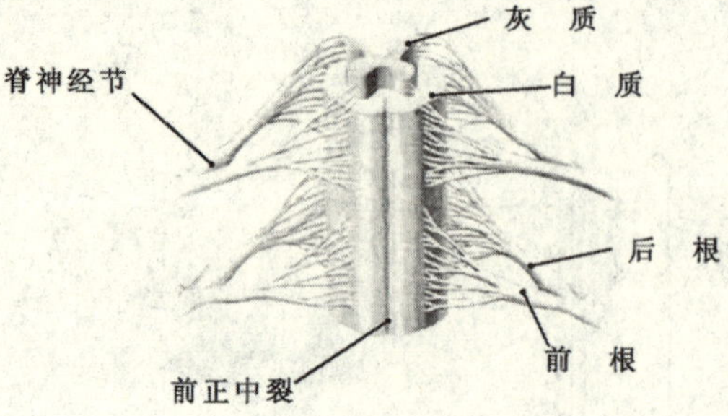

脊髓和脊神经根

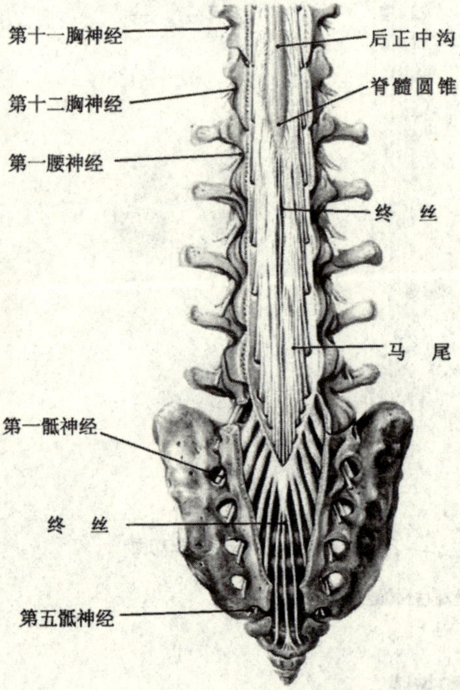

马　尾

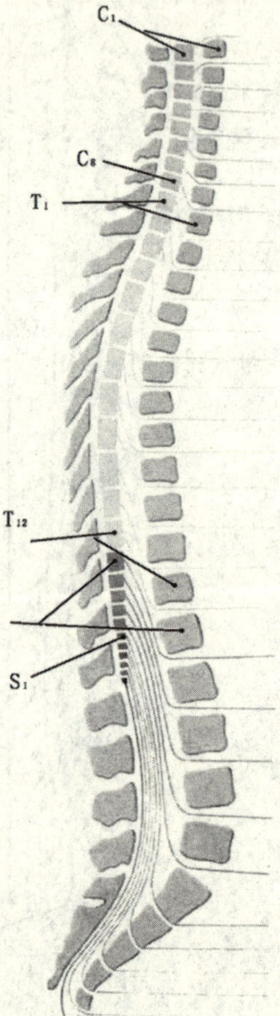

脊髓节段与椎骨的相应位置关系模式图

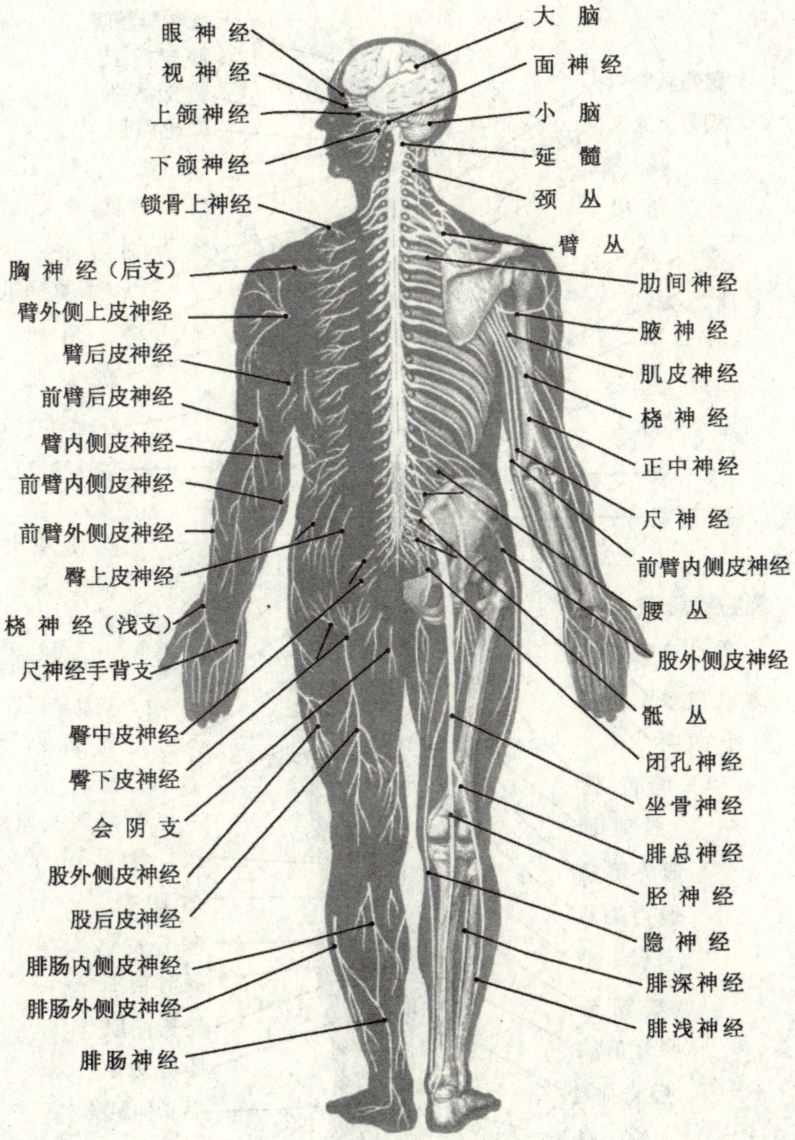
眼神经
视神经
上颌神经
下颌神经
锁骨上神经
胸神经（后支）
臂外侧上皮神经
臂后皮神经
前臂后皮神经
臂内侧皮神经
前臂内侧皮神经
前臂外侧皮神经
臀上皮神经
桡神经（浅支）
尺神经手背支
臀中皮神经
臀下皮神经
会阴支
股外侧皮神经
股后皮神经
腓肠内侧皮神经
腓肠外侧皮神经
腓肠神经
大脑
面神经
小脑
延髓
颈丛
臂丛
肋间神经
腋神经
肌皮神经
桡神经
正中神经
尺神经
前臂内侧皮神经
腰丛
股外侧皮神经
骶丛
闭孔神经
坐骨神经
腓总神经
胫神经
隐神经
腓深神经
腓浅神经

神经系统模式图

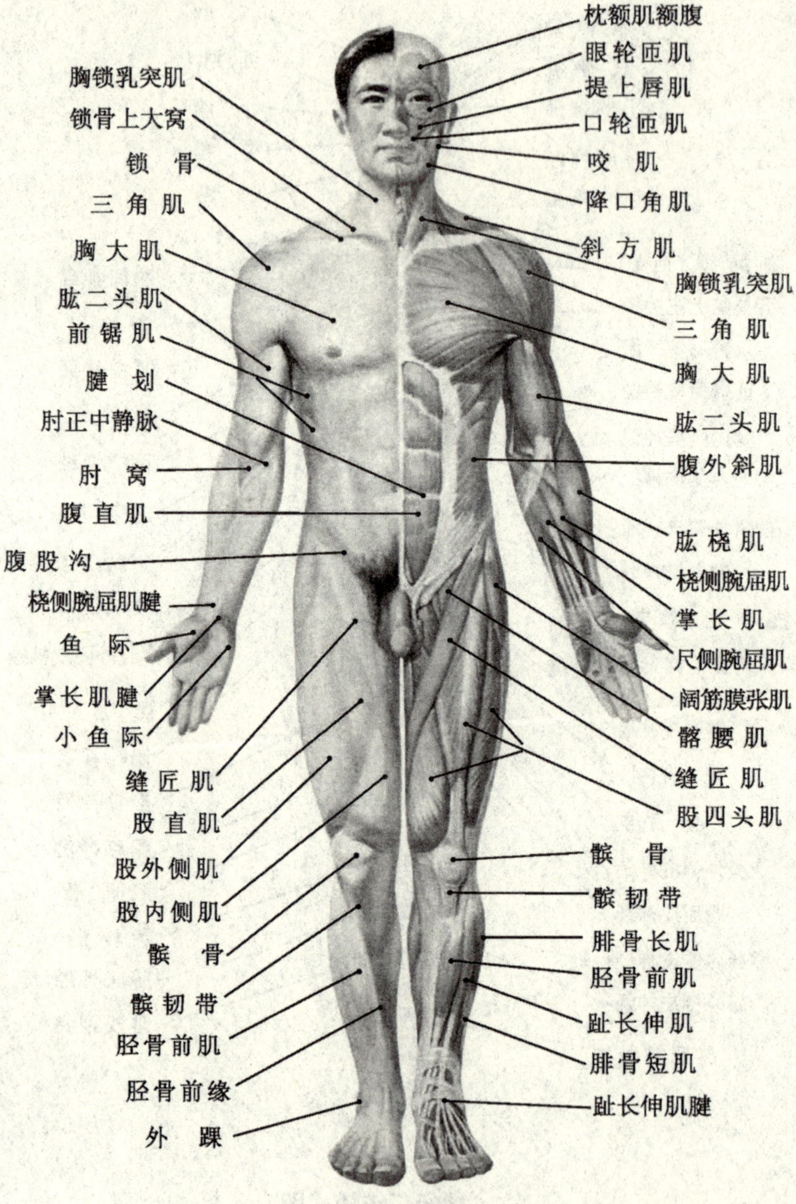
枕额肌额腹
眼轮匝肌
提上唇肌
口轮匝肌
咬 肌
降口角肌
斜 方 肌
胸锁乳突肌
三 角 肌
胸 大 肌
肱二头肌
腹外斜肌
肱 桡 肌
桡侧腕屈肌
掌 长 肌
尺侧腕屈肌
阔筋膜张肌
髂 腰 肌
缝 匠 肌
股四头肌
髌 骨
髌 韧 带
腓骨长肌
胫骨前肌
趾长伸肌
腓骨短肌
趾长伸肌腱
胸锁乳突肌
锁骨上大窝
锁 骨
三 角 肌
胸 大 肌
肱二头肌
前 锯 肌
腱 划
肘正中静脉
肘 窝
腹 直 肌
腹 股 沟
桡侧腕屈肌腱
鱼 际
掌长肌腱
小 鱼 际
缝 匠 肌
股 直 肌
股外侧肌
股内侧肌
髌 骨
髌 韧 带
胫骨前肌
胫骨前缘
外 踝

全身体表及肌肉（前面观）

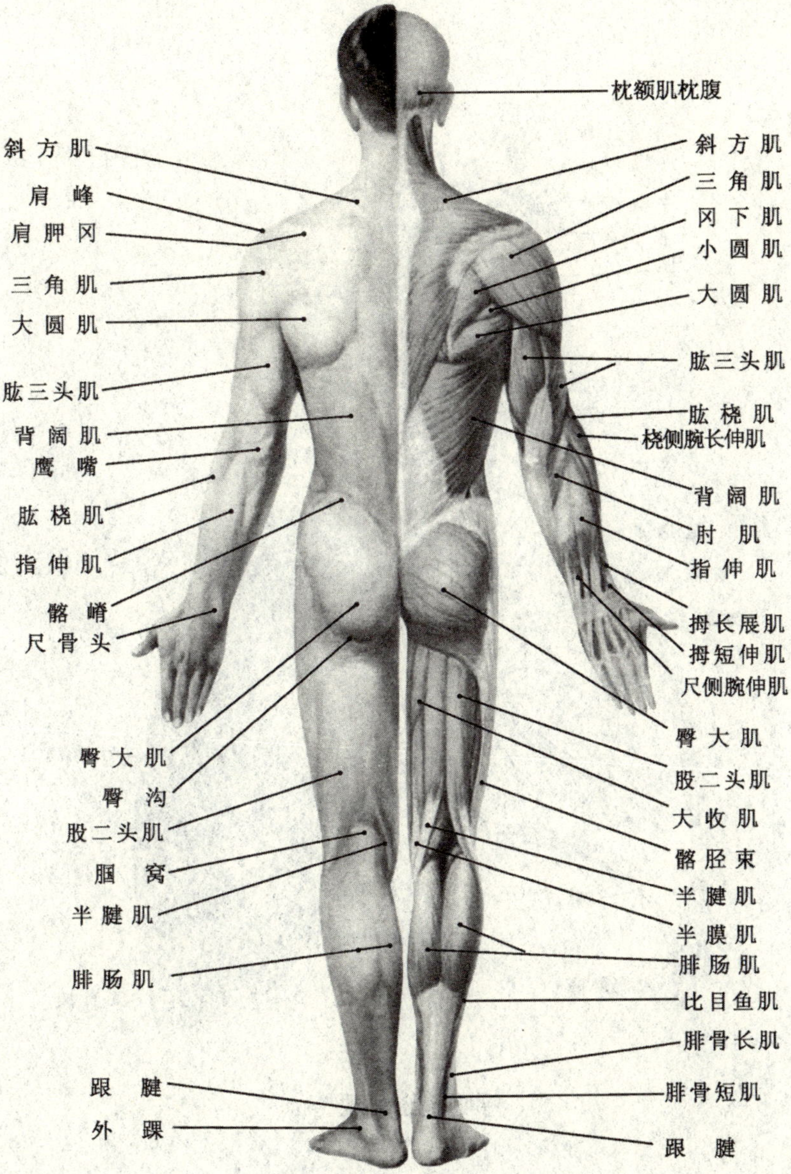
枕额肌枕腹
斜方肌
肩峰
肩胛冈
三角肌
大圆肌
肱三头肌
背阔肌
鹰嘴
肱桡肌
指伸肌
髂嵴
尺骨头
臀大肌
臀沟
股二头肌
腘窝
半腱肌
腓肠肌
跟腱
外踝
斜方肌
三角肌
冈下肌
小圆肌
大圆肌
肱三头肌
肱桡肌
桡侧腕长伸肌
背阔肌
肘肌
指伸肌
拇长展肌
拇短伸肌
尺侧腕伸肌
臀大肌
股二头肌
大收肌
髂胫束
半腱肌
半膜肌
腓肠肌
比目鱼肌
腓骨长肌
腓骨短肌
跟腱

全身体表及肌肉（后面观）

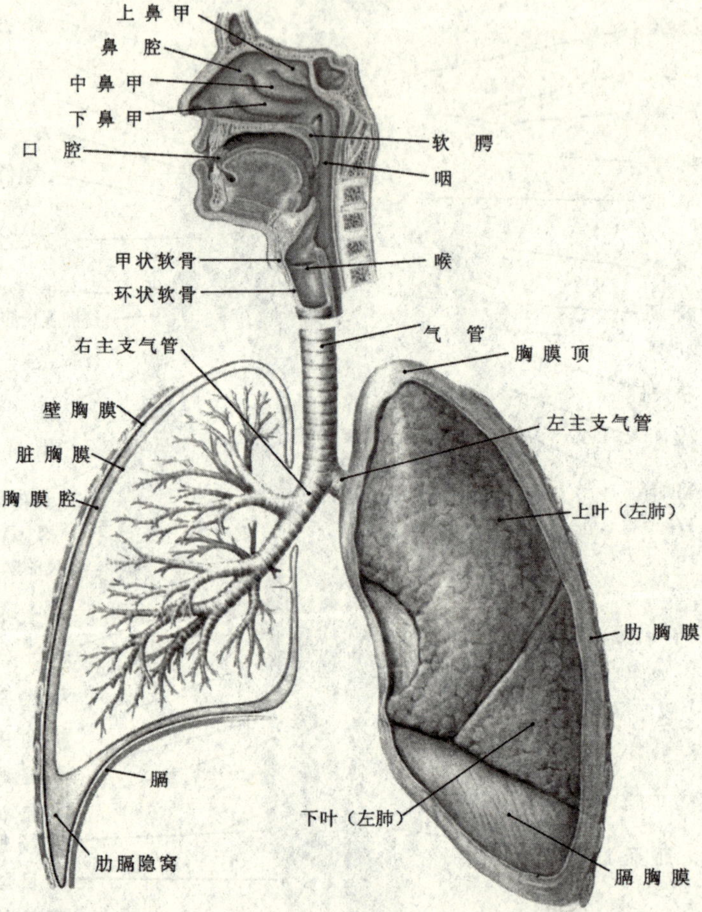
上鼻甲
鼻 腔
中鼻甲
下鼻甲
口 腔
软 腭
咽
甲状软骨
喉
环状软骨
气 管
右主支气管
胸膜顶
壁胸膜
脏胸膜
左主支气管
胸膜腔
上叶（左肺）
肋胸膜
膈
下叶（左肺）
肋膈隐窝
膈胸膜

呼吸系统概观

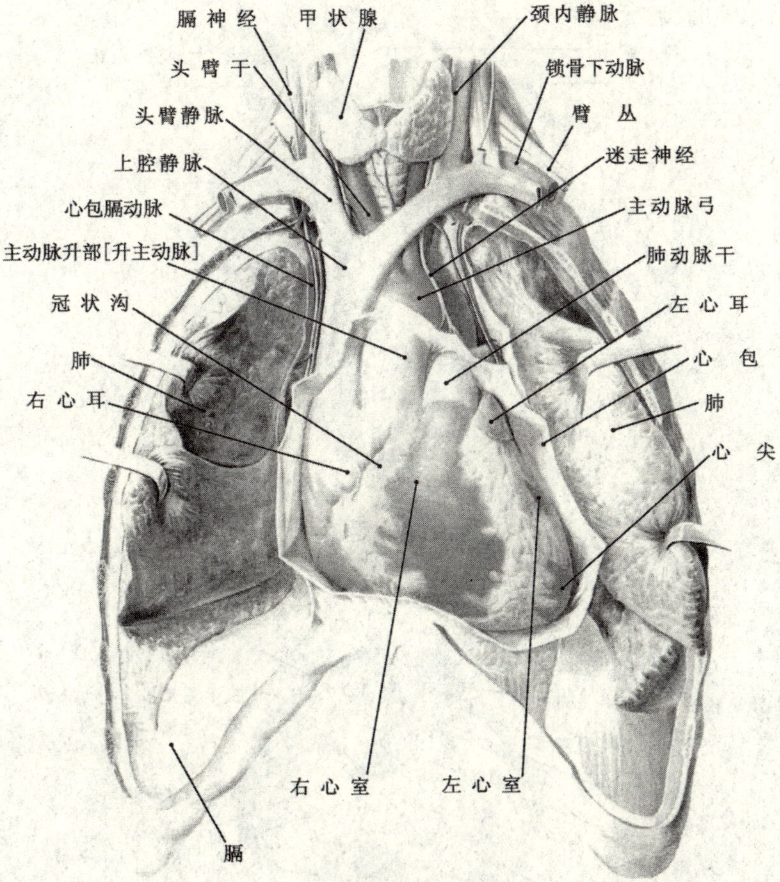
膈神经
甲状腺
颈内静脉
头臂干
锁骨下动脉
臂丛
头臂静脉
迷走神经
上腔静脉
主动脉弓
心包膈动脉
肺动脉干
主动脉升部[升主动脉]
左心耳
冠状沟
心包
肺
肺
右心耳
心尖
右心室
左心室
膈

心脏的位置

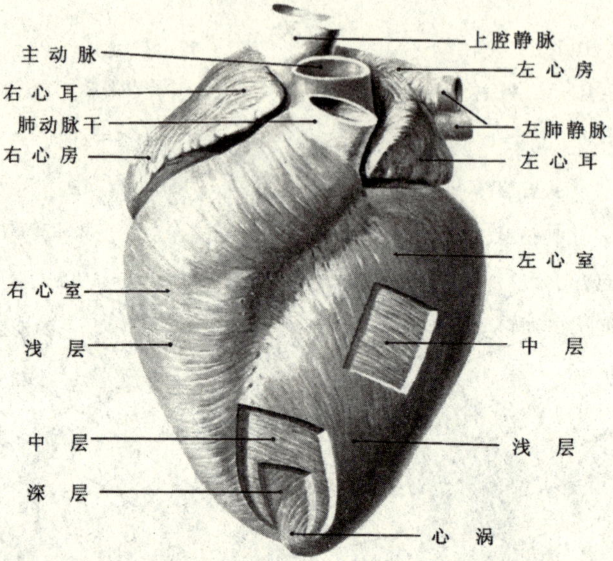
上腔静脉
主动脉
左心房
右心耳
肺动脉干
左肺静脉
右心房
左心耳
左心室
右心室
浅 层
中 层
中 层
浅 层
深 层
心 涡

心肌的走行

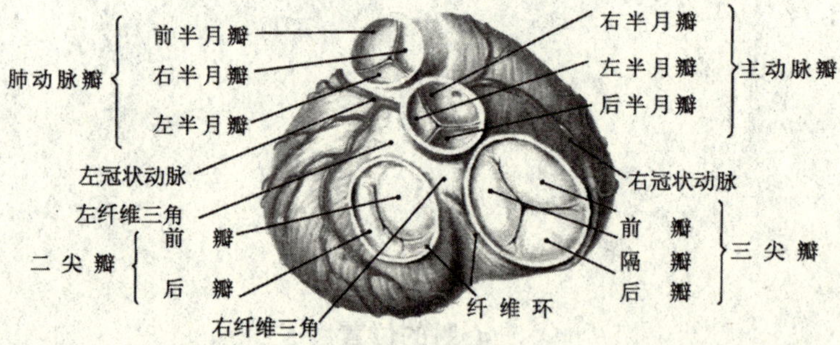
前半月瓣
右半月瓣
肺动脉瓣
右半月瓣
左半月瓣
主动脉瓣
左半月瓣
后半月瓣
左冠状动脉
右冠状动脉
左纤维三角
前 瓣
前 瓣
二尖瓣
三尖瓣
隔 瓣
后 瓣
后 瓣
纤维环
右纤维三角

心室底

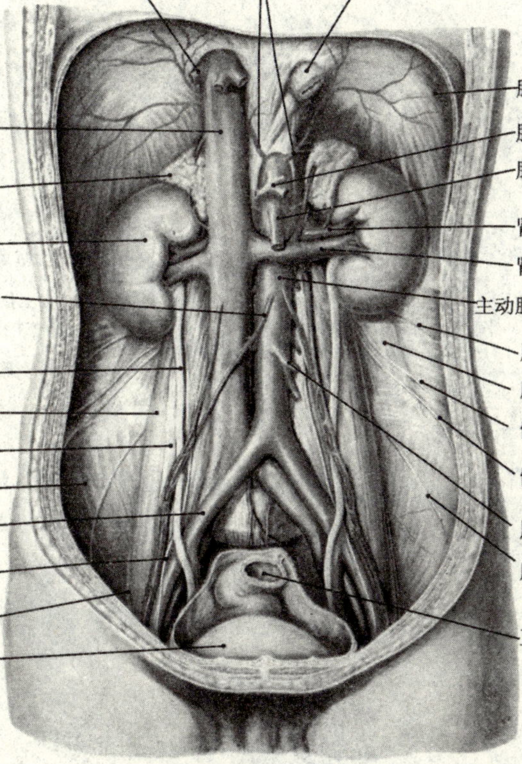

腹后壁（示肾及输尿管的位置）

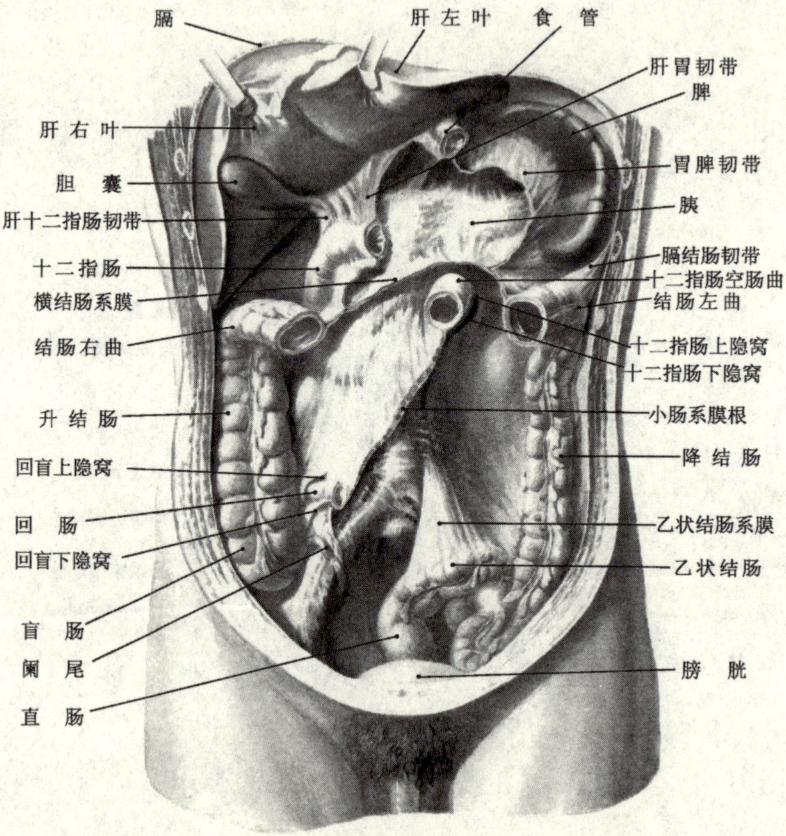
膈
肝左叶
食管
肝胃韧带
脾
肝右叶
胃脾韧带
胆囊
胰
肝十二指肠韧带
膈结肠韧带
十二指肠
十二指肠空肠曲
横结肠系膜
结肠左曲
结肠右曲
十二指肠上隐窝
十二指肠下隐窝
小肠系膜根
升结肠
降结肠
回盲上隐窝
回肠
乙状结肠系膜
回盲下隐窝
乙状结肠
盲肠
阑尾
膀胱
直肠

腹部脏器（前面观）

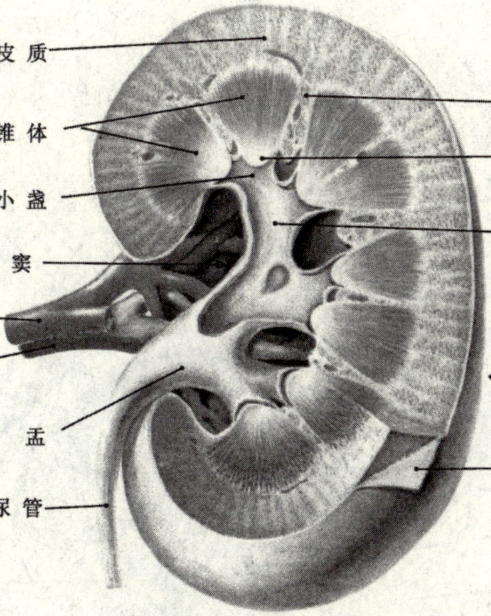

右肾冠状切面（后面观）

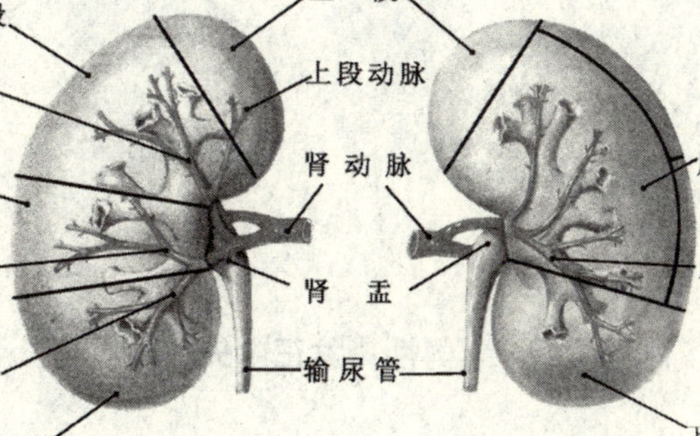

肾段动脉模式图

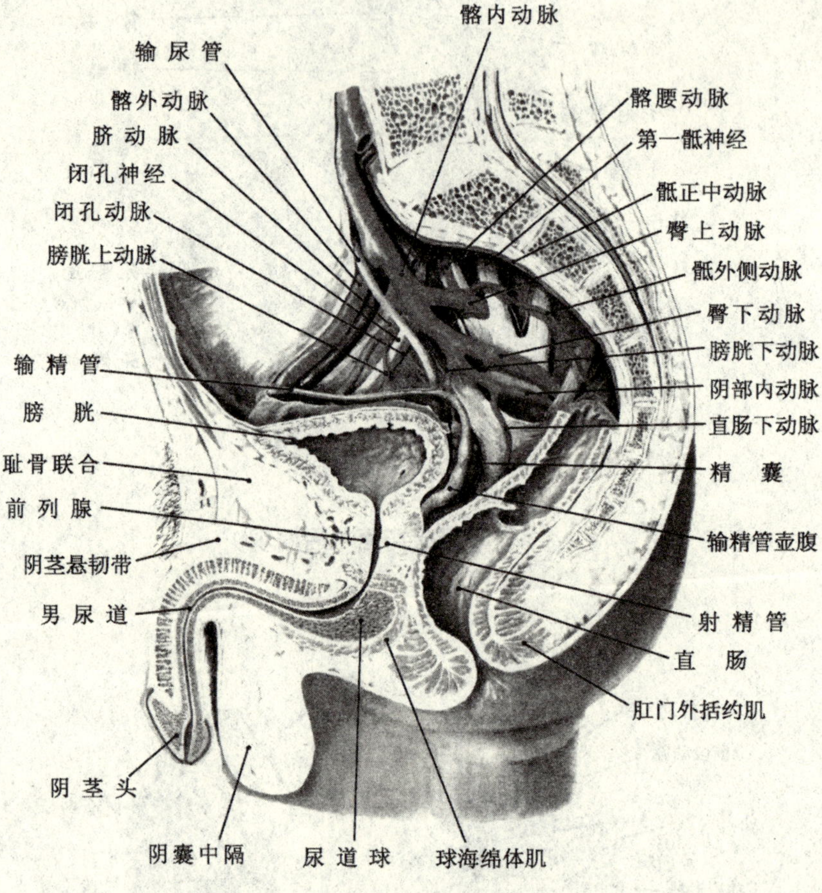
髂内动脉
输尿管
髂外动脉
脐动脉
闭孔神经
闭孔动脉
膀胱上动脉
髂腰动脉
第一骶神经
骶正中动脉
臀上动脉
骶外侧动脉
臀下动脉
膀胱下动脉
阴部内动脉
直肠下动脉
输精管
膀胱
耻骨联合
前列腺
阴茎悬韧带
男尿道
精囊
输精管壶腹
射精管
直肠
肛门外括约肌
阴茎头
阴囊中隔
尿道球
球海绵体肌

男性骨盆正中矢状断

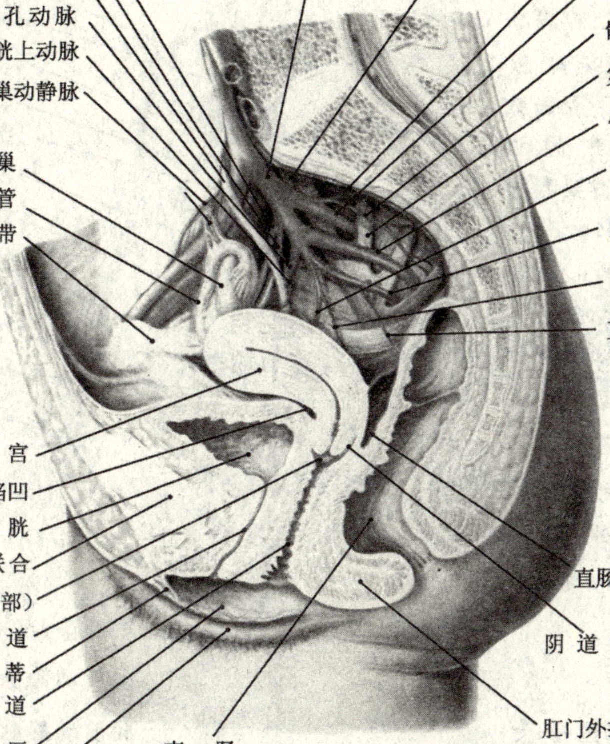
闭孔神经
脐动脉
输尿管
闭孔动脉
膀胱上动脉
卵巢动静脉
卵巢
输卵管
子宫圆韧带
髂内动脉
髂腰动脉
骶正中动脉
臀上动脉
骶外侧动脉
第一骶神经
臀下动脉
子宫动脉
阴部内动脉
阴道动脉
直肠下动脉
子宫
膀胱子宫陷凹
膀胱
耻骨联合
阴道穹（前部）
女尿道
阴蒂
阴道
小阴唇
大阴唇
直肠
直肠子宫陷凹
阴道穹（后部）
肛门外括约肌

女性骨盆正中矢状断

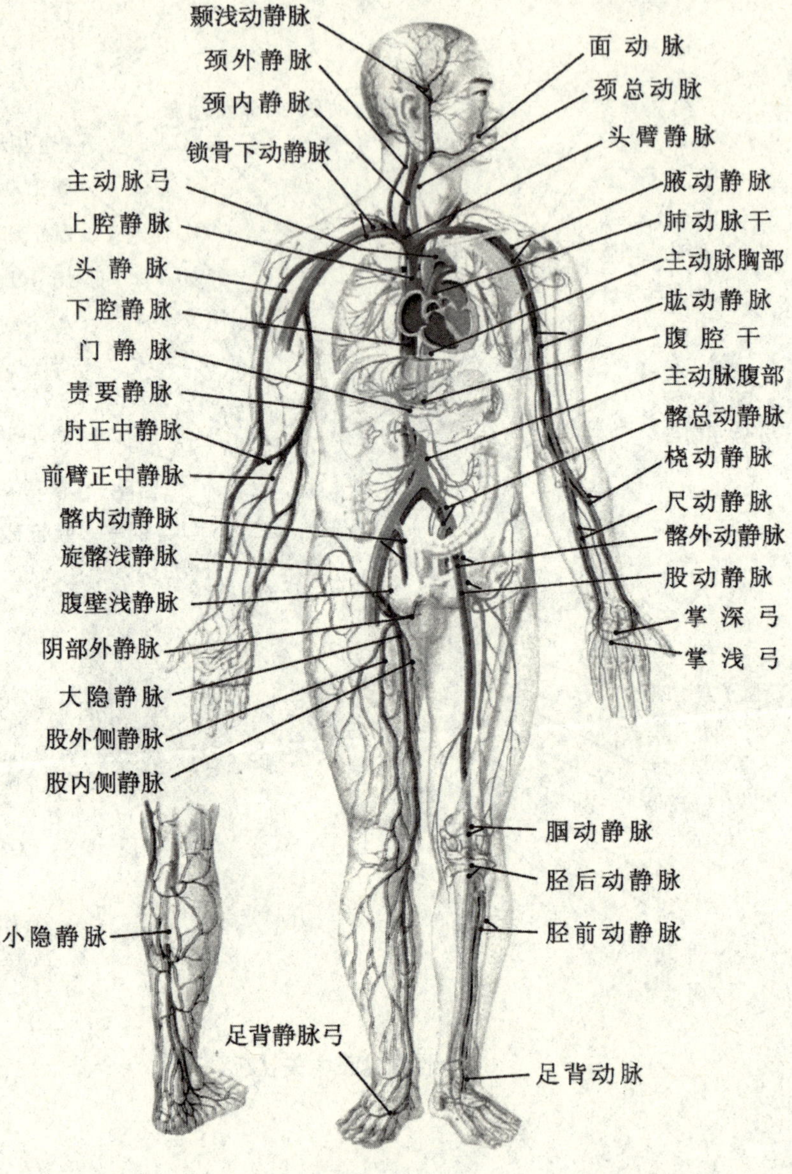
颞浅动静脉
颈外静脉
颈内静脉
锁骨下动静脉
主动脉弓
上腔静脉
头静脉
下腔静脉
门静脉
贵要静脉
肘正中静脉
前臂正中静脉
髂内动静脉
旋髂浅静脉
腹壁浅静脉
阴部外静脉
大隐静脉
股外侧静脉
股内侧静脉
小隐静脉
足背静脉弓
面动脉
颈总动脉
头臂静脉
腋动静脉
肺动脉干
主动脉胸部
肱动静脉
腹腔干
主动脉腹部
髂总动静脉
桡动静脉
尺动静脉
髂外动静脉
股动静脉
掌深弓
掌浅弓
腘动静脉
胫后动静脉
胫前动静脉
足背动脉

血管分布模式图

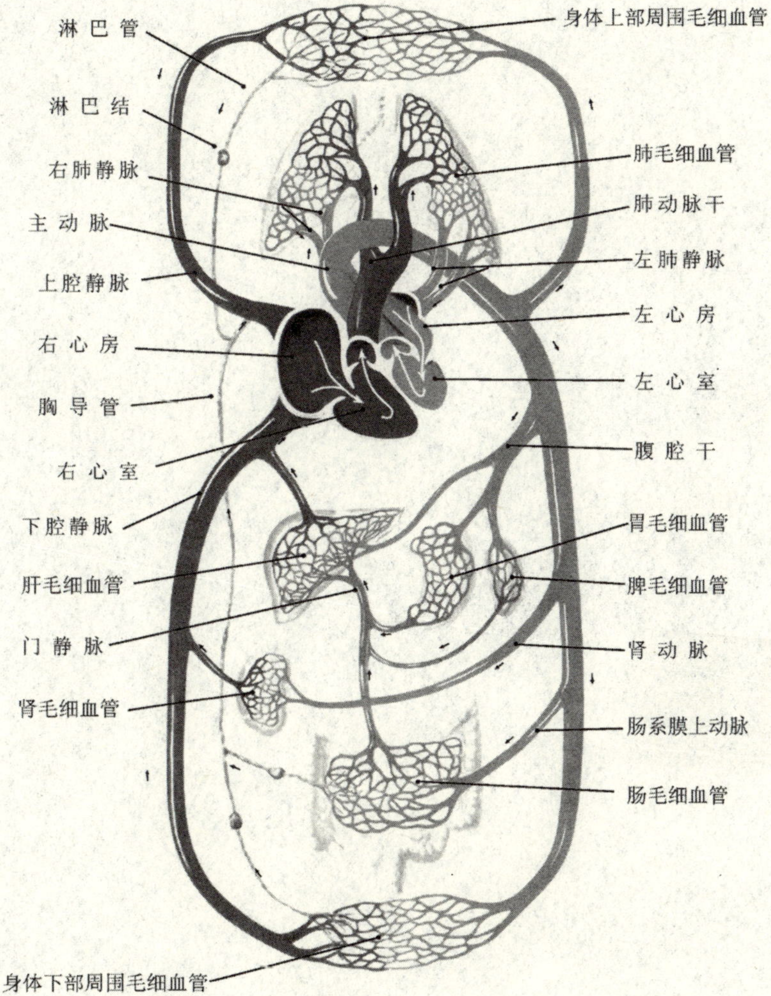
淋巴管
淋巴结
右肺静脉
主动脉
上腔静脉
右心房
胸导管
右心室
下腔静脉
肝毛细血管
门静脉
肾毛细血管
身体上部周围毛细血管
肺毛细血管
肺动脉干
左肺静脉
左心房
左心室
腹腔干
胃毛细血管
脾毛细血管
肾动脉
肠系膜上动脉
肠毛细血管
身体下部周围毛细血管

大、小循环示意图